Max Fuchs

Kultur Macht Sinn

Max Fuchs

Kultur Macht Sinn

VS VERLAG FÜR SOZIALWISSENSCHAFTEN

Bibliografische Information der Deutschen Nationalbibliothek
Die Deutsche Nationalbibliothek verzeichnet diese Publikation in der
Deutschen Nationalbibliografie; detaillierte bibliografische Daten sind im Internet über
<http://dnb.d-nb.de> abrufbar.

1. Auflage 2008

Alle Rechte vorbehalten
© VS Verlag für Sozialwissenschaften | GWV Fachverlage GmbH, Wiesbaden 2008

Lektorat: Frank Schindler

VS Verlag für Sozialwissenschaften ist Teil der Fachverlagsgruppe
Springer Science+Business Media.
www.vs-verlag.de

Das Werk einschließlich aller seiner Teile ist urheberrechtlich geschützt. Jede Verwertung außerhalb der engen Grenzen des Urheberrechtsgesetzes ist ohne Zustimmung des Verlags unzulässig und strafbar. Das gilt insbesondere für Vervielfältigungen, Übersetzungen, Mikroverfilmungen und die Einspeicherung und Verarbeitung in elektronischen Systemen.

Die Wiedergabe von Gebrauchsnamen, Handelsnamen, Warenbezeichnungen usw. in diesem Werk berechtigt auch ohne besondere Kennzeichnung nicht zu der Annahme, dass solche Namen im Sinne der Warenzeichen- und Markenschutz-Gesetzgebung als frei zu betrachten wären und daher von jedermann benutzt werden dürften.

Umschlaggestaltung: KünkelLopka Medienentwicklung, Heidelberg
Druck und buchbinderische Verarbeitung: Krips b.v., Meppel
Gedruckt auf säurefreiem und chlorfrei gebleichtem Papier
Printed in the Netherlands

ISBN 978-3-531-15892-1

Inhaltsverzeichnis

Vorwort: „So viel Kultur wie heute war noch nie!" 7

1 Einleitung: Eine erste Orientierung über Kulturbegriffe 11

2 Und weil der Mensch ein Mensch ist: Der Kulturdiskurs in der
   Kulturphilosophie 25

3 Soziologie als Kulturwissenschaft oder Kultursoziologie?
   Von Herder bis zu den cultural und postcolonial studies. 53

4 Der Kulturbegriff der Kulturwirtschaft, populäre Kultur und die
   cultural studies 93

5 Der Kulturdiskurs der Ethnologie 105

6 „Kultur" in der politischen Philosophie und im Staatsrecht 109

7 „Kultur" in Kulturpolitik und Kulturpädagogik 141

8 „Kultur" und die Kulturwissenschaften 171

9 Kultur als Tätigkeit – Eine Skizze 183

10 Zur praktischen Relevanz des Kulturbegriffs 191

Literaturverzeichnis 213

Verzeichnis der Abbildungen 225

Bibliographische Hinweise 227

Vorwort: „So viel Kultur wie heute war noch nie!"

Es ist schon fast obligatorisch, dass jeder Text über Kultur mit dem Hinweis auf die Konjunktur des Redens und Schreibens über Kultur beginnt – um dann seinerseits zur weiteren Ausdehnung dieses inzwischen inflationären Diskurses beizutragen. Dieser Tradition schließe ich mich offensichtlich an. Daher muss ich kurz erläutern, worin meine Motivation für dieses Projekt besteht. Eine Einführung in die Kulturtheorie, eine Sortierhilfe in dem inzwischen unübersichtlich gewordenen „Markt" von Büchern über Kultur soll es werden. „Haben wir schon!", wäre eine durchaus passende Reaktion.

In der Tat, wer „Kultur" in irgendeine Suchmaschine oder etwa im Katalog jeder beliebigen Universitätsbibliothek eingibt, wird geradezu mit Angaben überschüttet. Selbst wenn man die Suche eingrenzt auf Einführungstexte, wird man noch reichhaltig belohnt. Wieso dann dieser erneute Versuch? Ein Grund für den vorliegenden Text besteht darin, dass die Suche nach Einführungen in die Kulturtheorie unbefriedigend verlaufen kann. So gibt es für bestimmte Literaturwissenschaften, für die Ethnologie oder die Soziologie sehr gute Einführungstexte, in denen der Kulturbegriff, seine Genese und Definitionsmöglichkeiten dargestellt werden. Wer allerdings aus der Sicht der Kulturpolitik oder der Kulturpädagogik solche Einführungstexte liest, ist möglicherweise nach der Lektüre verwirrter als vorher. Denn das, was dort zu „Kultur" gesagt wird, ist oft genug kaum in Einklang zu bringen mit der Umgangsweise mit „Kultur" in den beiden genannten Arbeitsfeldern. Auch untereinander sind solche Einführungstexte wenig vergleichbar. Man findet zwar meist die unvermeidlichen (und auch notwendigerweise zu erwähnenden) Namen wie Herder und Kant, auch Clifford Geertz scheint eine über Disziplingrenzen hinaus relevante Referenzgröße zu sein. Dann aber differenziert es sich doch stark je nach disziplinären Traditionen aus: So gibt es etwa eine lange Reihe von wichtigen Kulturphilosophen, die in der Kultursoziologie oder in der Ethnologie kaum genannt werden. Es gibt offensichtlich eine deutliche Abgrenzung und Trennung der unterschiedlichen bereichsspezifischen Kulturdiskurse. Diese disziplinäre Trennung ist auch dadurch nicht aufgehoben worden, dass man seit einigen Jahren mit dem Label „Kulturwissenschaft" hantiert. Zwar kann man seither viele Einzeldisziplinen zwischen zwei Buchdeckeln unter der Überschrift „Kulturwissenschaft" vereinigen. Wer sich dann jedoch die Einzelbeiträge aus Soziologie und Kunstwissenschaft, aus Psychologie, Geographie oder Literaturwissenschaft ansieht, dem fällt es schwer, Gemeinsamkeiten zu finden.

Bei aller Enttäuschung, die sich nunmehr einstellen mag: Dies ist bereits ein erster systematischer Ertrag. Kultur geht offenbar alle an, so dass sich auch alle legitimerweise aus der jeweiligen fachlichen Sicht damit befassen.

Ein solches Interesse an „Kultur" gibt es auch in der Kulturpolitik und Kulturpädagogik. Interessanterweise gibt es in beiden Feldern keinen oder nur einen sehr verwirrenden Diskurs über „Kultur". So findet man gerade in der Kulturpolitik fast alle einzelwissenschaftlichen Kulturdebatten wieder. Dies hängt damit zusammen, dass es keine einheitliche Ausbildung zum „Kulturpolitiker" oder „Kulturpädagogen" gibt. Dieses Feld ist vielmehr ausgesprochen heterogen in Hinblick auf die dort vorzufindenden Berufe und Ausbildungen. So ist es zwar legitim, dass jeder seine eigene Fachsprache einbringt, das Resultat ist allerdings eine babylonische Sprachverwirrung gerade bei einem der Kernbegriffe beider Disziplinen. So finden sich im kulturpolitischen Diskurs ethnologische, soziologische, kulturwissenschaftliche und philosophische Kulturkonzeptionen. Schwierig wird es allerdings dann, wenn man sich ernsthaft fragt, ob und wie der jeweilige ethnologische, soziologische oder philosophische Kulturbegriff tatsächlich zum Arbeitsbegriff in der Kulturpolitik werden kann. Oft genug tritt dann der Fall ein, dass die theoretische (oder auch ideologische) Selbstvergewisserung und die konkrete praktische Arbeit getrennt nebeneinander stehen.

Diese Irritationen in der Praxis sind für mich die zentrale Motivation für das vorliegende Unternehmen: Nämlich knapp über einige fachspezifische, in den beiden Arbeitsfeldern relevante Kulturdiskurse zu informieren, Hinweise auf m. E. geeignete Darstellungen der jeweiligen Diskurse zu geben (natürlich nur nach Maßgabe der begrenzten Kenntnisse des Verfassers) und dabei die Frage im Auge zu behalten, was diese verschiedenen Diskurse für die beiden hier interessierenden Praxisfelder bedeuten. Obwohl es auf der Hand liegt, soll es noch einmal explizit erwähnt werden: In fast allen der besprochenen Bereiche habe ich kein eigenes Expertenwissen. Trotzdem riskiere ich den Versuch mit der ernst gemeinten Einladung, mir nicht bloß offensichtliche Fehler mitzuteilen, sondern möglicherweise einen eigenen besseren Versuch vorzulegen.

Ein Teil der hier dargestellten Inhalte war und ist Gegenstand von Lehrveranstaltungen an den Universitäten Hamburg, Basel und vor allem Duisburg-Essen.

Zu danken ist vielen Freunden und Kollegen. Insbesondere bedanke ich mich – wieder einmal – bei meiner Kollegin Ute Bernhardt, der es auf wundersame Weise immer wieder gelingt, die handschriftlich verfassten Texte zu entziffern und in eine lesbare Form zu bringen – und dies unter äußeren Umständen, die wenig mit Ruhe und Kontemplation zu tun haben.

Widmen möchte ich das Buch Anette Bösel, unter anderem auch deshalb, weil sie sich mit großer Geduld mündliche Erstversuche angehört hat.

Remscheid, im Sommer 2007

1 Einleitung: Eine erste Orientierung über Kulturbegriffe

Gerade bei dem Thema dieses Textes, dem Umgang mit Theorien, Konzeptionen oder auch nur Vorstellungen dessen, was „Kultur" sein könnte, muss man nicht so tun, als bearbeite man ein völlig unbebautes Gebiet. Vielmehr ist es so – und das macht ja gerade die Schwierigkeit aus –, dass jeder eine Menge meist ungeordneter Vorstellungen über Kultur mit sich herumträgt. Jeder von uns verwendet ohne Probleme Bezeichnungen wie Kulturbeutel, Weltkulturen, Unternehmenskultur oder Kulturhauptstadt, ohne weiter über die jeweilige Bedeutung von Kultur nachzudenken. Offenbar – so muss man konstatieren – funktioniert das auch so im Alltag. Auch in fachlichen Diskussionen klappt dieser eher unreflektierte Umgang mit diesem mysteriösen Wort. Die Frage nach dem jeweiligen Kulturbegriff wird oft nur dann gestellt, wenn man sich in einer Sach- oder Bewertungsfrage uneins ist: ob ein Projekt zu Recht gefördert werde oder ob etwas überhaupt Kultur sei. Die Frage nach dem Kulturbegriff ist also offenbar etwas, das man ins Feld führt, wenn man sich uneinig ist bzw. wenn eine bislang undiskutierte Einvernehmlichkeit gestört wird.

Insbesondere gilt dies bei Fragen nach Zuständigkeiten oder wenn es darum geht, dass „Kultur" Staatsaufgabe werden soll. Wenn es etwa heißt: „Der Staat schützt und fördert die Kultur.", so wie es von der Enquête-Kommission „Kultur in Deutschland" vorgeschlagen worden ist, dann muss man geradezu fragen, was denn diese „Kultur" eigentlich ist, die der Staat schützen und fördern soll. Dann müssen also Unterschiede gemacht werden zwischen Dingen und Prozessen, die zu „Kultur" gehören, und solchen, die es nicht tun.

Interessanterweise reproduziert man auf diese Weise den realen Verlauf der Geschichte. Wie bei allen wichtigen Begriffen unserer modernen Sprache hat der Kulturbegriff zwar auch ältere Vorläufer in der Antike – hier: mit Wurzeln im Lateinischen (s.u.) –, als Schlüsselbegriff mit einer spezifischen Aufgabe und Bedeutung ist er jedoch erst in der so genannten „Sattelzeit" (Jaspers, Kosellek), also zwischen 1770 und 1830 in den Wortschatz der Gebildeten aufgenommen worden. Herder ist hier in erster Linie zu nennen. Er brauchte diesen Begriff, um – ganz so, wie bei unserem aktuellen Beispiel der Erweiterung der Staatsziele im Grundgesetz – Unterschiede zu verdeutlichen. Herder gilt nämlich als derjenige Autor, der die Pluralität menschlicher Lebensweisen – und das waren für ihn die „Kulturen" – ins Bewusstsein gerückt hat. „Kultur" war also ein Begriff der Unterscheidung, etwa der Unterscheidung der eigenen Nation und Lebensweise von der der anderen.

Mit diesem Hinweis auf Herder ist zugleich ein erster Weg gefunden, wie man Ordnung in den Dschungel von Kulturbegriffen bringen kann, nämlich durch einen historischen Rückblick auf die Genese und Verwendungsweise des Begriffs. Wir werden diesen historischen Weg zunächst einmal pauschal in diesem Abschnitt, dann aber auch für jede der einzelnen fachlichen Verwendungsweisen gehen. Diese historische Betrachtungsweise liefert uns zudem Typologien für die unterschiedlichen Kulturbegriffe. Und solche zur Verfügung zu haben – als Ordnungs- und Sortierhilfen – ist das Ziel dieses Textes.

Bevor wir jedoch auf Herder zurückkommen, will ich die Vorgeschichte knapp andeuten. Natürlich ist Cicero zu nennen. In seinen tusculanischen Schriften spricht er von der cultura animi, der Pflege des Geistes, die er in Analogie zur cultura agri, der landwirtschaftlichen Pflege, sah.

Dieses erste Auftauchen des Kulturbegriffs liefert eine Bedeutungszuweisung, die bis heute Gültigkeit hat. Kultur als cultura ist Pflege, Pflege ist menschliches Tun. Cultura agri ist ein menschliches Handeln, mit dem die Natur verändert wird zum Zwecke der Lebenserhaltung des Menschen. Damit – und dies wird im Abschnitt über Kulturphilosophie vertieft werden – ist ein zentraler Kontext benannt: Der Mensch greift handelnd in die Natur ein, gestaltet diese und gestaltet hierbei sich selbst. Der Mensch ist also ein *kulturell verfasstes Wesen*, bei dem Welt- und Selbstschöpfung, bei dem Welt- und Selbstverhältnisse zwei Seiten derselben Medaille sind. Der Mensch greift dabei behutsam und bedacht in die Natur ein, so dass er einen Ertrag erwarten kann. Kultur ist also Menschenwerk, und somit ist auch der Mensch ein Werk seiner selbst – durchaus auch für solche Religionen ein gefährlicher Gedanke, die vom Menschen als Schöpfung Gottes ausgehen.

Man kann in diesem Gedanken durchaus das moderne Konzept der Nachhaltigkeit ablesen, das in der Tat auch als Wort in einem holzwirtschaftlichen Zusammenhang – allerdings über eineinhalb Jahrtausende später – auftauchte. „Kultur" heißt auch: pfleglicher Umgang. Der bis heute gebräuchliche Begriff der Kulturpflege in der Kulturpolitik wird dann zwar als Verdoppelung erkennbar, zeigt jedoch auch an, dass der Mensch zum Zwecke der zukünftigen Existenz (er will von Erträgen der Landwirtschaft später leben) pfleglich mit dem Vorhandenen als Ergebnis der Vergangenheit umgehen muss. „Kultur" wird schon bei der Deutung dieses elementaren Prozesses nicht bloß als Prozess tätiger Lebensbewältigung, sondern auch in ihrer Funktion als Vermittlung von Vergangenheit, Gegenwart und Zukunft erkennbar.

Nun geht es Cicero um die cultura animi, die Pflege des Geistes. Offenbar gilt dasselbe, das für die Landwirtschaft gilt, auch für den Geist: Er muss gepflegt und gestaltet werden, sein jeweiliger Zustand ist Ergebnis eines früheren tätigen Eingreifens, für das der Mensch selbst die Verantwortung hat. Wenn

1 Einleitung: Eine erste Orientierung über Kulturbegriffe

Helmut Plessner rund 2000 Jahre später als Aufgabe des Menschen die bewusste Gestaltung seines Lebens bestimmt, so kann man fragen: War dieser Gedanke nicht schon bei der ersten Verwendung des Kulturbegriffs vorhanden? Oder legen wir hier etwas Cicero nahe, was erst 1500 Jahre später zum Thema der neuzeitlichen Philosophie wurde: der Gedanke eines eigenverantwortlichen Individuums mit seiner Aufgabe der individuellen Lebensgestaltung? Spricht Cicero vielleicht gar nicht von dem Einzelnen, sondern von der Gattung Mensch? Aber auch dies ist eine wichtige Frage, die an Kulturbegriffe zu stellen ist: Wer ist das Subjekt, um das es geht? Ist es der Einzelne, die Gruppe, die Nation, die jeweils vorhandene Menschheit oder der Mensch an sich? Man wird sehen, dass sich die einzelnen „Kultur"-Wissenschaften auf sehr unterschiedliche Subjekte beziehen: von der Kulturphilosophie, die es mit der Gattung Mensch zu tun hat, über die Kultursoziologie, die es mit sozialen Gruppen zu tun hat, bis zur Kulturpädagogik, bei der letztlich der Einzelne im Mittelpunkt steht. Immerhin haben wir so schon eine erste Erkenntnis darüber gewonnen, warum es so viele Disziplinen sind, die sich mit Kultur befassen: Nicht nur, dass die jeweiligen Inhalte von Kultur unterschiedlich sein können, es sind auch ganz unterschiedliche Subjekte und sehr verschiedene Tätigkeitsformen, um die es geht.

Halten wir aus der Erinnerung an Cicero fest:

- Kultur ist bewusstes Handeln.
- Kultur ist Selbst- und Weltgestaltung.
- Kultur verbindet Vergangenheit, Gegenwart und Zukunft.

Man kann einen Teil dieser Überlegungen in folgender Graphik festhalten

Abbildung 1: Kultur als Tätigkeit

KULTUR

(Kultur-) SUBJEKT (Einzelner, Gruppe, alle Menschen, Gattung Mensch)	———	TÄTIGKEITEN (Handlungen, Praxis, Aktivitäten)	———	OBJEKT (als bewusst produziertes Werk)

In verbreiteten historischen Abrissen zur Geschichte des Kulturbegriffs ist der Rechtsphilosoph Samuel von Pufendorf (1632 – 1694) eine nächste wichtige Station.

„Kultur" ist bei ihm die Summe der sozialen Beziehungen, wobei die Fertigkeiten und Tugenden ausdrücklich einbezogen sind. Ich verweise hier nur pauschal auf den Artikel „Zivilisation, Kultur" von J. Fisch (in Brunner u.a. 1992, Bd. 7, S. 679ff.), der sorgfältig und minutiös die Begriffsgeschichte von „Kultur" und den über weite Strecken bedeutungsgleich verwendeten Begriff der „Zivilisation" nachzeichnet. Zu dieser Geschichte gehört, dass „Kultur" in der ciceronischen Bedeutung des Pflegens immer auch eine unmittelbare Beziehung zur Pädagogik hatte, in der landwirtschaftliche und gärtnerische Begriffe ebenfalls von jeher eingeführt sind (der „Kindergarten" war im 19. Jahrhundert eine recht späte Erfindung in dieser Tradition). Pädagogik als praktisches Handeln am Menschen war zudem immer schon reflektiert worden im Kontext der praktischen Philosophie („Tugenden"), ein Gedanke, der etwa allen Renaissancedenkern sehr vertraut war.

Die Konzeption von Kulturpolitik als kultureller Bildungspolitik, so wie sie der Deutsche Städtetag in den siebziger Jahren propagiert hat, liegt vollständig in dieser Tradition.

Ein Blick in die Geschichte ist also auch in systematischer Hinsicht sinnvoll. Für die Etappe, die hier angesprochen worden ist, kann als *Ertrag* festgehalten werden:

„Kultur" und „Bildung" sind kaum getrennt voneinander zu behandeln. Über „Bildung" wird „Kultur" eng mit praktischer Philosophie verbunden. Praktische Philosophie meint dabei stets beides: Die Entwicklung des Einzelnen, aber auch das tugendhafte Leben in einer wohlgeordneten Gesellschaft (Politik). Damit zeigt sich zugleich eine weitere Facette, die ebenfalls von Anfang an dem Kulturbegriff inhärent war: eine normative Dimension. Es geht immer auch um die Frage von Zielen und Normen und es geht um Entwicklungsprozesse hin zu diesem Ziel: „Kultur" ist ein dynamischer, ein Bewegungsbegriff, und dies sowohl in Hinblick auf die Entwicklung des Einzelnen, aber auch in Hinblick auf die Entwicklung der Gesellschaft, also der Geschichte.

Geschichte als tätiger Prozess der Menschen, die gerade deshalb erkannt werden kann, weil sie von Menschen „gemacht" ist: Diese Erkenntnisleistung wird Giambattista Vico (1663 – 1744) zugeschrieben. Der weite Kulturbegriff von Pufendorf, der allerdings offenbar von keinem seiner Zeitgenossen aufgegriffen worden ist (Fisch a.a.O., S. 704), die Verbindung von Kultur und Bildung seit der Renaissance, der Zusammenhang von Kultur, Geschichte und Aktivität bei Vico: All dies führt zu der oben bereits erwähnten Sattelzeit, in der das dichte Begriffsgeflecht Kunst, Geschichte, Kultur und Bildung zur Grundlage der modernen Denkhaltung wird.

Herder hat also durchaus Vorläufer, wenn er ein Konzept von Kultur entwickelt, das alle Lebensäußerungen des Menschen erfasst. Auf Herder beziehen sich alle Kulturdisziplinen: Die Sprachphilosophie (aufgrund seiner bahnbrechenden Studie zur Entstehung der Sprache), die Geschichtsphilosophie, die

1 Einleitung: Eine erste Orientierung über Kulturbegriffe

Kulturphilosophie. In besonderer Weise ehrt ihn die Volks- und Völkerkunde als einen ihrer Begründer: Kulturen sind bei ihm Lebensweisen, Lebensweisen sind dabei national und Nationen gibt es zahlreiche.

Selbstverständlich war es nicht, im 18. Jahrhundert die grundsätzliche Gleichberechtigung und Gleichwertigkeit der verschiedenen Lebensweisen in Europa, Amerika, Afrika oder Asien als menschliche zu behaupten (und den bis dahin als selbstverständlich unterstellten Vorrang der europäischen damit zu bestreiten). Später, viel später hat man moniert, dass Herder zwar viele Kulturen kannte, doch jede einzelne als homogen auffasste. Als Vertreter einer Nationalkultur hatten ihn sogar die Nazis als Vordenker des Nationalsozialismus vereinnahmen wollen.

Bei Herder finden wir viele heute vertraute Gedanken.

„Der Mensch ist ein freidenkendes, tätiges Wesen, dessen Kräfte in Progression fortwirken."
Der Mensch lebt von der Tradition seiner Vorgänger, er „ist der Zwerg auf den Schultern des Riesen – und ist daher immer größer als der Riese selbst".
Er ist ein soziales Wesen: „Der Mensch ist seiner Bestimmung nach ein Geschöpf der Herde, der Gesellschaft."
Er ist „Lehrling der ganzen Welt" (alle Zitate aus seiner Abhandlung „Über den Ursprung der Sprache", hier Herders Werke in fünf Bänden, Hg.: W. Dobbek 1964, S. 77-190).

Eine systematische historische Darstellung des Kulturbegriffs ist hier nicht beabsichtigt. Es werden vielmehr einige Etappen aus dieser komplexen Geschichte herausgegriffen, in denen aktuelle systematische Aspekte des Kulturbegriffs prägnant auftauchen. Daher will ich nur noch eine letzte Entwicklung hier anführen, die das Verhältnis der Künste zur Kultur betrifft.

Der Kunstbegriff, vor allem jener, der mit Autonomie verbunden wird, ist gerade mal 250 Jahre alt. Sein Beginn ist mit dem Namen Alexander Baumgarten (1714 – 1762) verbunden. Baumgartens Hauptwerk (Aesthetica, 1750 – 1758) enthält zumindest zwei wichtige Punkte: Zum einen geht es ihm um die Rehabilitation der sinnlichen Erkenntnis (aisthesis). Dies war notwendig angesichts der Dominanz des Rationalismus in Kontinentaleuropa (Descartes, Leibniz, Wolff u.a.), der insbesondere durch die sich als empirisch verstehende neue Naturwissenschaft (Galilei, Kepler, Kopernikus und vor allem Newton) unter Druck gesetzt wurde.

Die zweite Leistung von Baumgarten ist die Entwicklung eines einheitlichen Kunstbegriffs. Bis dahin dominierte der mittelalterliche Begriff der artes, so wie sie als artes mechanicae von Handwerkern betrieben und als artes liberales an Hochschulen gelehrt wurden. Dabei ging es um Mathematik, Logik und Sprache und – mit Ausnahme der Musik, die allerdings eher als mathematische Theorie verstanden wurde – nicht um Künste im heutigen Verständnis. Außerdem war man bis dahin kaum auf die Idee gekommen, ästhetische Praxen wie Musik, Literatur, Bildende Kunst oder gar Theater, das bis tief ins 19. Jahrhundert um Anerkennung kämpfte, unter dem gemeinsamen begrifflichen Dach „Kunst" zu verorten.

Nun war der Diskussionsstand im 18. Jahrhundert, so wie es auch die genannten historischen Blitzlichter zeigen, Kultur zum einen als Totalitätsbegriff, nämlich als Gesamtheit von Lebensäußerungen, und zum anderen normativ, nämlich in Hinblick auf die Veredelung und Verbesserung des Menschengeschlechts zu begreifen.

In beiderlei Hinsicht war es nicht selbstverständlich, Künste notwendigerweise als Teil von „Kultur" zu betrachten. Dies geschah erst um die Wende zum 19. Jahrhundert. Friedrich Schiller ist hier zu nennen, der den normativen Kulturdiskurs – Kultur als Veredelung des Menschen, und dies mit Hilfe der Künste – kräftig vorantrieb. Die Künste wurden als Sonderbereich menschlicher Tätigkeiten erkennbar und mit der Aufgabe versehen, zur Freiheit zu erziehen. Denn gerade zweckfreie Kunst ermöglicht – so schon Kant – ein freies Spiel menschlicher Vermögen und Kräfte und lässt so – zunächst in einem abgeschotteten Bereich – die Lust an Freiheit erleben. Die gesellschaftliche Hoffnung Schillers war, dass dies die Keimzelle für die Ausdehnung des Freiheitswunsches auch in die restliche Gesellschaft sein könnte. Damit erhält man – in moderner Sprache – ein gesellschaftliches Subsystem, das durch die Humboldtsche Bildungsreform und die Entstehung der bürgerlichen Kultureinrichtungen zudem eine politische und institutionelle Stütze bekam und das eine besondere gesellschaftliche Aufgabe zu erfüllen hatte. „Kultur" war nicht länger ein umfassender Begriff von Gesellschaft oder eine bloß schöne Idee: „Kultur" wurde greifbar als Realität, freilich immer noch gesteuert durch die schöne Idee der Veredelung.

Mit diesen Erinnerungen an einzelne Etappen in der Genese des Kulturkonzeptes soll es zum Zweck dieser Einleitung genug sein. Zur Erinnerung: Es geht hier darum, einige erste allgemeine Sortierhilfen für das weite und unübersichtliche Feld des heutigen Umgangs mit dem Kulturbegriff zu bekommen, die dann in den Abschnitten zu den Spezialdiskursen in einzelnen Disziplinen angewandt und weiter entwickelt werden sollen.

In der Tat sind wir in dieser Sortierabsicht fündig geworden.

Wir können nämlich nunmehr Unterscheidungen treffen bzw. die oben zwischenbilanzierten Ergebnisse erweitern:

- Kultur wird als Tätigkeit erkennbar, in der der Mensch sich und die Welt gestaltet: Kultur ist Menschenwerk und der Mensch selbst ebenfalls.

1 Einleitung: Eine erste Orientierung über Kulturbegriffe

- Kultur wird als Prozess erkennbar.
- Kultur wird als Gesamtheit menschlicher Lebensäußerungen begriffen.
- Kultur wird normativ gebraucht.
- Kultur steht in enger Verbindung zu Bildung, Geschichte und dann auch zu Kunst.
- Kultur wird zu einem eigenständigen sozialen Subsystem mit einer spezifischen gesellschaftlichen Aufgabe.
- Kultur wird als Pluralitätsbegriff erkennbar.

Offensichtlich entwickelten sich auf dieser Grundlage unterschiedliche Kulturbegriffe, wobei die Schwierigkeit darin besteht, dass alle gleichzeitig und nebeneinander verwendet werden.

Bereits in früheren Untersuchungen habe ich gezeigt, dass man in der kulturpolitischen und kulturpädagogischen Praxis mindestens fünf nichtidentische Kulturbegriffe gleichzeitig verwendet:

- den anthropologischen Kulturbegriff: Ein Ganzheitsbegriff, der sich auf die Genese der Gattung Mensch bezieht;
- den ethnologischen Kulturbegriff: ebenfalls ein Ganzheits- oder Totalitätsbegriff, der sich auf die Lebenswirklichkeit bestimmter sozialer Einheiten (Stämme, Völker) bezieht;
- einen normativen Kulturbegriff, der auf Veredelung zielt;
- einen soziologischen Kulturbegriff, der zum einen ein Subsystem konstituiert und der zum anderen die symbolisch kommunizierten Werte und Normen einer Gesellschaft erfasst;
- einen engen Kulturbegriff, der Kultur mit Kunst gleichsetzt.

Offensichtlich findet eine solche Typologie im Durchgang durch die Geschichte Haltepunkte und Personen, die man jeweils mit einer oder sogar mehreren dieser Typen in Verbindung bringen kann. Hat diese erste Sortierhilfe die versprochene Relevanz für die Praxis? Hierfür nur ein kleines Beispiel. Man stelle sich ein Kulturamt einer Stadt vor, das für die Haushaltsdebatte im Stadtrat den eigenen Haushaltsansatz mit einem inhaltlichen Konzept verbinden und dadurch besser legitimieren will. Geht dieses Amt ambitioniert vor, dann könnte dieses Konzept aussehen wie folgt:

- ein Einstieg mit einer allgemeinen Beschreibung der gesellschaftlichen Situation und v.a. der aktuellen Problemlagen, die die Menschen verarbeiten müssen (weiter ethnologischer Kulturbegriff),

- eine besondere Berücksichtigung der Werteproblematik (Anerkennungsfragen, Zusammenhalt etc.; soziologischer Kulturbegriff),
- eine Formulierung von Zielen etwa auf der Basis dessen, was der Mensch zum menschenwürdigen Leben braucht (anthropologischer und normativer Kulturbegriff),
- die Behauptung der Möglichkeit, mit kulturpolitischen Mitten, also z. B. mit den Künsten diese Ziele mit realisieren zu helfen (enger Kulturbegriff), weswegen ein bestimmter Kuluretat auch legitim ist.

Natürlich wird jedes Kulturamt zusätzlich alle anderen Nebeneffekte der Kulturförderung (als Arbeitsmarkt, als Wirtschaftsförderung, als Standortförderung etc.) mit aufnehmen. Aber immerhin wird erkennbar, dass tatsächlich – und ohne Begriffskonfusion – mehrere Kulturbegriffe nebeneinander verwendet werden, sogar: verwendet werden müssen.

Nach dieser ersten Ergebnissicherung des historischen Durchlaufs kann man nunmehr in der Begriffsklärung weitergehen.

Kultur wurde oben als praktisches Handeln, aber auch als vorliegendes „Kulturerbe" beschrieben. Die in Abb. 1 vorgestellte Idee, Kultur als Tätigkeit zu begreifen, zeigt, dass in der Tat dreierlei zusammen gehört: Das Subjekt mit seinen (zu entwickelnden bzw. bereits vorhandenen) Kulturkompetenzen, das Spektrum kultureller Tätigkeits- und Praxisformen und das Objekt, an dem sich das (auch kollektive) Subjekt abarbeitet und dabei eine „gemachte Welt" herstellt.

Dieser Gedanke kann durch einen älteren Vorschlag von Karl Popper (1902 – 1994) vertieft werden, ganz so, wie ihn Scharfe (2002) für seine ethnologische Kulturtheorie nutzt. Popper entwickelte in den sechziger Jahren eine Drei-Welten-Theorie, bei der er die folgenden Unterscheidungen traf:

- Welt 1 erfasst den Bereich des Physischen, der Stoffe, des Materiellen, erfasst die Dinge und Körper
- Welt 2 ist die Welt der Subjekte, erfasst also das Denken und Fühlen, das Bewusste und Unbewusste.
- Welt 3 ist all das, was der Mensch kraft seiner Fähigkeiten hervorgebracht hat: Geschichte, Bilder, Gedanken, Pläne, Theorien, Kunstwerke, Wissenschaften, Regeln, Gesellschaftsstrukturen.

1 Einleitung: Eine erste Orientierung über Kulturbegriffe   19

Abbildung 2:   Das Bedeutungsspektrum von Kultur

Offensichtlich passt dieses Drei-Weltensystem zu dem hier vorgeschlagenen Tätigkeitsansatz (vgl. Abb. 2):

Welt 1 ist das Objekt, an dem sich der Mensch mit seinen Kompetenzen (Welt 2) abarbeitet und dabei ein neues Objekt (Welt 3) herstellt.

Scharfes Vorschlag liegt nahe: die Poppersche Welt 3 mit „Kultur" (offensichtlich: Es ist dies der weite Kulturbegriff, der hier den normativen und natürlich den engen und den soziologischen Kulturbegriff umfasst) zu identifizieren.

Das Subjekt (Welt 2) wäre dann – einem ebenfalls schon klassischen Diktum zufolge – die subjektive Seite von Kultur, eben „Bildung" als diejenige Disposition des Menschen, die Welt zu gestalten. So einleuchtend dies ist, so sieht man auch, dass der Prozess der „Kulturherstellung" hierbei unterbelichtet ist: die menschliche Tätigkeit, also die unterschiedlichsten kulturellen Praxen gehen hierbei in Welt 2 auf. Es lohnt sich jedoch m. E., entsprechend den vielen handlungsbezogenen bzw. „praxeologischen" Ansätze gerade in der soziologischen Kulturdebatte den Tätigkeitsaspekt gesondert zu betonen. Ich will hier nur an eines der Hauptwerke von Hannah Arendt (1906 – 1975), nämlich an das Buch ‚Vita activa' (1960) erinnern, in dem sie anhand dreier verschiedener Tätigkeitsformen (Arbeiten, Herstellen, Handeln) ihre praktische Philosophie entwickelt. Ich sehe dies allerdings nicht als Gegensatz oder als Gegenentwurf. Vielmehr lassen sich viele Unterschiede in den verschiedenen Theorieentwürfen dadurch erklären, dass bei demselben Prozess unterschiedliche Perspektiven angelegt bzw. Schwerpunkte gesetzt werden.

Wir werden später sehen, dass und wie auch die Drei-Welten-Theorie dazu dienen kann, kulturtheoretische Konzeptionen zu verstehen, etwa die von Simmel beschriebene „Tragödie der Kultur", die darin besteht, dass sich Welt 3 zunehmend dem Subjekt feindlich entgegenstellt. Auch dies ist ein klassischer Gedanke, man nannte ihn nur ein Jahrhundert früher Entfremdung oder Entzweiung. Dahinter steckt eine Dialektik, die ebenfalls später wieder aufzugreifen ist: Es gibt zum einen eine Kumulativität menschlichen Wissens, die dadurch zustande kommt, dass neue Generationen in eine Welt hineingeboren werden, deren Gestaltung das gewonnene Wissen der Alten konserviert. Daran kann man dann anknüpfen und muss nicht wieder am Nullpunkt anfangen. Andererseits enthält diese vorgefundene Welt bereits eine Fülle von Festlegungen und somit erhebliche Einschränkungen von Gestaltungsfreiheit. Der Vorteil eines fortschreitenden, kumulativen Wissens wird also durchaus erkauft durch Einbußen an Gestaltungsfreiheit.

Fahren wir fort in der allmählichen Entfaltung von Grundaussagen zur „Kultur". Die Drei-Welten-Theorie bzw. der Tätigkeitsansatz führten zwangsläufig zu der Frage der Methoden der Untersuchung der verschiedenen Welten. Offensichtlich erfordert die Untersuchung von Welt 1 (dem Ursprungsobjekt), von Welt 2 (der Struktur des Subjekts) und Welt 3 (den kulturellen Objektivationen) verbunden mit der Analyse von kulturellen Handlungs- und Praxisformen unterschiedliche Verfahren, weil es sich um unterschiedliche Untersuchungsgegenstände handelt. Kulturtheorie heißt daher auch: Ein weites Spektrum an Methoden zu akzeptieren. Dieses Spektrum wird zudem noch dadurch erweitert, dass es sehr unterschiedliche Möglichkeiten und Ansätze gibt, denselben Gegenstand wissenschaftlich oder philosophisch zu erfassen. So ist es auch hier

1 Einleitung: Eine erste Orientierung über Kulturbegriffe

sinnvoll, eine eingeführte Begrifflichkeit zu nutzen: Die Unterscheidung von geistiger und materieller Kultur. „Kultur" hat offensichtlich beide Seiten: es geht um gestaltete Dinge, die man sehen, hören, riechen, tasten kann. Doch geht die Kulturbedeutung über die bloße Materialität hinaus. Max Webers berühmte Definition aus seinem Aufsatz über die „Objektivität sozialwissenschaftlicher und sozialpolitischer Erkenntnis" (Weber 1988, Aufsätze zur Wissenschaftslehre, S. 180) macht nach wie vor Sinn, derzufolge Kultur ein „vom Standpunkt des Menschen aus mit Sinn und Bedeutung bedachter endlicher Ausschnitt aus der sinnlosen Unendlichkeit des Weltgeschehens" ist. Nur wenig sei an dieser Stelle hierzu gesagt: Kultur ist eine Betrachtung der Dinge und Prozesse vom Standpunkt *des Menschen* aus. Ein Wirklichkeitsausschnitt wird mit Sinn und Bedeutung *bedacht*, d. h. es handelt sich um eine bewusste Tat der Bedeutungsverleihung. Sinn und Bedeutung liegen quasi als Schicht über der Materialität der betreffenden Kulturträger. Sie zu analysieren heißt bei Weber: sie zu verstehen, den Sinn oder die Bedeutung zu entschlüsseln. Und dazu bedarf es spezifischer Verfahren – u.a. erinnere man sich daran, dass Dilthey genau an diesem Punkt seine zur „erklärenden" Naturwissenschaft alternative „verstehende" Geisteswissenschaft entwickelt hat: Die Geisteswissenschaften sind die Analyseinstanzen für die Kulturbedeutungen der Menschenwelt.

An dieser Stelle kann ein weiterer Ordnungsvorschlag zum Verstehen von „Kultur" eingebracht werden. Der Ethnologe Klaus E. Müller (2003, S. 24ff.) listet die folgenden Ansätze auf, die sich stark auf sein eigenes Arbeitsfeld der Ethnologie und hier auf die legendäre Begriffesammlung von Kroeber/Kluckhohn (1952) beziehen (Abb. 3):

Abbildung 3: Typen von Kulturtheorien

1. Kulturen als Ergebnis von Anpassungsprozessen
2. Kulturen als Instrumentarien zu Befriedigung elementarer Bedürfnisse
3. Kulturen als Ergebnisse von Lernprozessen bei der Lösung existentieller Probleme
4. Kulturen als Ordnungssysteme
5. Kulturen als integrierte Symbol- oder Sinnsysteme
6. Kulturen als Kommunikationssysteme
7. Kulturen als kognitive Ordnungssysteme.

Müller geht noch einen Schritt weiter und formuliert „transkulturelle Universalien", also Prinzipien, für die er Gültigkeit quer durch alle vorfindlichen Kulturen beansprucht: „die Prinzipien der Geometrisierung von Raum, Zeit und Verhalten; der Priorität, Seriosität, Distanzierung, Distinktion, Seklusion, Restituierung und Exponierungen von Hochwertigem; die *Kategorien* Rein/Unrein, Alt/Neu, Gewöhnlich/Ungewöhnlich, Unversehrt/Versehrt, Nah/Fern, Zentral/Peripher, bestimmte ethnophysiologische *Vorstellungen* (wie sie etwa Knochen und Organe betreffen), den Seelenglauben, die Zeugungs- und Verwandtschaftskonzeptionen, den magischen Kraftglauben; die *Institutionen* der Ehe, Familie und Abstammungsverwandtschaft sowie den Ethnozentrismus und kosmologischen Dualismus." (S. 27).

Daraus ergeben sich vier Konsequenzen (S. 28ff.):

1. das Bestreben nach Überleben und Stabilität der Gruppe, Identitätsbewusstsein;
2. das Bestreben nach einer begrenzten Tolerierung von Partialidentitäten;
3. das Bestreben, die eigene Kultur als sinnvolles Ganzes zu verstehen: Die Kultur gebe die Antwort auf die Frage nach dem Sinn des Lebens;
4. das Bestreben nach einer Unterscheidung von Diesseits/Jenseits.

„Kultur", so wusste man es schon vorher, ist ein schwieriger Begriff. Möglicherweise weiß man jetzt etwas genauer, warum dies so ist und worin zumindest einige der Schwierigkeiten bestehen. Ich gebe abschließend einige Polaritäten an, zwischen denen die Verwendungsweise des Kulturbegriffs pendelt und die alle in der Genese von „Kultur" als wissenschaftlichem Konzept eine Rolle gespielt haben (Hauck 2006):

- „Kultur" zwischen Deskription und Normativem;
- „Kultur" zwischen Universalität und Totalität und dem Partikulären und Besonderen;
- „Kultur" zwischen Assimilation und Unterordnung und dem Respekt vor der Pluralität;
- „Kultur" zwischen Geistigem und Materiellem;
- „Kultur" zwischen weltoffenem Dialog und nationalistischer Abschottung;
- „Kultur" zwischen Einzelnem und Gruppe;
- „Kultur" zwischen Integration und Ausschluss;
- „Kultur" zwischen elitärer Besonderheit und Masse;
- „Kultur" zwischen Bewahrung des Erbes und Produktion von Neuem;
- „Kultur" zwischen Homogenitätsvorstellungen und Vielfalt;
- „Kultur" zwischen Harmonie und Konflikt;
- „Kultur" zwischen Festlegung und Entwicklungsoffenheit.

1 Einleitung: Eine erste Orientierung über Kulturbegriffe

Aufschlussreich ist auch die Erinnerung daran, was alles als *Gegenbegriff* von Kultur fungieren kann: Natur, Technik, Zivilisation, Barbarei, Kultur*en*:
Man kann zudem zumindest die folgenden Typen von Kulturtheorien je nach Fachdisziplin unterscheiden. Für eine erste Orientierung gebe ich relevante Autorennamen bzw. erste Einführungen an:

Abbildung 4: Kulturtheorien – Überblick –

1. Philosophische Theorien der Kultur, oft in Verbindung mit Anthropologie oder Geschichtsphilosophie, v. a. zur Neuzeit/Moderne: von Vico über Rousseau, Herder, Kant, Hegel bis zur Postmoderne (Brackert/Wefelmeier 1990, 1984; Fuchs 1999, 1998 (Kulturpolitik), 1998 (Macht); Kuhlmann 1994; Konersmann 1996)
2. Soziologische Kulturtheorien, Kultursoziologie; bei den Klassikern (Weber, Simmel, Durkheim etc.) kaum von Philosophie zu unterscheiden; moderne Theorien: u.a. Parsons, Habermas, Luhmann, Bourdieu, Kritische Theorie (Adorno, Horkheimer, Marcuse, Fromm, Hauck 2006, Reckwitz 2000, Jung 1999)
3. Psychologische Kulturtheorien: Freud, Erdheim, Piaget, Fromm etc.
4. Ethnologische Kulturtheorien; von den Klassikern Boas, Levy-Strauss, M. Mead etc. bis zu den Zeitgenossen, etwa C. Geertz (Greverus 1987; Scharfe 2002, Hauck 2006)
5. Cultural Studies als neue Mischform von Medienwissenschaften, Soziologie, Kulturtheorie etc. (Hörning/Winter 1999)
6. Interkultur/Globalisierung (Breidenbach/Zukrigl 2000)
7. Kulturwissenschaften (Hansen 2000, Böhme/Matussek/Müller 2000; siehe auch Steenblock 1999, Baecker 2000, Eagleton 2001)
8. Kulturgeschichte (Daniel 2002)
9. Kulturdiskurse im Staats- und Verfassungsrecht (Steiner u.a. 1984)

Eine weitere Übersicht über mögliche Anknüpfungspunkte von Kulturtheorien sowie ein Frageraster für die folgenden Kapitel ist Abb. 5.

1 Einleitung: Eine erste Orientierung über Kulturbegriffe

Abbildung 5: Fragen an „Kultur"

II
WAS KULTUR
generell
leistet, u.a.:

- Orientierung
- Kommunikation
- Werte speichern
- Werte diskutieren
- Werte entwickeln
- Integration
- Selbstreflexion
- Deutung/Zeitdiagnose
- (De-)Legitimation
- Menschen-/Weltbild

III
WAS KULTUR
speziell*
leistet, u.a.:
(* in gesesllschaftlichen Subsystemen =
kulturelle Grundlagen der gesellschaftlichen Subsysteme).

A) beim Einzelnen
- kulturelle Vergesellschaftung
- Sprache
- Werte
- Weltbild
- Bildung und Erziehung
- Lebensformen

B) in Gemeinschaften;
kulturelle Grundlagen von:
- Familie
- Stadt
- Nation
- Wirtschaft
- Politik
- Recht
- Kunst
- Gesellschaft
- Wissenschaft

I
WAS KULTUR
ist, z.B.:
- Symbolebene
- das Gemachte
- die Summe symbolischer Formen
- das Handeln und Machen

IV
WIE KULTUR das Spezielle leisten kann
(kulturelle Ressourcen in der praktischen Anwendung), z. B.

- Habitus
- Institutionen, Handeln in Institutionen
- Entwicklung/Veränderung von Mentalitäten
- als kulturelles Gedächtnis
- im praktischen Gebrauch
- durch gesellschaftliche Normen/Regeln/ Werte/Sanktionen/Anreize/Vorbilder

V
WER sich mit KULTUR
wissenschaftlich befasst:
einzelwissenschaftliche
Kulturtheorien; s. Abb. 4

VI
WIE (und ob) Kulturpolitik die Bereiche
I - IV gestalten kann

2 Und weil der Mensch ein Mensch ist: Der Kulturdiskurs in der Kulturphilosophie

Vorbemerkung

Kulturphilosophie ist eine der jüngeren philosophischen Disziplinen. Eine wesentliche Motivation bei ihrer Entstehung war die Kritik der Kultur (der Moderne), war die Bestürzung über destruktive Potentiale menschlichen (Kultur-)Schaffens. Dies hat sich im Grundsatz bis heute nicht geändert. Dieses Kapitel zeichnet einige Entwicklungslinien dieser Disziplin nach und versucht anhand aktueller Darstellungen eine Beschreibung ihres Gegenstandes und ihres Arbeitsauftrages. Dabei wird deutlich, dass Kulturphilosophie als kritische Reflexionsinstanz für kulturelle Entwicklungen notwendig ist, will der Mensch das Ziel einer „wachsenden Selbstbefreiung" (Ernst Cassirer) nicht aus dem Auge verlieren. Sie sollte sich jedoch davor hüten, das wohlfeile und aktuelle Angebot gängiger Zeitdiagnosen durch die Medien, aber auch durch Fachwissenschaften wie etwa die Soziologie einfach nur zu erweitern.

Kulturphilosophie wird hier als komplementäre Ergänzung einer philosophischen Anthropologie vorgestellt. Beide Disziplinen zusammen erlauben eine allgemeine Bestimmung der notwendigen (kulturellen) Kompetenzen, die der Mensch bei der Gestaltung seines „Projektes des guten Lebens" braucht (kulturelle Bildung). Es ergibt sich auch zwanglos aus diesen Überlegungen eine Aufgabenbestimmung einer Kulturpolitik, die es mit dem Menschenrecht auf kulturelle Teilhabe ernst nimmt.

Wozu Kulturphilosophie?

Und weil der Mensch ein Mensch ist, drum – nun, das Arbeiterlied setzt das nackte Überleben an die Spitze dessen, was der Mensch aufgrund seines Menschseins braucht. Brecht unterstützt dies an anderer Stelle mit seiner Aussage, dass erst das Fressen käme und dann erst die Moral. Wenn man weiß, ein wie großer Anteil der Weltbevölkerung unterhalb der 1-Dollar-Armutsgrenze lebt, wird man kaum ernsthaft Einwände gegen die Prioritätensetzung erheben können. Und doch sind gerade im Diskussionszusammenhang der internationalen Armutsbekämpfung sehr anspruchsvolle Kataloge entstanden, die solche Grundbedürfnisse auflisten, die zum Menschsein erfüllt sein müssten. Über das rein biologische Überleben hinaus werden dabei weitere erheblich größere Ansprüche erhoben: auf Gesundheit, auf die Entfaltung der Fähigkeiten und Fertigkeiten, auf Lachen, Spiel und Erholung. Das Menschenbild, das hinter diesem Katalog steckt, ist auf der Höhe der anthropologischen Reflexion: Der Mensch ist zwar Naturwesen, hat sich jedoch – durchaus als Erbschaft der Evolution – insofern und insoweit von deren Gesetzen befreien können, als er zunehmend erfolgreich seine Lebenswelt nach seinen eigenen Bedürfnissen gestalten konnte. Dabei sind Selbst- und Weltgestaltung zwei Seiten derselben Medaille. Der Mensch wird so zu dem, was er ist. Als Naturwesen ist er den Regeln der Natur immer noch unterworfen. Als Kulturwesen ist er der Gestalter seines Lebens. Der Mensch ist also Bewohner zweier Reiche, und eine entscheidende Gestaltungsaufgabe besteht in der Vermittlung seiner Natur- und Kulturseite. Er wird geboren, erzogen, muss und kann arbeiten, hat stets ein besonderes Verhältnis zur Welt und zu sich selbst, er hinterlässt Spuren in dieser Welt – und weiß als einziges Wesen, dass er sterblich ist. Er gibt sich selbst Regeln für sein eigenes Leben, aber auch für die Ordnung der Gemeinschaft. Er braucht andere, erlebt sein Leben jedoch immer auch als Einzelner. Man bezeichnet all dies als „*kulturelle Verfasstheit des Menschen*". Tätigkeit ist das Grundprinzip seines Lebens, auch wenn er sich bewusst für Kontemplation entscheidet.

Er ist ein soziales Wesen schon alleine deshalb, weil seine Mitgift nur als Ergebnis eines gattungsgeschichtlichen Entwicklungsprozesses verstanden werden kann: Jeder Einzelne trägt in sich ein Fähigkeitsspektrum, das nur durch eine lange kollektive Überlebensgeschichte der Gattung Mensch erklärt werden kann. Der Mensch ist auf Ordnung angelegt, er will und muss aus dem Chaos einen Kosmos machen. Er tut dies geistig und spirituell, indem er Weltbilder entwirft – vom frühen Mythos bis zu elaborierten Kosmologien, die nur wenige verstehen. Und er tut es ganz praktisch: durch soziales und politisches Handeln und durch eingreifende Tätigkeit. Lange Zeit meinte man, dass dieser Prozess geradlinig und zielorientiert erfolge. Ernst Cassirer formuliert in seiner Anthropologie/Kulturphilosophie das Ziel dieses Prozesses, das in jedem Fall erreicht werden könne: die zunehmende Selbstbefreiung des Menschen. Er formulierte dies zu einer Zeit im Exil, als er als jüdischer Philosoph erleben musste, zu welchem Zivilisationsbruch Menschen fähig sind. Und doch bestand er auf diesem Ziel. Allerdings musste er einsehen, dass es einen Automatismus in dieser Entwicklung nicht gibt. Der Mensch kann – bis hin zur vollständigen Selbstzerstörung – erhebliche destruktive Potentiale entfalten. „Kultur" ist also stets beides: Konstruktion und Zerstörung. „Kultur" ist nicht ein geradliniger Prozess einer immer weitergehender Humanisierung und Kultivierung, sondern es sind Rückfälle in die Barbarei stets zu erwarten. Der Mensch schafft sich und seine Welt. Dieser

2 Und weil der Mensch ein Mensch ist

euphorisierende Gedanke prägt die westliche Neuzeit. Doch werden schon früh kritische Stimmen laut, die diesen Fortschritt ausdifferenzieren; die verkünden, dass Fortschritt in den Wissenschaften mitnichten einhergeht mit einem Fortschritt in den Sitten, so Rousseau eindrucksvoll in seiner ausgezeichneten Preisschrift, die er bei der Akademie in Dijon einreichte. Wie keine andere Zeit hat die Neuzeit nicht nur ein Interesse an sich selbst: Diese Selbstreflexion des modernen Menschen ist von Anfang an kritisch gestimmt. Der Mensch weiß im Grundsatz um den Zwiespalt seiner Möglichkeiten.

Wenn man nun meint, dass die bisherigen Überlegungen sehr gut in eine *anthropologische* Erörterung passen und sich daher fragt, was denn das Kulturphilosophische daran ist, dann hat man durchaus eine erste wichtige Erkenntnis gewonnen: In der Tat gehen philosophische Anthropologie und Kulturphilosophie Hand in Hand. Ein oft zu hörender Unterscheidungsvorschlag besteht darin, diesen angedeuteten Prozess der Menschwerdung insofern zu unterscheiden, dass er aus der Perspektive des Menschen zur Anthropologie und aus der Perspektive der von ihm geschaffenen und gestalteten Welt zur Kulturphilosophie gehört. Andere wie der genannte Ernst Cassirer schreiben ihre Kulturphilosophie von Anfang an als Anthropologie – und umgekehrt. Doch ist es durchaus ergiebig, beide Sichtweisen bei aller Zusammengehörigkeit zu unterscheiden. Zwar werden Selbstverhältnis und Weltverhältnis des Menschen verbunden durch anthropologische Grundgesetze. Eines davon ist das Gesetz der Aneignung und Vergegenständlichung: Der Mensch ist in der Lage, seinen geistigen Kräften eine gegenständliche Form zu geben. In der gestalteten Umwelt lassen sich daher die geistigen Kräfte des Menschen studieren. Marx spricht in diesem Sinne davon, dass ‚die Industrie das aufgeschlagene Buch menschlicher Wesenskräfte' sei. Archäologen versuchen, vorgefundene gestaltete Dinge („Artefakte") in Hinblick auf ihren vermuteten Gebrauch, ihre Bedeutung im Leben ihrer Schöpfer und in Hinblick auf deren Kompetenzen, die zur Kreation der Dinge notwendig waren, zu erschließen. „Hermeneutik" heißt diese Kunst, benannt nach dem Götterboten Hermes, der es den Adressaten der Botschaften nicht immer leicht machte, deren inhaltlichen Kern zu erschließen. Im sachgerechten Umgang mit diesen Dingen lernen Menschen deren Handlungslogik, eignen sich so das Wissen ihrer Vorfahren an. Die Welt ist voll von bewusst gestalteten Dingen und sie läuft gemäß gestalteter Prozesse ab. Dieses Maß an Gestaltung, ja sogar die bloße Tatsache des Gestaltetseins, war für einige Philosophen durchaus problematisch. Simmel spricht etwa von der „Tragödie der Kultur" und er meint damit, dass die Menschen schon zu viel an Gestaltung vorfinden, so dass sich ihre eigene Freiheit in der Gestaltung ihrer Welt schon nicht mehr durchsetzen kann: Die Kultur der Alten, der Toten, wie Bourdieu es durchaus analog formuliert, wird geradezu zum Feind der Gegenwärtigen und Lebenden. Die Rede von „Kultur" bezieht sich also auf das Gestalten, auf die Macht der Menschen auch über sich selbst. Sie hat zu tun mit der Befreiung von der Allmacht der Naturgesetze, setzt allerdings damit zugleich eine neue Grenze für die Freiheit. Zudem ergibt sich die Unsicherheit, woran sich die nicht zu vermeidende Welt- und Selbstgestaltung orientieren soll. Der Mensch lebt in einer bedeutungsvollen Umgebung, so schon Max Weber in seiner berühmten Definition von „Kultur". „Bedeutung" bzw. „Sinn" erhalten die Dinge und Prozesse rund um den Menschen nur im Bezug auf diesen. Der Mensch, so Plessner, ist gekennzeichnet durch seine exzentrische Positionalität: Er lebt eben nicht, wie es esoterische Lehren bis heute propagieren, aus seiner Mitte heraus, sondern kann und muss virtuell aus dieser Mitte heraustreten und sich selbst in seinem Welt- und Selbstverhältnis reflexiv zum Gegenstand seiner Betrachtung machen. Man kann die Philosophie als Ganzes hier einordnen gemäß der frühgriechischen Aufgabenbestimmung des Orakels von Delphi: Erkenne Dich selbst! In der Tat ist eine Ursache für die Genese einer Spezialdisziplin „Kulturphilosophie" die Rückbesinnung auf diese ursprüngliche Aufgabe der Philosophie (s.u.).

Die oben angesprochene Aufteilung in Anthropologie und Kulturphilosophie ist als analytische Trennung durchaus nützlich, etwa um die Simmelsche Tragödie der Kultur zu verstehen, die bereits im 19. Jahrhundert unter der Überschrift „Entfremdung" debattiert wurde: Dem Menschen stehen von ihm selbst geschaffene Produkte, Abläufe und Ordnungssysteme durchaus auch als feindlich gegenüber, gewinnen Macht über ihn, so dass er sich von ihnen emanzipieren will. Doch wird die Trennung in Anthropologie und Kulturphilosophie immer wieder aufgehoben, etwa weil eine wichtige (anthropologische) Methode der Selbsterkennung des Menschen im (kulturphilosophischen) Studium seiner Werke besteht. Der Mensch schafft Werke. Werke sind Ergebnisse des Handelns, sind Beweise für die Fähigkeit zum Wirken, sprachlich ohnehin verwandt mit dem Werk. Ins Werk setzen ist daher ein Topos, der sich bei so unterschiedlichen Philosophen wie Heidegger oder Cassirer findet, ebenso wie beide sich für die Sprache oder den Mythos interessieren. Der Mensch ist kulturell verfasst, was also heißt: er schafft Werke, er ist sprachlich verfasst, er schafft geistige Ordnungssysteme wie etwa Mythen und Religionen. Der Mensch, so Heidegger in seiner Dreiteilung in den „Grundproblemen der Metaphysik", ist *weltbildend*, das Tier ist weltarm, die unbelebte Natur, der Stein, ist *weltlos*. Die Welt, so der junge Wittgenstein, ist alles, was der Fall ist. „Welt" wird sprachlich erfasst, wird sprachlich mit konstituiert. Man wird sich weiter darüber streiten, was letztlich das Ursprüngliche war: Die gegenständliche Tätigkeit, die Spuren hinterlässt, oder die Sprache als symbolische Form, als spezifische geistige Energie zur Schaffung einer kommunikativen Welt (so beide, Cassirer und Habermas). Selbst der Idealist Cassirer entwickelt seine Theorie symbolischer Formen (als spezifischer geistiger Energien, ästhetische, mythische, religiöse, wissenschaftliche etc. Welten zu schaffen) auf der Basis einer Konzeption eines wirksamen Tuns: „Je weiter das Bewusstsein des Tuns fortschreitet, umso schärfer prägt sich diese Scheidung (in Objektives und Subjektives; M.F.) aus, um so klarer treten die Grenzen zwischen „Ich" und „Nicht-Ich" hervor" (Philosophie der symbolischen Formen II, S. 187).

Es ist immer wieder derselbe Prozess: Der Mensch gestaltet die gegenständliche Umwelt und parallel dazu sich selbst. Das „Selbst" des Menschen entsteht in dem Maße, wie er sich entäußert. Die scheinbare Unmittelbarkeit des gegenständlichen Handelns wird geistig gesteuert: Zwischen Mensch und Objekt liegen symbolische Formen, durchaus als Ergebnisse früherer Selbst- und Weltgestaltungsprozesse. Man kann diesen „ganzheitlichen" Prozess von der Seite des Geistigen betrachten und gelangt so zu einem objektiven oder subjektiven Idealismus, sofern man den Ideen den Vorrang vor der gegenständlichen Tat gewährt. Man kann jedoch auch einen Primat des Objektiven sehen, an dem sich das durchaus formende Geistige abarbeitet. In der Geschichte sind alle Wege gegangen worden. Die marxistischen „Grundfragen" der Philosophie nach dem Vorrang von Geist und Materie oder von Subjekt und Objekt sind durchaus brauchbare Sortiermuster für philosophische Systeme.

Diese Frage nach dem Ursprünglichen ist sicher nicht überflüssig in einer philosophischen Systematik, doch sollte man im Auge behalten, dass jenseits dieses „Anfangs" oder der Grundlage letztlich Geist und Materie bzw. Subjekt und Objekt zusammen gedacht werden müssen. O. Schwemmer betont in seiner Cassirer-Interpretation den Werkgedanken, wobei der Mensch selbst das Ergebnis seines Werkens, sein eigenes „Werk" ist. Hannah Arendt beschreibt in ihrem Hauptwerk das tätige Leben und unterscheidet (in Anlehnung an Aristoteles) Arbeit, Herstellen und Handeln. Habermas setzt gegen das Marxsche „Produktionsparadigma" zwar das sprachliche Handeln an den Ursprung, aber immer noch ist es der aktive Mensch, der Ursprung und Zweck des „Seins" ist. Ohne Ambition, einen völlig neuartigen Zugang zu dieser Problematik entwickeln zu wollen, scheint mir daher – wie in Kapitel 1 skizziert – ein *tätigkeitsorientierter Ansatz* brauchbar zu sein, der

Subjekt – Tätigkeit – Objekt

unterscheidet und so alle bislang aufgetretenen „Bestandteile" des Kulturprozesses enthält. Selbst Heidegger in seiner Explikation der „Frage" (an verschiedenen Stellen; hier in der Vorlesung „Grundprobleme der Metaphysik") analysiert die Frage nach diesem Muster, indem er die Frage an die Frage (nach dem Sein) stellt: Wer es denn sei, der fragt; was das Befragte ist; wohin das Erfragte zielt etc.

„Tätigkeit" wird hier im weitesten Sinne verstanden, so dass Handeln, Agieren, Produzieren (inkl. Sprachhandeln) zunächst einmal subsumiert werden. Die oben erwähnte Unterscheidung in Anthropologie als subjektbezogenes Fragen und Kulturphilosophie als werk- und objektbezogenes Fragen lässt sich offensichtlich hier einordnen.

„Kultur" thematisiert also das Machen und Gemachtsein, an dem sich die Fähigkeiten des Menschen erweisen müssen und entwickeln können. „Über unsere Kultur nachzudenken", so Steenblock (2004, S. 14), „hilft uns, uns selbst zu verstehen. Was der Mensch sei, erfährt er im Spiegel seiner Hervorbringungen und Objektivationen." Dieses Nachdenken über Kultur ist wiederum selbst Teil der Kultur und anthropologisches Bestimmungsmoment des Menschen, insofern dieser das sich ständig selbst interpretierende Wesen ist. Kulturphilosophie betreibt dieses Nachdenken systematisch, wobei zu klären sein wird, was ein einzel- oder kultur*wissenschaftliches* Fragen von einem kultur*philosophischen* Fragen unterscheidet.

Notwendig wird dieses Fragen auch dadurch, dass das „Machen" oft genug problematische Folgen hat, so dass ein Charakteristikum von Kulturphilosophie ihre in der Regel kritische Dimension ist: Der handelnde und schöpferische Mensch steht zwar im Mittelpunkt der Kulturphilosophie, allerdings stets in einer kritischen Fragehaltung, wie denn dieses Wirken des Menschen zu bewerten sei. Als Handlungsreflexion ist daher Kulturphilosophie stets eng verbunden mit Moralphilosophie und Ethik, da eine Beurteilung des menschlichen Handelns ihr letztliches Ziel ist.

Kaum vermeidbar ist – gerade in deutscher Tradition – der Hinweis darauf, dass man entsprechend der verschiedenen Kulturbegriffe zumindest zwei kulturphilosophische Ansätze unterscheiden muss: den engeren Bereich der Artikulation verfeinerter geistiger, vorwiegend ästhetischer Ansprüche auf Kreativität, Kommunikation und Unterhaltung, die sich in den hochkulturellen Medien und künstlerischen Spitzenprodukten vergegenständlichen, und als „Inbegriff poietisch-praktischer Selbstauslegung", die sich auf *alle* Tätigkeiten des Menschen bezieht (B. Recki, Artikel „Kulturphilosophie" in Sandkühler 1999, S. 1093).

Unter dem besonderen Aspekt der kritischen Selbstbeobachtung des Menschen, so wie es sich als besonderes Bedürfnis in der Moderne entwickelt hat, werden es insbesondere die mit dieser Zeitetappe verbundenen Leistungen und Errungenschaften sein, die in Hinblick auf ihre Wirksamkeit (etwa gemessen an einem zu explizierenden Ideal der Humanität) zu untersuchen sind. Der Katalog der Themen und Probleme, der in den verschiedenen Entwürfen einer Kulturphilosophie behandelt wird, ist zwar nicht identisch, hat jedoch eine große Schnittmenge. Heidegger (der sich allerdings vehement gegen beide Etiketten, die der Anthropologie und die der Kulturphilosophie, gewehrt hat) listet in seinem Beitrag „Zeit des Weltbildes" (in Holzwege, S. 69 ff.) die folgenden für die Neuzeit wesentlichen Erscheinungen auf: Wissenschaft, Maschinentechnik, Kunst als Teil der Ästhetik, Auffassung des menschlichen Tuns als Kultur, Entgötterung. Er hat damit geradezu einen „Kanon" kulturphilosophischer Problemstellungen formuliert. Übrigens: Auch und gerade bei ihm findet sich der Gedanke, dass Weltanschauung eben eine Welt-Anschauung ist und sich der Mensch in der Welt letztlich immer nur selbst anschaut: Die Weltanschauung als Selbstanschauung.

Zur Genese der Kulturphilosophie

Kulturphilosophie, so das Ergebnis des ersten Abschnittes, kann als philosophische Reflexion des menschlichen Gestaltens in seiner Ambivalenz aufgefasst werden. So sieht es auch Konersmann (2003, S. 26): „Kulturphilosophie ist die verstehende Auseinandersetzung mit der unendlichen, vom Menschen gemachten Welt – und das ist Kultur". Der Mensch will sich in seinen Werken verstehen, was vor allem heißt: Die Bedeutung der ihn umgebenden Welt erschließen und bewerten. Neben Naturtatsachen (fait naturel) geht es um Kulturtatsachen (fait culturel). Doch genau so ließe sich – zumindest in großen Teilen – Philosophie insgesamt begreifen. Mit was sonst befasst sich die Erkenntnistheorie, die Ethik, die Ästhetik, als mit der verstehenden Erschließung des menschlichen Wirkens? Selbst die Naturphilosophie kann längst unter die Kulturphilosophie subsumiert werden, da es zum einen kaum noch vom Menschen nicht berührte oder beeinflusste Natur gibt und zum anderen selbst die Nichtgestaltung von Natur inzwischen (in ökologischer Hinsicht) ein kultureller Akt ist: Man kann offensichtlich nicht nicht gestalten, so dass auch dies kein klares Abgrenzungskriterium ist. Woher kommt also diese neue Disziplin? Denn neu ist Kulturphilosophie zunächst als Wort. Findige Forscher haben sein erstes explizites Auftauchen untersucht. Lange galt Ludwig Steins „Versuch über die Kulturphilosophie" aus dem Jahre 1899 als erste explizite Neuschöpfung, andere verweisen auf den ursprünglichen Untertitel von Tönnies „Gemeinschaft und Gesellschaft". Jedenfalls ist es die zweite Hälfte des 19. Jahrhunderts, als man beginnt, Probleme mit der eigenen Gesellschaft – und dies ist das Entscheidende – unter dem Begriff der „Kultur" zu diskutieren. Neben dieser expliziten Nennung von „Kultur" und „Kulturphilosophie" gibt es natürlich eine Kulturphilosophie avant le lettre. Auch hier gibt es eher Einigkeit in der Literatur: Rousseau mit seiner Fundamentalkritik ist zu nennen, aber auch Giovanni Battista Vico (1668 – 1744).

Letzterer hat in seiner „Neuen Wissenschaft" (1725) insbesondere für die (heute so genannten) Kulturwissenschaften die entscheidende Bedeutung, nicht bloß Geschichte als kulturelle Leistung thematisiert, sondern dies auch in einer bestimmten Zugangsweise getan zu haben: Nämlich in der Übertragung einer in anderen Wissenschaften bereits hinreichend erprobten Sichtweise, derzufolge das (und nur das) erkennbar ist, was man selbst gemacht hat. Es ist also zum einen der Gedanke, dass der Mensch seine Geschichte selbst „macht", der – wie gezeigt – vielen Kulturdefinitionen zugrunde liegt, so dass Geschichte zur Kulturtat wird. Zum anderen ist es der Gedanke, dass sie dadurch auch erkennbar wird. Dieser Gedanke eines operativen Verständnisses von Erkenntnis hat eine lange Tradition, das in der Mathematik und dort in der Arithmetik seit den Griechen als zweites Erkenntnisideal (neben dem mos geometricus) fungiert. Hobbes hat diese operative Erkenntnisauffassung auf Fragen des Politischen und Ethischen übertragen. Sie findet sich – über operative Erkenntnisauffassungen rund um den Begriff der Zahl in der „Kritik der reinen Vernunft" – bis heute in konstruktivistischen Ansätzen nicht nur der Mathematik (P. Lorenzen), sondern der Wissenschaftslehre überhaupt (vgl. Fuchs 1998, Kap.6). Es handelt sich also um ein weiteres mathematisches Erkenntnisideal, so wie es auch in der „experimentellen Philosophie" (so hieß die Physik Galileis und Newtons) praktiziert wurde. In unserem Zusammenhang ist dies deshalb von Bedeutung, weil es als traditionsreiches erkenntnistheoretisches Erfolgsmodell auf kulturelle Prozesse übertragen wurde, zur Anerkennung dieser frühen „Kulturwissenschaften" betrug und schließlich zur Konjunktur des Kulturellen und der dazu gehörigen Wissenschaften führte.

Denn in der Aufklärung wurde die Methode der erfolgreichen Physik immer wieder auf andere Wissensgebiete übertragen, die man auf diese Weise zu einem höheren Reifegrad bzw. in den Status einer Wissenschaft überführen wollte (für die Pädagogik als Erziehungs*wissenschaft* siehe Fuchs 1984). Ideologisch führt dies zu einer „Mechanisierung des Weltbildes" (Dijksterhuis).

Diese Dominanz der mathematisch-naturwissenschaftlichen, experimentellen oder zumindest empirisch vorgehenden Methode war Anlass zu dem entscheidenden Streit im 19. Jahrhundert: Ihre Anhänger wollten keine andere Methode mehr gelten lassen und konnten sich auf die enormen Erkenntnisfortschritte berufen, die mit ihr erzielt worden sind. Nach der Physik entwickelte sich so die Chemie und – im Laufe des 19. Jahrhunderts – die Biologie, und dies nicht nur auf der Ebene der Grundlagenforschung, sondern in ihren technischen Anwendungen im Rahmen der Industrialisierung auch alltagsprägend. Oberrealschulen durften schließlich das Abitur vergeben und Technische Hochschulen bekamen am Ende des 19. Jahrhunderts Universitätsrang und Promotionsrecht. Als eine Gegenbewegung gegen die Aufklärung, gegen den Positivismus, gegen die „französische und englische Denkweise" (immerhin betraf dies Länder, in denen Revolutionen stattgefunden haben) konstituierte sich schon als geistig-künstlerische Strömung die Romantik. Man entdeckte insgesamt Kunst und Ästhetik als „das Andere der Vernunft" und setzte insbesondere „Leben" in einer ganzheitlichen Bedeutung in Opposition zur unbelebten Natur. Dilthey ist hier natürlich zu nennen mit seinem Versuch einer „Kritik der historischen Vernunft" und seinen einflussreichen Versuchen einer Begründung der Geisteswissenschaft, die eben anders vorgehen müsse als die Naturwissenschaften. Nietzsche schrieb seine kulturkritischen Werke, die allerdings erst viele Jahre später, dann aber mit größter Resonanz wirksam wurden. Es entwickelten sich große philosophische Schulen, etwa die beiden sich auf Kant berufenden Schulen in Südwest-Deutschland und in Marburg. Nicht unwichtig war – vor allem im Wilhelminischen Kaiserreich – die politische Aufladung der Kulturdebatte. Denn der oben schon angedeutete politische Zusammenhang der kritisierten naturwissenschaftlichen Denkweise mit Ländern, in denen erfolgreich bürgerliche Revolutionen stattgefunden hatten, wurde in Zeiten des Imperialismus zu einem Streit zwischen der oberflächlichen Zivilisation dieser Länder und der tiefgründigen (deutschen) Kultur hochgepuscht: „Kultur" wurde durch diese doppelte, nämlich politische und philosophisch-wissenschaftliche Gegnerschaft nicht nur zu einem Gegenbegriff des auch schon von Hegel scharf kritisierten „Verstandes" (der Naturwissenschaften), sondern der Vernunft insgesamt. Lukacs hat in seiner polemischen Darstellung der „Zerstörung der Vernunft" diese irrationalistischen Strömungen (Lebensphilosophie, Schopenhauer und Nietzsche, später die Phänomenologie und Existenzphilosophie) überaus kritisch als Wegbereiter des Faschismus dargestellt.

Neben dieser politischen Überlagerung des philosophischen Diskurses, die bis in neueste Darstellung oft ausgeblendet wird, spielt die Ausdifferenzierung der Wissenschaften eine Rolle. Hat die Metaphysik mit der Ontologie als Kerndisziplin spekulativ das Sein der Natur untersucht, so entwickeln sich jetzt naturwissenschaftliche Spezialdisziplinen, die diese Aufgabe eines Studiums des Seins sichtlich erfolgreicher übernehmen. Auch die „Geisteswissenschaften" entwickeln sich. Neben den schon vorhandenen Philologien (zu denen auch die Philologien asiatischer Sprachen dazu kommen) entwickeln sich die Kunst- und Geschichts*wissenschaften*, die etwa der Ästhetik und der Geschichtsphilosophie das Deutungsrecht für Kunst und Geschichte streitig machen. Eine große „Erfindung" des 19. Jahrhunderts ist zudem die Soziologie, wesentlich befördert durch die „Soziale Frage", die den Spekulationen der Politischen und Sozialphilosophie erhebliche Konkurrenz bereitet. Am Ende des 19. Jahrhunderts schreiben M. und A. Weber, Durckheim, Tönnies oder Simmel über Fragen des sozialen Zusammenhangs, über die Künste, über alltagskulturelle Erscheinungen wie

Mode oder die Großstadt. Und bei all den genannten Autoren – später kommen Scheler, Mannheim, Kracauer, Benjamin und schließlich die Vertreter der Kritischen Theorie dazu – kann man nicht sagen, ob es eher Soziologen oder Philosophen sind. In jedem Fall haben alle eine solide philosophische Ausbildung. Soziologie profiliert sich – zumindest um die Jahrhundertwende – entschieden als Kultursoziologie, die sich ebenso um die Deutung der Moderne kümmert wie die Kulturphilosophie. Trotzdem gibt es in den Zwanziger Jahren eine gewisse Konjunktur der Kulturphilosophie, oft unter dem Label einer „Philosophie des objektiven Geistes". Allerdings geht es weniger um eine weitere Bindestrichphilosophie, sondern um ein umfassendes Paradigma, Philosophie insgesamt zu begreifen. Vergleicht man heutige Werke und Ansätze zur Kulturphilosophie mit den – allerdings meist vergessenen – Werken der Zwanziger Jahre, so wird man heute eher bescheidenere Ansätze und weniger Totalentwürfe finden. Ähnlich verläuft übrigens die Entwicklung der Kulturpädagogik, die seinerzeit ebenfalls als pädagogisch-praktische Umsetzung der umfassenden Kulturphilosophien verstanden wurde und nicht als Teilbereich der Pädagogik.

„Kultur", wenn man dies etwa pauschal so sagen kann, war in all diesen Ansätzen kaum der Pluralitätsbegriff, als der er von Herder in die Philosophie eingeführt wurde und als der er heute behandelt wird, sondern er erfasste bei allen methodischen Unterschieden das, was man als „Abendländische Werteordnung" verstand. Kulturkritik war als übergreifende Motivation zwar überall festzustellen, doch war es – wie man es sich nach dem Erfolg der Frankfurter Schule heute vielleicht kaum denken könnte – überwiegend eine *Kritik von rechts*: Die Angst vor den „Massen", vor einer Säkularisierung, vor politischer (linker) Radikalität. Man empfand Unbehagen gegenüber dem Amusement der Massen, den ersten Massenmedien (Zeitungen, Film, Bücher, Musik). All dies rief die Wahrer der eigentlich „richtigen" Kultur auf den Plan. Kulturverfallstheorien wie das überaus einflussreiche Buch von Oswald Spengler über den „Untergang des Abendlandes" waren im Gespräch.

Kersting unterscheidet in der heutigen (philosophischen) Kulturdebatte vier Positionen:

- Modernitätstraditionalisten (Marquardt)
- Prämodernisten (McIntyre)
- Modernisten (Habermas)
- Postmodernisten, aufgeteilt in eine „verantwortungslose" Fraktion und in eine Gruppe, die das selbstkritische Bewusstsein der Moderne artikuliert.

Diese Typologie ist zwar auf die Gegenwart bezogen. Doch lassen sich im kulturphilosophischen Diskurs der Weimarer Zeit eindeutig die beiden erstgenannten Typen vorrangig finden.

Kulturphilosophie, so lässt sich dieser historische Exkurs zusammenfassen, war zu einem wesentlichen Teil ein Rettungsversuch für die Philosophie schlechthin, deren Zuständigkeit und Leistungsfähigkeit von den sich ausdifferenzierenden Wissenschaften stark bestritten wurde. Die politische Ausrichtung war eher kulturpessimistisch, ein Boden, der schon gegen Ende des 19. Jahrhunderts gut bereitet war (Stern 1963).

Systematische Ansätze – Grundfragen

Heidegger wurde oben – entgegen seinem explizit formulierten Willen – für eine Auflistung anstehender Reflexionsprobleme der Moderne hinzugezogen, so wie sie sich einer zeitgemäßen Kulturphilosophie stellen. Doch warum weigert sich Heidegger, Kulturphilosophie oder die zur Zeit der Abfassung von „Sein und Zeit" prominent vorgetragene Anthropologie als ernstzunehmende Antwort auf seine Grundfrage anzuerkennen? Dabei handelt es sich bei der Anthropologie, auf die ich mich hier beziehe, nicht um das anspruchsvolle Werk des damals jungen Philosophen Helmut Plessner (Die Stufen des Organischen und der Mensch), sondern um das kleine Werk seines renommierten Kölner Kollegen Max Scheler, der immerhin zur Husserlschen Schule der Phänomenologie gehört, zu der Heidegger mit allen Schwierigkeiten noch gerechnet werden muss („Sein und Zeit" erscheint immerhin im Jahrbuch für Phänomenologie). Heidegger widmet zudem seine Kant-Interpretation (Kant und das Problem der Metaphysik, 1929) Max Scheler. Es ging also um schwergewichtige philosophische Konzeptionen, die von Personen vertreten werden, denen Heidegger durchaus nahe stand. Warum also diese Abwehr? Heideggers Vorwurf: Beide Ansätze, die Anthropologie und die Kulturphilosophie, setzen bereits voraus – nämlich zu wissen, was „der Mensch" ist –, was erst noch herausgefunden werden müsse. Daher will er zurück zu dem Ursprung der Philosophie schlechthin, dahin, womit die „erste Philosophie" einst bei den Griechen begonnen hat: Zur Frage nach dem Sein. Die ersten 40 Seiten von „Sein und Zeit" befassen sich daher mit einer Klärung dessen, was diese Frage überhaupt bedeutet. 2500 Jahre Philosophiegeschichte (und mehr) werden quasi als Verstellung dieses Problems zur Seite geschoben. Bestenfalls Hegel oder Kant werden neben Platon und Aristoteles noch genannt. Immerhin gibt es (noch) einen freundlichen Hinweis des jungen Autors auf Ernst Cassirer, den er mit seinem gerade erschienenen Buch zum Mythos als Gewährsmann für seine „Daseinsanalyse" benennt. Bekanntlich stießen beide während des berühmten Treffens in Davos wenige Jahre später aufeinander, bei dem es vordergründig um die richtige Kantinterpretation, letztlich jedoch (auf Seiten Heideggers) um das Deutungsrecht in der Philosophie schlechthin ging. Auch Kulturphilosophie und Anthropologie dieser Zeit wollten immerhin auch nicht weniger als eine erneute Grundlegung der Philosophie insgesamt.

Plessner schildert in seinem „Vorwort zur zweiten Auflage" (1965) seines im Jahre 1928 erschienenen Hauptwerkes („Sein und Zeit" erschien 1927, Schelers „Stellung des Menschen" ebenfalls 1928) die damalige Situation und das Rezeptionsschicksal seines Buches: Andere Begriffe wie „Leben" oder „Existenz" hatten seinerzeit Vorrang. Plessner gibt zudem Heideggers einflussreichem Verdikt gegen die Anthropologie die Schuld daran, dass nunmehr „Existenzialanalyse" und nicht seine „Stufen" den Vorrang bekam. Rückwirkend kommen andere Autoren allerdings zu einem anderen Urteil: Denn schließlich habe sich die Anthropologie doch durchgesetzt, trotz Heidegger, trotz einer recht rigiden Hochschul- und Besetzungspolitik, trotz der einflussreichen Annäherung Heideggers an den Nationalsozialismus. Die biologisch inspirierte Anthropologie Plessners war natürlich wie bei Heidegger auch eine Suche nach dem Anfang, eine Suche nach dem Grund, nur war der Weg verschieden von dem Heideggers. Natürlich hat Heidegger im Grundsatz recht mit seinem Zirkelvorwurf: Wir machen uns stets auf die Suche nach etwas (z. B. dem „Menschen"), das wir nicht nur als bekannt voraussetzen, sondern dessen Existenz und spezifische Geformtheit die Bedingung unseres Fragens ist. Nur weil der Mensch so ist wie er ist (sich seiner bewusst, mit Vernunft, Emotion und Neugierde ausgestattet etc.), kann er überhaupt diese Frage nach dem Ursprung stellen. Ja mehr noch: Er beantwortet die Frage nach dem Menschen schon alleine dadurch, dass er die Frage stellt, denn schon darin zeigt sich sein Menschsein, nämlich Fragen stellen zu wollen und zu können in der Erwartung, Antworten zu finden. So gesehen ist dieses Fragen tranzendental, nämlich die Bedingung der Möglichkeit einer jeglichen *menschlichen* Lebensäußerung.

Wie soll dieser Zirkel, der den hermeneutischen Zirkel quasi existentiell überbietet, gesprengt werden? Heideggers Weg: durch Freilegung des Weges zur Ursprungsfrage; Plessners Weg: durch Rekonstruktion der Anthropogenese. Auch Cassirer geht bei seiner Rekonstruktion des Seins des Menschen in der Welt an den von ihm gesehenen Anfang zurück: durch Aufzeigen, wie sich Bewusstsein durch die Fähigkeit und „Energien des Geistes" zur Symbolbildung als Ordnungsformen herausgebildet hat.

Die Frage nach dem Anfang: Sie ist letztlich zentral für jegliche systematische Philosophie. Die einen stellen die Frage historisch und versuchen, die Antwort durch Rekonstruktion der Evolution zu finden („Je fundamentaler Kategorien sind, desto früher treten sie auf"), andere suchen eine Antwort in der Analyse basaler Lebensäußerungen („Im Anfang war die Tat", „Im Anfang war das Wort"). Doch kein Ansatz ist letztlich erfolgreich bei der Suche nach dem Archimedischen Punkt: Immer schon ist es der Mensch, der diese Suche anstellt. Der Konstruktivismus (Lorenzen) hat die Frage nach der Letztbegründung – übrigens ähnlich schon Cassirer bei seinen Grundlagenarbeiten zur Logik der Kulturwissenschaften – schließlich so gelöst, dass wie bei einem defekten Schiff, das eben auch schon vorhanden ist, die Reparatur mit Bordmitteln auf hoher See erfolgen müsse oder – um ein anderes Bild zu verwenden – man sich nach Art Münchhausens selbst am eigenen Schopf aus dem Sumpf ziehen muss. Die streng genommen unlösbare Frage nach dem Anfang ist daher wirklich die entscheidende philosophische Frage, und dies vielleicht weniger, weil die zu erwartende Antwort all unsere existentiellen Nöte beheben könnte, sondern vielmehr deshalb, weil sie so viele geistige Energien zu ihrer Beantwortung mobilisiert – und sie systematisch auch nicht zu umgehen ist.

Einige Antworten sind gerade in unserem Zusammenhang relevant: Heideggers Suche nach dem Sinn hinter dem Seienden, vor allem hinter der menschlichen Existenz als spezifischem Teil des Seienden ist ein nach wie vor einflussreicher Weg. Heidegger spielt selbst dort eine entscheidende Rolle, wo er explizit nicht erwähnt wird. Man kann sagen, dass kaum ein Philosoph nach ihm darauf verzichten konnte, sich zustimmend, abwägend, ablehnend oder polemisch zu ihm zu verhalten. Adornos „Negative Dialektik" liest sich etwa als Kommentar zu Heidegger ebenso wie Hannah Arendts „Vita activa".

Husserl suchte den Anfang durch Konzentration auf die Phänomene. Doch konnte er diese nur dadurch erschließen, dass er den Menschen und seine Fähigkeiten, Phänomene zu erfassen, studierte. Dies ist – bei allen Unterschieden – auch die „Kopernikanische Wende" in Kants Philosophie: Die Erkennbarkeit der Welt wird bestimmt durch die Erkenntnisinstrumente, über die der Mensch verfügt. Piaget versuchte, die Genese der bei Kant immer schon vorausgesetzten „freien Anschauungsformen Raum und Zeit" sowie der Kategorien des Verstandes und der Funktionsweise der praktischen Vernunft zu erforschen. Für andere ist das „Leben" oder die „Lebenswelt" unhintergehbare Voraussetzung. In anderen Ansätzen ist es der handelnde Mensch. Habermas löst sich bewusst vom Marxschen Produktionsparadigma zugunsten des Vorrangs von Sprache. Überhaupt: Die Sprache. Wittgenstein ist von der sprachlichen Verfasstheit des Menschen überzeugt und entwickelt gleich zwei Ansätze, einen streng formalsprachlichen Ansatz im „Tractatus" und einen normalsprachlichen Ansatz in seinem Spätwerk. Heidegger und Cassirer eint das Interesse an der Sprache, aber natürlich geht Cassirer in den Augen Heideggers, der sich gründlich mit dem Sprachbuch der „Philosophie der symbolischen Formen" befasst, nicht weit genug. Aber immerhin: Nicht erst nach seiner Lehre ist es Sprache (und sind es die Dichter), die dem Menschen Wohnung gewährt.

Gerade die zwanziger Jahre – und gerade die sich entwickelnde (Kultur-)Soziologie – weisen darauf hin, dass Heideggers Weg zu den Ursprüngen, der brachial alle philosophischen Antworten der letzten Jahrtausende zur Seite räumt, eben dadurch sein Ziel verfehlt: Geschichte lässt sich nicht ungestraft negieren. Philosophie, so Hegel, ist ihre Zeit in Gedanken gefasst. Die jeweilige Zeit – nicht bloß „Zeit" schlechthin – liefert erst die Möglichkeit, Philosophie zu betreiben. Geschichts- und damit weltblind geht Heidegger – einige sagen: folgerichtig – ebenso in die nationalsozialistische Falle wie andere Ursprungsdenker: Hybris und Größenwahn, so die ermutigende Erkenntnis, rächen sich gelegentlich eben doch.

Die Ursprungsfrage kann also gerade nicht in Ausklammerung gesellschaftlicher Verhältnisse, sondern nur unter ihrer Einbeziehung beantwortet werden. Immer schon lebt der Mensch in „Lebenswelten", so sagt auch heute der Kommunitarismus. Immer schon gibt es eine „Kultur", in die er sich hinein entwickelt. Immer schon gibt es ein sprachliches Universum, in dem er sich zurecht finden muss.

Kommunikative Vernunft wird bei Habermas das Ursprüngliche. Indem der Mensch spricht, sich auf Sprechen einlässt („Pragmatik"), akzeptiert er durchaus unbewusst, aber folgenreich gewisse Regeln, „performativ", wie man sagt. Das Studium dieser im Sprachhandeln liegenden Regeln führt also bei der Frage nach dem Ursprung zumindest weiter. Habermas entwickelt auf dieser Grundlage eine Theorie des Diskurses, eine Diskursethik, eine Politische und Sozial-Philosophie. Verständigungsorientierte Kommunikation ist die Grundlage, ist der Schlüssel zum Verständnis des Lebens. „Kultur" wird dann zum Wissensvorrat (Habermas 1981, Bd. 2, S. 209), aus dem sich die Kommunikationsteilnehmer mit Interpretationen mit „unproblematischen, gemeinsam als garantiert unterstellten Hintergrundüberzeugungen" versorgen. Die Welt ist immer schon eine interpretierte Welt, so dass es im Weltverhältnis um das Aushandeln von Interpretationen geht. Die „Lebenswelt" darf man sich dabei als Pyramide vorstellen: An der Spitze die Kultur (als Wissensvorrat), darunter die Sprache, die wiederum auf der Kommunikationsgemeinschaft „ruht".

Die Frage nach dem Anfang, der bereits bei den Vorsokratikern zu einer unglaublichen Abstraktionsleistung zur Benennung erster Prinzipien (archai) führte (Feuer, Wasser, Luft etc.), die zu immer abstrakteren Ideen führt (das „Sein"), wird so zu einer Frage nach dem Alltag und seinen konstituierenden Prinzipien. Offenbar hat man es mit einer Kreisbewegung zu tun – und ein Kreis hat nun mal keinen definierten Anfang.

2 Und weil der Mensch ein Mensch ist

Der gemeinschaftsstiftende Kitt bei Habermas ist Kommunikation. In Kenntnis von Cassirers Werk wird man dem nicht widersprechen können, es wohl aber für zu eng halten dürfen. Denn die symbolischen Formen als unterschiedliche Möglichkeiten eines Welt- und Selbstverhältnisses erläutern, dass und wie der Mensch neben der Sprache auch andere Wege kennt und nutzt, die ihn mit „der Welt" verbinden, etwa Kunst, Technik, Politik, Wissenschaft, Religion und Mythos. Die „Lebenswelt" ist eben nicht nur sprachlich geprägt und der Mensch nicht nur auf Sprache als Kommunikationsmittel angewiesen. Es könnte sein, dass Habermas sein enges, weil bloß auf Sprache konzentriertes und sehr kognitives Kommunikationsverständnis in Zukunft erweitert. Denn auffällig ist es schon, dass seine Beschäftigung mit Cassirer intensiver wird. Noch deutet er ihn als nicht ganz konsequenten Vorläufer des linguistic turn. Vielleicht erkennt Habermas seinen eigenen Ansatz bald als unnötig reduzierte Philosophie der symbolischen Formen. Dann stünde allerdings an, die Grundlagenarbeiten zum sprachlichen Handeln auch für die Kommunikation mit den anderen symbolischen Formen durchzuführen: also die „Sprachhandlungslogik" einer Kommunikation mit Kunst, Technik etc. zu entwickeln.

Für Cassirer war „Kultur" die Summe der symbolischen Formen. Man wird sehen, dass die aktuell sich einer Kulturphilosophie stellenden Probleme in der Tat nur durch eine Analyse der symbolischen Formen (wie Technik, Wirtschaft, Staat/Politik, Religion, etc.) gelingen kann. Dabei wird Kulturphilosophie um so mehr an Relevanz bei unseren aktuellen Orientierungsnöten gewinnen, je mehr sie die auf die Analyse der heutigen Lebenswelt spezialisierten Disziplinen zur Kenntnis nimmt, ganz so, wie es Jacob Taubes im Klappentext zur Suhrkamp-Ausgabe von P. Bourdieus „Soziologie der symbolischen Formen" geschrieben hat: „Bourdieu ist wohl der erste, der Ernst Cassirers „Philosophie der symbolischen Formen" vom theoretischen Himmel auf die sozialwissenschaftliche Erde herunter geholt hat."

In seinem ersten großen Aufsatz zu Cassirer („Die befreiende Kraft der symbolischen Formgebung", in Habermas 1997) hebt Habermas am Ende den – bei aller Ambivalenz menschlicher Weltgestaltung – humanen Gehalt bei Cassirer hervor. „Symbolisierung" ist hierfür der Motor der Selbstbefreiung, wenn er Cassirer zitiert: „Als der Grundzug alles menschlichen Daseins erscheint es, dass der Mensch in der Fülle der äußeren Eindrücke nicht einfach aufgeht, sondern dass er diese Fülle bändigt, indem er ihr eine bestimmte Form aufprägt, die letzten Endes aus ihm selbst, aus dem denkenden, fühlenden, wollenden Subjekt hervorgeht." (S. 38). Die Richtung der Selbstbefreiung des ‚symbolisch verfassten Tieres Mensch' ist zwar keine sich im Selbstlauf durchsetzende, aber der Logik der symbolischen Formen eingeschriebene Orientierung, quasi ein „Kompass" einer humanistischen Lebensführung.

Das beste (einzige?) Mittel gegen Zivilisationsbruch und Barbarei ist daher eine Selbstaufklärung über die dialektische Natur der Symbolisierung (S. 49). „Vernunft" bleibt also auch weiterhin auf der Tagesordnung, was nicht so weit gehen muss, wie es Schnädelbach fordert: Nämlich den von ihm als fast hoffnungslos diskreditiert angesehenen Kulturbegriff zu ersetzen durch ein angemessenes Verständnis von Vernunft für eine „Kritische Kulturphilosophie", um so zu einem „für ethisch-politische Erwägungen anschlussfähigen Begriff von Kultur selber" wieder zu gelangen (in Konersmann 1996, S. 325). Dabei ist es die Vernunftkritik und -zerstörung durch die Kulturphilosophie der zwanziger Jahre, gegen die er sich wendet.

Systematische Ansätze – Beispiele

„Orientierung" ist heute ein zentrales Problem des Überlebens. Dies gilt auch und gerade für alle Fragen, die mit „Kultur" zu tun haben. Denn spätestens seit alle Fachwissenschaften ihren „cultural turn" hinter sich gebracht haben, ist es unmöglich geworden, den ausufernden Kulturdiskurs zu überblicken. Neben den Diskursen in den Fachwissenschaften gibt es eine enorme Menge an Zeitdiagnosen auf allen Anspruchsniveaus – von Journalismus bis zu unzugänglichster Philosophie, von psychologischer Lebensberatung bis zu esoterischen Weltentwürfen –, die vermutlich selbst Teil des Problems sind, für das sie Lösungen versprechen. Es boomt die Kultursoziologie, und auch Kulturphilosophie erfreut sich wachsender Beliebtheit. Auch dies wird man analysieren und bewerten müssen, denn vermutlich ist alleine diese Konjunktur eine Problemanzeige, die zumindest die Frage nach Parallelen zur Weimarer Zeit aufkommen lässt. Es stellt sich also zum einen das Problem der Abgrenzung einer kulturphilosophischen Bearbeitung im Vergleich zu anderen Zugangsweisen. Und es stellt sich das Problem der Auswahl. Über alledem schwebt zusätzlich die Kritik von Montaigne: „Es wird größerer Aufwand getrieben, die Auslegungen auszulegen als die Sache selbst, und es gibt mehr Bücher über Bücher als über irgendeinen anderen Gegenstand. Wir tun nichts, als uns gegenseitig mit Anmerkungen zu versehen. Alles wimmelt von Kommentatoren; an Autoren ist großer Mangel." (zitiert nach Schulz in Kuhlmann 1994, S. 129). Trotz dieser Kritik will auch ich in diesem Abschnitt auf Bücher eingehen, nämlich einige Einführungen in bzw. Darstellungen der Kulturphilosophie betrachten in Hinblick auf ihren Ansatz und die Auswahl und Explikation der behandelten Themen und Probleme. Bei aller Willkürlichkeit, die ein solches Vorgehen kennzeichnet, kann man mit einiger Berechtigung die Textsammlungen von Brackert/Wefelmeier 1984 und 1990, vor allem die erstgenannte, an den Anfang der Vorstellungsrunde stellen. In deren

2 Und weil der Mensch ein Mensch ist

Vorwort heißt es: „Moderne Kulturtheorien und Kulturkritik sind oft merkwürdig desinteressiert an ihrer eigenen Geschichte." (1984, S. 10). Hingewiesen wird u.a. auf eine ältere Publikation des Soziologen Hans-Peter Thurn aus dem Jahre 1976, die sich mit der historischen Genese dieses Arbeitsfeldes befasst. Die Texte des Sammelbandes beziehen sich auf v.a. deutsche Autoren und Entwicklungen aus dem 18. und 19. Jahrhundert, wobei das Spektrum von der französischen Aufklärung bis zur Kulturphilosophie um die Jahrhundertwende (1900) reicht. Es handelt sich überwiegend um eine Kulturphilosophie avant le lettre, wobei die rückwirkende Deutung philosophischer Ansätze als Kulturphilosophie eher kritisch kommentiert wird, bei der Hesiod oder Thomas von Aquin zu den Stammvätern der Disziplin geadelt werden: W. Perpeet, von dem der Überblicksartikel stammt, meint vielmehr: „Die Kultur*philosophie* ist sogar eine sehr späte Philosophie. Sie formiert sich um die Wende vom 19. und 20. Jahrhundert. Um diesen Vorgang zu verstehen, ist ein Hinweis auf die soziologische Tatsache (nötig; M.F.), dass für die Philosophie der Kultur eine spezifische Großstadtphilosophie erforderlich ist." (S. 369). Diese Entwicklung findet jedoch – einschließlich einer akademischen Verankerung – in größerer Breite erst mit Beginn des 20. Jahrhunderts statt, mit dem sich der sechs Jahre später publizierte Sammelband befasst. Zwischenzeitlich hat die Konjunktur der Kultur bereits an Fahrt aufgenommen. Dies konstatieren die Herausgeber ebenso wie intellektuelle Veränderungen seit den 70er Jahren: Weg von großen Entwürfen hin zu einer zunehmenden Spezialisierung und einer Konzentration auf das Detail. Das Kultur(theorie)verständnis der Autoren allerdings bleibt unverändert: nämlich „Kultur" als Medium der Reflexion, als kritische Spiegelung des Menschen und seiner Weltgestaltung aufzufassen. Das Spektrum vorgestellter Strömungen und Autoren reicht daher von der Psychoanalyse über Anthropologie und Ethnologie bis zur Neuen Kulturpolitik und ihrem Kulturbegriff. Dominiert im ersten Band eindeutig die Philosophie das Geschäft (unter Einschluss etwa von Schiller und Burckhard), so streut der zweite Band erheblich: Neben eher wenigen klassischen Universitäts(kultur)philosophien sind es Künstlerbewegungen, Soziologen und Schriftsteller, die mit ihren Kulturkonzepten vorgestellt werden.

Diese Entwicklung zeigt durchaus ein Problem an: Denn je attraktiver die kulturelle Aufgabe einer gesellschaftlichen Selbstreflexion wird, um so mehr Disziplinen beteiligen sich daran. Man möge nur einmal kurz Revue passieren lassen, was und wer sich heute auf den Buchmarkt mit Zeit- (=Kultur-)diagnosen drängt. Man wird also immer wieder an die Frage erinnert, was in dieser Angebotssituation die spezifische Aufgabe der Kulturphilosophie sein kann und ob es für die spezifische Aufgabenbewältigung durch die Kulturphilosophie angesichts einer attraktiven Konkurrenz überhaupt noch Abnehmer gibt. Heidegger erinnert in seiner Davoser Disputation mit Cassirer (abgedruckt im Anhang seines Kantbuches; Bd. 3 der Gesamtausgabe, S. 274 f.) daran, dass „die Allheit des Erkennbaren" bereits 1850 durch die Natur- und Geisteswissenschaften besetzt war, so dass nur noch eine Methodenreflexion der Wissenschaften als philosophische Aufgabe verblieb, der sich dann der Neokantianismus verschrieben habe. Angesichts einer Umetikettierung der Geistes- in Kulturwissenschaften wird es also durchaus eng für die Kulturphilosophie. Man schaue sich einmal das dreibändige Handbuch der Kulturwissenschaften an. Man wird Mühe haben, irgendein gesellschaftlich aktuelles Thema zu finden, das hier nicht abgehandelt wird. Traditionelle Geisteswissenschaftler, Philosophen und vor allem Soziologen teilen sich die Autorenschaft, wobei unter den Philosophen Ästhetiker und Sozialphilosophen sind, deren Spezialgebiete unter das weite Dach der Kulturwissenschaften subsumiert werden. Die Vorworte und Einführungen versuchen zwar, aus dieser pluralen Not die Tugend der Interdisziplinarität zu machen. Doch stellt diese sich bestenfalls durch Addition unterschiedlicher fachlicher Beiträge im Inhaltsverzeichnis dar. Letztlich sollen spezalwissenchaftliche *Fach*standards das angestrebte hohe Niveau sichern helfen. Die Botschaft ist also: Alles ist Kultur und Kultur geht alle an. Immerhin taucht (Kultur)-Philosophie explizit in Band 2 als eine von 12 (!) kulturwissenschaftlichen Methoden (!) auf. Und immerhin stellt der Cassirer-Experte Oswald Schwemmer Ernst Cassirer vor und wirbt – fast defensiv – dafür, die Philosophie der symbolischen Formen als (in meinen Worten) Basistheorie für eine umfassende Theorie der Kultur zu nehmen. Denn: „Die Theorie der Kultur ... muss sich als Aufgabe erkennen lassen, die erst über die *philosophische Erweiterung disziplinärer Perspektiven* in den Blick gerät." (ebd., S. 671; meine Hervorhebung). Um die Pointe dieses Textes vorwegzunehmen: Genau hierin sehe ich eine Chance der Kulturphilosophie, die bereits zu Beginn des 20. Jahrhunderts wesentlich zu ihrer Entwicklung beigetragen hat, nämlich in der Vielfalt auseinander driftender und sich immer weiter spezialisierender Fachdisziplinen nicht bloß einen Ordnungsrahmen vorzuschlagen, auf den sich all die Spezialkenntnisse beziehen lassen, sondern auch eine normative (und natürlich diskursiv zu entwickelnde und ständig zur Disposition stehende) Orientierungsmöglichkeit zur Verfügung zu stellen, die die Bewertung der einzelfachlichen Ansätze und Ergebnisse erlaubt, ganz so, wie es Habermas in seinem ersten Cassirer-Artikel beschrieben hat: In der Dialektik der symbolischen Formen die humanisierende Kraft der Selbstbefreiung herauszufinden.

Damit habe ich – natürlich normativ gehaltvoll – einen Rahmen vorgeschlagen, bei dem zu überprüfen ist, ob und wie sich vorhandene kulturphilosophische Konzepte damit verbinden lassen. Immerhin gibt es neben Textsammlungen bzw. historischen Darstellungen – aktuell sind etwa Konersmann (1996, 2001), Schröder/Breuninger (2001), Burkard (2000), Jung (1999) oder – mit einem anderen Akzent – Kuhlmann (1994) – inzwischen auch einige Einführungen in die Kulturphilosophie. Neben dem historisch orientierten Buch von Wilhelm Perpeet (1997), der auch einschlägige Handbuchartikel zu „Kultur" verfasst hat, ist insbesondere auf die drei Einführungen von Geyer (1994), Konersmann (2003) und Steenblock (2004) hinzuweisen, wobei ich auf das letztgenannte im nächsten Abschnitt eingehe. Der Grund hierfür liegt in seiner gegenüber den Büchern von Geyer und Konersmann unterschiedlichen Herangehensweise: Nach einem knappen einführenden Kapitel, in der das Nachdenken über Kultur als Hilfe bei der Aufgabe gedeutet wird, uns selbst im Spiegel unserer Hervorbringungen zu verstehen, werden Problemfelder solcher Hervorbringungen vorgestellt: Natur, Körper, Pop, Geld etc. Die Perspektive ist das „Abenteuer der Vernunft", wobei die „Abenteuer" durchaus schmerzlich ausgehen können. Daher hat Kulturphilosophie über den Weg einer kritischen Reflexion die Aufgabe – oder es besteht zumindest die Hoffnung, dass es gelingen könnte –, „dem Einzelnen Wege (zu) eröffnen, trotz aller prägenden Umstände – des Marktes, der Medien, der Zeitverhältnisse usw. – zugleich immer mehr zum Zentrum zu werden." (159). Das Ziel: die „Erringung" unserer Freiheit in der „Arbeit an uns selbst" (160).

Geyer entwickelt in seinem Einführungskapitel den Gedanken einer dreigliedrigen Relation in jedem kulturphilosophischen Diskurs, nämlich ein Zusammenspiel von *übergeordnetem Diskurs, angewandter Kulturtheorie* und *konkreter Kulturtheorie*. Der „übergeordnete Diskurs" bezieht sich auf eine philosophische Prinzipienlehre, in der „schwundstufenhaft" (S. 169) die großen philosophischen Systeme variiert werden. Die angewandte Kulturtheorie will die konkrete „Kultur" einer Epoche oder einer Gesellschaft erfassen, wobei speziell an bestimmte „kulturelle" Gegebenheiten zu denken ist: Kunst/Literatur, Staat und Politik, Religion etc. Die Kulturkritik leidet an der Schwäche, Vorläufiges oder Subjektives zu verallgemeinern. Leitthemen sind: Kultur als Verfallsprozess, der eindimensionale Mensch etc. Alles dies hält Geyer zumindest für voreilig, jedenfalls für eine seriöse Kulturphilosophie für unangemessen. Es geht ihm nicht um die Bedienung einer Nachfrage nach Orientierung oder um die Formulierung letzter Wahrheiten, sondern um – durchaus handlungsentlastetes – Verstehen. Es geht um das Verstehen von Welt, immer aber auch um die Reflexion vorhandener Verstehensangebote. Und bei letzterem überwiegt der kritische Blick auf unzulässige Verallgemeinerung, auf unzulässige Reduktion von Komplexität. Kulturphilosophie ist in erster Linie Philosophie mit all den (bedrohten) Tugenden der Philosophie: nicht voreilig auf den Markt der Meinungen zu stürzen, sondern abzuwarten, bis die Eule der Minerva zum Flug ansetzt – also in der Dämmerung erledigter Taten. Und so destruiert er allzu gängige kulturphilosophische zeitdiagnostische Thesen: von Jaspers bis zu Sloterdijk, von Koslowski bis zu Marquard und Lübbe. Kulturphilosophie im Sinne Geyers ist keine Orientierungsdisziplin, sondern eher eine methodisch geschulte Haltung zur Welt und vor allem: zu Aussagen über die Welt.

Auch Konersmann (2003) beginnt mit der Feststellung der Inflationierung des Redens über Kultur. „Kultur" hat es mit *bedeutungsvollen* Tatsachen zu tun. Kulturphilosophie interessiert sich für diese Aussage – und ist deshalb eine praktische Disziplin. „Kulturphilosophie ist die verstehende Auseinandersetzung mit der endlichen, vom Menschen gemachten Welt – und das ist die Kultur". (26).

Kulturphilosophie hat eine Vorgeschichte, für die Vico, Rousseau und Schiller als Repräsentanten angeführt werden. Und sie hat eine Geschichte, bei der der erste Weltkrieg die entscheidende Zäsur ist: „Die Wende zur Kultur ist das Resultat der Einsicht, dass Philosophie und Wissenschaften als Bestandteile der Kultur durch die einzigartige Dramatik der Krise zur Überprüfung ihrer theoretischen Grundlagen und ihrer Stellung im Ganzen der menschlichen Welt herausgefordert sind". (72 f.). In der Rede von der „Tragödie der Kultur" (Simmel) wird diese Befindlichkeit zum Ausdruck gebracht. Sie macht zugleich deutlich, dass ein Motor bei der Genese der Kulturphilosophie die Kulturkritik war.

Ist Kulturphilosophie in ihrer Notwendigkeit somit hinreichend begründet, dann bleibt nur noch, ihren Gegenstand exakter zu fassen: die kulturellen Tatsachen. Da diese sich wie erwähnt von „normalen" Tatsachen durch ihre Bedeutung unterscheiden, ist Kern einer Theorie des kulturphilosophischen Gegenstandes eine Theorie der Bedeutung. Konersmann zieht hierfür Cassirers Philosophie der symbolischen Formen hinzu. Kulturphilosophie bekommt die Aufgabe der Existenzerhellung, der Klärung der Welt- und Selbstverhältnisse. Sie fragt nach der Tragweite der Gestaltbarkeit der Wirklichkeit (132 f.). Kulturphilosophie als Verstehensleistung zeigt, dass Kultur dort entsteht, wo Handlungszwänge ausgesetzt werden, wo Distanz zur Realität hergestellt wird.

Ein *Fazit* lässt sich bei aller Verschiedenheit der vorgestellten Bücher durchaus ziehen. Kulturphilosophie, so sind sich beide Autoren einig, hat es nicht mit wohlfeilen tagesaktuellen Zeitdiagnosen zu tun. Kulturphilosophie ist zwar praktische Disziplin, doch eher eine, die zur Langsamkeit nötigt. Kulturphilosophie ist Reflexion, ist Distanz, ist Entschleunigung. Sie ist weder fundamentalistischer Entwurf eines Systems, noch Verkünderin letzter Klarheiten. „Kulturell" wird der Mensch durch die überlegte Tat – und ihre nachdenkliche Bewertung. Gerade hierbei kann Kulturphilosophie also helfen: *die kulturelle Verfasstheit des Menschen in ihrer Ambivalenz und Dialektik zu begreifen.*

Zur Aufgabe von Kulturphilosophie und die kulturelle Bildung

Geyer (1994) setzt sich eher zurückhaltend mit Zeitdiagnosen, mit Verfalls- und Defizitanalysen auseinander. Eher reklamiert er als Aufgabe einer Kulturphilosophie die kritische Analyse von Zeitdiagnosen, sieht seine Disziplin also eher regulativ als konstruktiv. Weniger Orientierung, sondern die Korrektur von voreiligen Orientierungsvorschlägen wird zur zentralen Aufgabe. Konersmann scheint hinsichtlich dieser Frage weniger zurückhaltend zu sein. Am weitesten unter den hier vorgestellten Einführungen geht Volker Steenblock (2004). Er identifiziert eine ganze Reihe von Themen (Natur, Körper, Pop- und Alltagskultur zwischen Ausdrucksform und Kulturindustrie, Geld, Gewalt, Zeit), die er unter der Perspektive eines – auch scheitern könnenden – „Abenteuers der Vernunft" analysiert. Aber was heißt hier „Analyse"? Er weist im ersten Kapitel darauf hin, dass „jeweils nur Ansatzpunkte zu den hierzu einschlägigen Forschungsbemühungen von den Medienwissenschaften bis zur Ökonomie und Soziologie aufgerufen werden können" (16). Betrachten wir einmal den Abschnitt über „Geld – Kulturmacht der Bedürfnisse" (108 ff.). Geld wird knapp in seinen Funktionen (Wertaufbewahrung, Tauschmittel, Wertanhäufung, Wertübertragung) vorgestellt. Es „materialisiert" sich in Geldscheinen, deren (gewünschte) kulturelle Sinnhaftigkeit schon in ihrer bildlichen Gestaltung (Symbole nationaler Identität) deutlich wird. Es schließt sich ein kurzer Exkurs über die Geschichte des Geldes an, die rasch von den Anfängen über Adam Smith bis zur entwickelten Marktwirtschaft voranschreitet.

Geld wird – in einem zweiten Schritt – unter Bezug auf die „Philosophie des Geldes" von Simmel in seiner kulturellen Bedeutung der Versachlichung von Sozialbeziehungen vorgestellt, um dann sogleich seine Globalität, die Gewinnung von weltweiter Macht zu präsentieren. Der Kapitalismus als Kultur wird dominante Lebensform, die Verbindung zu tiefer liegenden Mentalitäten wird in Anschluss an Max Webers Arbeit zur Wirtschaftethik des Protestantismus hergestellt: Geld wird zu der dominanten Alltagserscheinung schlechthin. Wird in den ersten beiden Schritten vornehmlich die positive kulturelle Bedeutung des Geldes (u.a. Freiheit, Handelserleichterung, Rationalisierung, Selbstverwirklichung des Menschen) betont, so macht der letzte Abschnitt die Gegenrechnung auf: seine Verabsolutierung als Selbstzweck, die Genese eines homo oeconomicus, seine schließlich entstehende quasi religiöse Natur. Die gewonnene Freiheit wird nach und nach zurückgedrängt, ökonomische Rationalität wird gegenüber anderen Rationalitätsformen dominant. Fazit: „Kein wirklich von unseren Alltagserfahrungen ausgehendes Nachdenken über die Kultur kann die Auseinandersetzung mit ihrer derzeit geradezu omnipräsenten monetären Organisationsweise vermeiden …"(124).

Nimmt man dieses Kapitel für repräsentativ und vergleicht es mit dem Ansatz von Geyer, dann scheint Steenblock konkreter zu werden als dieser. Doch ist letztlich dieselbe Haltung erkennbar: Es geht nicht um voreilige Thesen und Handlungsempfehlungen, sondern um ein behutsames Innehalten in dem dynamischen Prozess der Ökonomisierung. Es wird die kulturelle Potenz zur „Selbstbefreiung des Menschen" – nach Cassirer letztliches Ziel der Kultur – aufgewiesen, was wiederum auch als grundlegendes Ziel der Kulturphilosophie betrachtet werden kann. Es wird jedoch zugleich die Dialektik der Kulturmacht Geld gezeigt: der Drang zur Verabsolutierung, die wachsende Dominanz der damit verbundenen Rationalitätsform, das mögliche Ergebnis eines reduzierten Menschenbildes, bei dem die ursprünglichen Freiheitsgewinne in Unterwerfung umschlagen. Die Dialektik der Kultur, „Fluch" oder „Segen" sein zu können – in jedem Fall Ergebnis der Gestaltungsmacht des Menschen zu sein –, wird von einer Kulturphilosophie, die auf Freiheitsgewinne bzw. Freiheitsverluste sensibilisiert ist, weil diese die letztliche Messlatte darstellen, sorgsam erfasst. Dieser Ansatz ist im wesentlichen kompatibel mit Konersmann und Geyer.

Damit ist die Aufgabe von Kulturphilosophie präziser benannt: „Kultur" als ihr Gegenstand erfasst – wie mehrfach erläutert – menschliches Leben unter dem Aspekt der produktiven Selbst- und Weltverhältnisse. Der Mensch und sein Wirken stehen im Mittelpunkt, wobei der zentrale Aspekt des Wirkens und der entstehenden Werke derjenige der Bedeutung (für das Leben der Menschen) ist. Der Mensch im Zwiespalt seiner Möglichkeiten hat im Grundsatz die Möglichkeit der Selbstbefreiung, dies ist nach Cassirer sogar die immanente Entwicklungslogik der symbolischen Formen, jener unterschiedlichen Weltzugangsweisen. Die „Energie", diese zu entwickeln, ist eine Mitgift der Anthropogenese.

Allerdings gibt es keinen Automatismus in Richtung Selbstbefreiung: Die Dialektik der Kultur, die Dialektik der symbolischen Formen kann auch dazu führen, dass aus Freiheitsgewinnen wieder Herrschaft und Unterwerfung wird. Offenbar gibt es in den unterschiedlichen symbolischen Formen auch jeweils einen gewissen Herrschaftsdrang, nämlich sich als Weltzugangsweise monopolitisch an die Spitze zu stellen – und somit die Möglichkeiten eines umfassenden Welt- und Selbstverständnisses zu reduzieren.

Kulturphilosophie beobachtet diese Kulturalisierungs- (als Humanisierungs-) prozesse, ist also eine praktische philosophische Disziplin. Sie tut dies nicht bloß wertfrei beschreibend, sondern im Hinblick auf den Maßstab der Selbstbefreiung des Menschen. Dafür braucht sie eine gewisse Distanz zum alltäglichen Betrieb, da Reflexion als rückwirkende Betrachtung und Bewertung wenig geeignet ist, im Rummel der Medieninszenierungen zur Geltung zu kommen. Diese Distanz bietet den notwendigen Schutzraum, um das Geschäft der Beobachtung erledigen zu

2 Und weil der Mensch ein Mensch ist

können, ohne zu sehr von Handlungslogiken (etwa des Medien-, aber auch des Politikbetriebes) überformt zu werden. Kulturphilosophie ist damit durchaus vergleichbar mit den Künsten, da auch diese, wenngleich auch mit anderen Mitteln, die Funktion der Selbstbeobachtung wahrnehmen. Daraus folgt zweierlei: Die Vielfalt der symbolischen Formen kann auch zur Selbstbeobachtung genutzt werden, und: Kulturphilosophie ist Teil dessen, was sie untersucht, sie ist selbst „Kultur".

Steenblock schreibt seinen kulturphilosophischen Ansatz in Hinblick auf eine (Selbst)-Kontrolle der Vernunft. Damit rückt die Kompetenz des Menschen in den Mittelpunkt, dieses anspruchsvolle Geschäft der Selbstbeobachtung und Selbstbewertung betreiben zu können. Dieses verhandelt er unter dem Begriff der „kulturellen Bildung".

> Kulturelle Bildung wird so zu einer umfassenden Kompetenz, souverän mit unterschiedlichen symbolischen Formen umgehen zu können, zugleich ein reflexives Verhältnis zu ihnen – und den entstehenden „Werken" – zu entwickeln und den gesamten Prozess am Maßstab der „Selbstbefreiung des Menschen" messen zu können.

„Kultur" ist das Medium, in dem sich kulturelle Bildungsarbeit bewegt. Kulturphilosophie im vorgestellten Sinn wird so auch zu einer Leit-Disziplin für eine erweiterte Kulturpädagogik, die diese immer gegen alle zeitweiligen Verselbständigungen etwa im Umgang mit spezifischen symbolischen Formen, etwa den Künsten, an das letztliche Ziel des Kulturprozesses erinnert.

„Kulturpädagogik" ist daher diesem Ziel der Selbstbefreiung unterworfen. Insbesondere bedeutet dies, dass ihre „Arbeit am Subjekt" die Fähigkeit des Menschen stärken muss, ein zunehmend komplexeres Verhältnis zur Welt (und auch zu sich) zu gewinnen. Dies bedeutet auf der Ebene der Persönlichkeit „Bildung" im Sinne Humboldts als „proportionierliche Entwicklung aller Fähigkeiten zu einem Ganzen". Dies bedeutet für die Praxis, die Möglichkeiten aller Menschen immer wieder aufzuzeigen und aufzubieten gegen alle Engführungen oder Dominanzansprüche einzelner Zugangsweisen. Dies bedeutet – und hier wird die erweiterte „Kulturpädagogik" zur angewandten Anthropologie –, den Menschen immer wieder in seinem Menschenmöglichen und -spezifischen erfahren zu lassen: in seiner Kreativität, Sprachlichkeit, künstlerischen Ausdrucksfähigkeit, in seiner Fähigkeit zu Emotion, Lust und Kognition, in seiner Endlichkeit und seiner Fähigkeit zu Spiritualität. Dies bedeutet umgekehrt auch eine kritische Aufgabe: Nämlich Verhältnisse und Umstände zu brandmarken, die dieser pädagogischen Entwicklungsaufgabe entgegenstehen.

Auch die Aufgabe der Kulturpolitik kann so näher bestimmt werden. Pauschal gesprochen geht es dabei darum, Möglichkeiten und Rahmenbedingungen zu schaffen, die den Menschen zu sich selbst bringen, die also die Entfaltung des oben vorgestellten „kulturpädagogischen" Auftrages unterstützen: also sein Dasein erhellen, Sinnhaftigkeit des Lebens erkennen lassen, Einfluss gewinnen lassen über die Gestaltung des eigenen Lebens, Wahlmöglichkeiten anbieten und die Kompetenz des Wählens in Freiheit zu stärken, Künste, Wissenschaften, Technik und die anderen symbolischen Formen *für sich* zu erschließen und zu nutzen, die Fähigkeit zur Freude an der gewonnenen Freiheit entwickeln. Kulturpädagogik und Kulturpolitik arbeiten also an verschiedenen Stellen am selben Projekt: Den Menschen die Reichhaltigkeit menschlicher Ausdrucks- und menschlicher Gestaltungsmöglichkeiten unter der Perspektive der Selbstbefreiung erleben zu lassen.

Letztlich bedeutet all dies nichts anderes als die Umsetzung des Menschenrechts auf Kunst und Spiel (Kinderrechtskonvention) bzw. der kulturellen Teilhabe (Allgemeine Erklärung der Menschenrechte), da diese Proklamationen ihren Sinn und ihre Begründung nur in einer entsprechenden Anthropologie und einem entsprechenden Verständnis von Kultur erhalten.

Die positive Bestimmung einer (erweiterten) Kulturpädagogik und Kulturphilosophie bedeutet allerdings auch wie gesehen die Wahrnehmung einer kritischen Aufgabe: Nämlich Möglichkeiten der Deformation und Unterdrückung aufzuzeigen. Die ursprüngliche Quelle und Motivation der Kulturphilosophie, nämlich Kulturkritik, bleibt weiterhin relevant.

Aufriss möglicher Themen und Probleme

Wenn „Kultur" sich auf die Gesamtheit der Mensch- und Weltverhältnisse bezieht, dann ergibt sich automatisch das Problem einer qualitativen und quantitativen Überforderung einer jeden Spezialdisziplin, die „Kultur" in ihrem Namen trägt. Es sind zwar Fokussierungen möglich, etwa so, dass Kultursoziologie den Akzent auf „kulturelle Tatsachen" (wie oben beschrieben) legt, was durchaus eine Tradition hat – etwa in Hinblick auf die „faits sociales" als Gegenstände einer Allgemeinen Soziologie. Doch auch dann bleibt eine Einschränkung schwierig. Auch aus systematischen Gründen ist für eine Kulturphilosophie mit einem umfassenden Untersuchungsauftrag eine Einschränkung des Gegenstandsbereiches problematisch, da der ständige Nachweis der Komplexität möglicher Welt- und Selbstzugangsweisen gegen vorschnelle Reduktionen zur Kernaufgabe der Kulturphilosophie gehört. Wenn also der Gegenstandsbereich kaum eingegrenzt werden kann, dann gelingt vielleicht die notwendige Begrenzung durch eine Fokussierung in der Zugangsweise zu diesem Komplex. In der Tat liegt eine Fokussierung der Betrachtung nahe: nämlich das Zugrundelegen der

Perspektive „Selbstbefreiung". Dann kann Kulturphilosophie auch und gerade gegenüber hochspezialisierten Fachwissenschaften ihr Mandat wahrnehmen, wenn letztere nämlich den Wald (des Humanen) vor lauter Bäumen (von Detailfakten) nicht mehr sehen können. Man muss sich nur einmal den Verlauf der Debatte über Stammzellenforschung ansehen. Die derzeitige Regierung führt diese Diskussion weitgehend unter der Perspektive der ökonomischen Konkurrenzfähigkeit, Fachwissenschaftler würden gerne ohne Hindernisse all das tun, was möglich ist. Vor diesem Hintergrund ständig eingebrachter fachlicher Engführungen der Diskussion ist es geradezu überlebensnotwendig, eine solche Perspektive einzunehmen, die jenseits tagesaktueller politischer Strömungen ganz grundsätzlich diese neue Stufe menschlicher Selbstgestaltungsmöglichkeiten reflektiert und dies lediglich in der Perspektive humaner Selbstbefreiung tut. Die juristische, ökonomische oder wissenschaftliche Engführung wird so durchbrochen durch eine nicht-fachliche Reflexion über Folgen für das Konzept des Menschen.

Das Problem, das auch bei Akzeptanz dieser Fokussierung bleibt, ist das der Themenfülle. Steenblock behandelt den Körper, die Natur, Pop, Geld und Gewalt. Diese Auswahl ist zwar einsichtig. Doch sind auch weitere Themen denkbar. Man muss nur einmal die Regale von Buchhandlungen durchstöbern mit all ihren Zeitdiagnosen von Journalisten, Soziologen, Ökonomen, Politikern. Selbst Publikationen von anerkannten Philosophen (Welsch, Lyotard, Baudrillard, Derrida, Rorty, Habermas, Lübbe, Marquardt, Spaemann etc.) sind für sich meist nachvollziehbar, doch bleibt der Eindruck der Beliebigkeit. Es lohnt sich also, über mögliche Systematisierungen von Themen und Problemen nachzudenken, selbst wenn es nicht wahrscheinlich ist, dass ein Vollständigkeit garantierendes Raster dabei herauskommt. Ich will zwei (sich überschneidende) Wege vorstellen.

Analyse der Moderne

Kulturphilosophie ist eine junge Disziplin. Eine wesentliche Quelle und Motivation war die Kulturkritik. Beides hat mit der Genese der „Moderne" zu tun. Die Moderne setzt nämlich Ziele auf die Tagesordnung, an denen sie sich dann auch messen lassen muss. Als erstes ist es das Individuum, die autonome Person als Trägerin von Rechten mit hohen Ansprüchen auf Selbstgestaltung. Ein zweites Versprechen ist das eines immerwährenden Fortschritts hin zum Besseren, und dies in allen gesellschaftlichen Bereichen: in der Wissenschaft, in der Technik, in der Ethik und Politik, in Recht und in der Wirtschaft. Ein drittes Versprechen betrifft die liebesbegründete partnerschaftliche Familie (vgl. Wahl 1989, S. 164

f.). Die „Moderne" wird also verbunden mit weitreichenden Zielen und Ankündigungen. Die oben erwähnte Kulturkritik als historische Quelle der Kulturphilosophie nimmt diese Versprechungen ernst. So häufen sich seit Beginn der Neuzeit die Klagen: Montaigne und Pascal, dann wuchtig Rousseau, die Romantik, Schopenhauer und Nietzsche, die Lebensphilosophie. Die Lebensreformbewegungen, die Arbeiterbewegung bis hin zur Postmoderne bzw. esoterischen Gegenmodellen zur Zivilisation: all dies hat bei aller Gegensätzlichkeit untereinander den gemeinsamen Focus eines kritischen Vergleichs der eben nicht so grandiosen Realität mit den vollmundigen Versprechungen. Und selbst dort, wo durchaus „Fortschritt" erzielt wurde – etwa in den Naturwissenschaften und der Technik –, musste man sich belehren lassen, dass dieser oft mit einem empfindlich hohen Preis verbunden war. Die „Dialektik der Aufklärung" wurde auch aus diesem, von vielen so empfundenen Grund zu einem Jahrhundertbuch der Moderne-Kritik. Kulturphilosophie ist also eine spezifische Philosophie nicht von Kultur schlechthin, sondern von ihrer Genese, ihrem Ansatz und ihrem Ziel her eine *selbstkritische Philosophie der Kultur der Moderne*. Man muss sich daher bloß wesentliche Errungenschaften dieser Moderne anschauen und gewinnt so ein Tableau von Themen und Problemen (vgl. Fuchs 2005, hier: Bd. 4: Zeitdiagnose als kulturelle Aufgabe). Ich gebe einige Hinweise am Beispiel der Wissenschaften.

Die modernen Naturwissenschaften sind verbunden (und auch nur möglich) mit einem neuen Verständnis der Natur: Die Natur verläuft gesetzmäßig, diese Gesetze sind mathematisch zu beschreiben, für Gott ist in diesem Mechanismus kein Platz. Mit der spezifischen Vorstellung von „Natur" sind unmittelbar bestimmte Konzepte des Raumes und der Zeit verbunden. Die dazu gehörige Denkweise ist ebenfalls mechanistisch, orientiert an Ursache und Wirkung. Technik macht sich später die in den Naturwissenschaften gefundenen Gesetze nutzbar. Dabei ist es weniger die Physik, sondern eher die Chemie (im späten 19. Jahrhundert), die weitreichende Folgen hat. Nach der Physik und Chemie ist es die Biologie, die das 19. Jahrhundert prägt. Vernunft als naturwissenschaftlicher Verstand, Technik als praktizierte Naturwissenschaft und all dies organisiert in einem kapitalistischen ökonomischen System wird zur prägenden Kraft der Moderne. Auch in Hinblick auf die Durchsetzung demokratischer politischer Verhältnisse ist die Naturwissenschaft wichtig, denn sie ist nicht nur Wissenschaft, sondern auch Ideologie. Der Aspekt des Antireligiösen (man braucht keinen Gott in der Physik), später auch des Antifürstlichen (man braucht auch keinen Herrscher in der Physik) spielt in der Vorbereitung der französischen Revolution bei den französischen Materialisten (Helvetius, Holbach, de LaMettrie) eine wichtige Rolle, und diese ist so wichtig, dass Dilthey sein umfassendes Programm einer Geisteswissenschaft („Verstehen") bewusst gegen das Erkenntnismodell

2 Und weil der Mensch ein Mensch ist   51

des „Erklärens" entwickelt, verbunden mit einer starken politischen Aversion gegen die demokratisch-parlamentarischen Tendenzen in Frankreich und England. Die Postmoderne greift viele moderne-kritische Topoi der Romantik auf und radikalisiert sie. Sie polemisiert gegen Verstand und Vernunft, gegen die technische Machbarkeit, gegen das naturwissenschaftliche Erkenntnisideal, gegen die Vorstellung eines handlungsmächtigen Subjekts. Die Moderne und ihre Ambivalenz liefert also durchaus eine systematische Folie zur Gewinnung kulturphilosophischer Themen.

Ein zweiter Ansatz zur Generierung und Ordnung von Themen und Problemen ist das Tableau symbolischer Formen von E. Cassirer. Es ist bis heute eine unentschiedene Forschungsfrage, wie viele symbolische Formen – und dann natürlich auch welche – Cassirer unterscheidet, ob es eine Hierarchie unter ihnen gibt und ob die von Cassirer thematisierten Formen vollständig sind. Unstrittig sind Sprache, Mythos, Religion, Kunst und Wissenschaft. Cassirer schreibt jedoch auch über Politik und (selten) über Wirtschaft. Geschichte kommt als Kandidatin in Frage ebenso wie Technik. Habermas betont die auch bei Cassirer zu findende Hervorhebung der Sprache und liest daraus eine Priorität der kommunikativen Vernunft. Ich gehe hier von einem umfassenden Tableau symbolischer Formen aus, nehme also Wirtschaft, Politik und Technik dazu. „Kultur" ist bei Cassirer die Summe aller symbolischen Formen. Kulturphilosophie gewinnt so ihre Aufgabe in der Untersuchung der Dialektik jeder einzelnen symbolischen Form und im Zusammenspiel aller.

In der Tat lässt sich in das gewonnene Schema ein Großteil der in aktuellen Zeitdiagnosen thematisierten Probleme einordnen. So kann man die Bereiche Wissenschaft/Technik/Natur/Fortschritt, die Ökonomie, die Politik, die Kunst; Religion und Mythos unterscheiden. Ich will hier nicht in einer extremen Kurzfassung die Probleme, die sich in jedem dieser Felder ergeben, benennen. Wenn man dies tut, dann wird zwar ein großer Teil anstehender Reflexionsprobleme eingerechnet werden können. Es bleiben jedoch notwendig zumindest die übergreifenden Bereiche, die alle symbolischen Formen berühren: Die Reflexion des Menschen selbst und die Gesellschaft und ihre Kultur. Der Mensch kann seinen Schwerpunkt in der von ihm favorisierten symbolischen Form wählen. Entsprechend gibt es Typologien, die den Menschen als Ästhet, als homo oeconomicus, als Sozialwesen, als politisches Wesen etc. vorstellen. Genuine Aufgabe der Kulturphilosophie ist es, das Zusammenspiel aller Gestaltungsmöglichkeiten bewusst zu halten und auf Restriktionen und Deformationen hinzuweisen, die sich bei der Vernachlässigung bzw. Überbetonung bestimmter Formen ergeben.

In Hinblick auf die Gesellschaft sind es heute Themen des Multi- und Interkulturellen, die Frage von Fremdheit, das Problem des kulturellen Wandels, der Verhältnisse der Gesellschaftsgruppen (und ihrer Kulturen) untereinander (alt/jung, Genderfragen, ethnische Gruppen etc.). Offenbar lässt sich im Zuge der kulturellen Entwicklung auch ein Wandel jeweils dominierender Denkformen feststellen. Gab es einmal eine Dominanz des technischen Denkens, so ist heute das große Gewicht des ökonomischen Denkens ein zentrales kulturelles Problem.

3 Soziologie als Kulturwissenschaft oder Kultursoziologie? Von Herder bis zu den cultural und postcolonial studies.

Unter den Lesern anspruchsvoller Feuilletons dürfte es kaum jemanden geben, der nicht von der „Erlebnisgesellschaft" von Gerhard Schulze (1992) gehört hat. Immerhin wird dieses Buch im Untertitel als „Kultursoziologie der Gegenwart" ausgewiesen. Wer sich das Buch genauer anschaut und insbesondere die Thesen betrachtet, die diskutiert werden, wird zu der Schlussfolgerung kommen, dass weitaus mehr hier beabsichtigt wird, als bloß einen Teilbereich der Gesellschaft – etwa das Subsystem Kultur – soziologisch zu analysieren. Es handelt sich vielmehr um einen soziologischen Gesamtentwurf. Als solcher wird daher folgerichtig dieser Ansatz in Überblicksdarstellungen von soziologischen Gesellschaftsanalysen behandelt. Damit sind wir bei einem Problem, das inzwischen quer durch alle Wissenschaften geht: Wir haben in allen Einzelwissenschaften in den letzten Jahren einen cultural turn erlebt, der bedeutet, dass eine kulturbezogene Herangehensweise etwa an Ökonomie, Literaturwissenschaften, Geographie, Politik etc. die einzig richtige Erkenntnismethode ist. Es ist daher zu unterscheiden, ob es sich jeweils um eine „Bindestrichdisziplin", es sich also etwa um eine Kultur-Soziologie als Soziologie des Kulturellen handelt, oder ob vielmehr ein Gesamtentwurf vorliegt.

Soziologie als Wissenschaft ist eine junge Disziplin. Als Begründer (und Namensgeber) gilt Auguste Comte. Als Grund für die Entstehung einer Disziplin, die sich mit sozialen Prozessen der Vergesellschaftung und der Bildung von sozialen Einheiten befasst, gelten Verwerfungen in der entstehenden Industriegesellschaft im 19. Jahrhundert. Die Soziologie war und ist dabei ein institutionalisiertes System der Selbstbeobachtung der Gesellschaft. Fragt man nach der Rolle von Kultur in dieser neuen Disziplin, dann stellt man fest, dass Soziologie im späten 19. Jahrhundert vor allem als Kultursoziologie betrieben wurde. Alle relevanten Klassiker von Tönnies über Max Weber bis hin zu Simmel befassen sich mit kulturellen Prozessen und Ereignissen. Bis heute beschäftigen sich nicht nur prominente Soziologen mit Kultur, sondern sie betreiben ihre Soziologie als Kultursoziologie. Man muss dabei nur etwa an Pierre Bourdieu denken, der immer noch der meistzitierte Soziologe weltweit ist. Daher wird ein klassischer Streit sehr verständlich, der Streit nämlich darüber, ob „Kultur" oder „Soziales" die Grundbegriffe der Soziologie seien. Doch was heißt in diesem Kontext überhaupt „Kultur".

3 Soziologie als Kulturwissenschaft oder Kultursoziologie?

Max Weber sprach von der „Kulturbedeutung und Kulturbedingtheit" des soziologischen Forschungsgegenstandes (1988, Aufsätze zur Wissenschaftslehre, S. 175 ff.). „Kultur" war für Weber ein Wertbegriff und „die empirische Wirklichkeit *ist* für uns Kultur, weil und sofern wir sie mit Wertideen in Beziehung setzen."(ebd.). Grundlage ist die Tatsache, dass wir als Menschen Stellung zur Welt nehmen und ihr Sinn verleihen (S. 180). Dies macht „Kultur" seiner berühmten Definition zufolge dann auch aus: Sie ist ein vom Standpunkt des Menschen mit Sinn und Bedeutung bedachter Wirklichkeitsausschnitt (ebd.). In Deutschland hat die Kultursoziologie – unter anderem auf Initiative von Friedrich Tenbruck – in den 80er Jahren des letzten Jahrhunderts durchaus einen Siegeszug angetreten. So wurde eine Sektion Kultursoziologie in der Deutschen Gesellschaft für Soziologie eröffnet. Ein Indikator für die Anerkennung im disziplinären Kontext ist außerdem die Berücksichtigung in Handbüchern und Überblicksdarstellungen. Dies gilt sowohl für Hand- und Wörterbücher der Soziologie. Es gilt aber auch für kulturwissenschaftliche Handbücher. So finden sich unter den AutorInnen des zur Zeit umfassendsten Handbuchs (Jaeger/Straub 2004) aus dem Kontext des Kulturwissenschaftlichen Instituts in Essen zahlreiche SoziologInnen, es gibt zudem zahlreiche Artikel aus soziologischen Diskurszusammenhängen. Speziell wird die Kultursoziologie als „sozialwissenschaftliche Hermeneutik" von H.-G. Soeffner und J. Raab in Kapitel 11.5 des genannten Handbuchs dargestellt.

Da Kultursoziologie und die Soziologie insgesamt noch sehr junge Disziplinen sind, ist es einleuchtend, dass bei Darstellungen zur Genese des genuin soziologischen Kulturbegriffs zunächst einmal Kulturdiskurse anderer Disziplinen zugezogen werden. Wir finden also alle in den obigen Abschnitten genannten Personen, wobei die Ethnologie eine besondere Rolle als Referenzgröße darstellt. Auch der genannte Handbuch-Beitrag von Soeffner/Raab startet seine Überlegungen mit dem Versuch einer definitorischen Festlegung von „Kultur", sieht sich dann allerdings mit dem Problem der unglaublichen Weite des Begriffsumfangs konfrontiert, was auch die Definitionen zum Ausdruck bringen, von denen aus die Autoren ihre eigene Darstellung beginnen: Es ist der Ethnologe Edward Tylor mit seiner inzwischen legendären Definition, Kultur sei die Summe aller Lebensäußerungen. Auch im weiteren Fortgang der Arbeit sind es Ethnologen, die mit ihren Begriffsklärungen zugezogen werden: Von Herder ausgehend sind es Benedict und Mead, Evans-Pritchard und Malinowski bis hin zu Geertz. Ihre Zusammenfassung dieser Vorarbeiten: *„Sie verstehen Kultur als Ganzes, ebenso wie ihre jeweiligen Erscheinungsformen, als etwas vom Menschen Geschaffenes, das dem Einzelnen gleichwohl einen formalen Willen aufzwingt, Anpassungsleistungen und Unterordnung fordert und selbst die Befreiungsakte gegenüber der aufgezwungenen Kultur wiederum im Horizont des Kul-*

3 Soziologie als Kulturwissenschaft oder Kultursoziologie? 55

turellen ansiedelt." (ebd., S. 548). Im Folgenden befassen sich die Autoren dann mit der Begründung ihrer These, dass „Kultur" (verstanden als soziale Ordnungskonstruktionen, Symbolsysteme und Deutungsmuster) nicht anders als anthropologisch und phänomenologisch untersucht werden könne (563).

Ihre Thesen (564 f):
1. Kultur hat ihren Ursprung in der menschlichen Natur.
2. Kultur manifestiert sich in der intersubjektiven Symbolwelt der Handelnden.
3. Kultur hat strukturell einen Doppelcharakter zwischen Festgelegtsein und Überlieferung auf der einen Seite und Offenheit und Erweiterbarkeit auf der anderen Seite.
4. Der Mensch wird verstehbar über seine Kulturleistungen – und Kultur wird nur verstehbar über die Interpretation der intersubjektiv wahrnehmbaren, intendierten und nicht-intendierten symbolischen Ausdrucksgestalten im sozialen Handeln.
5. Die sozialwissenschaftliche Hermeneutik ist das Verfahren, die Kulturbedeutung sozialen Handelns zu beschreiben und zu untersuchen.

Soweit die Explikation eines bestimmten Forschungsansatzes und Aufgabenverständnisses in der Kultursoziologie. Nun wäre die Kultursoziologie keine Wissenschaft, gäbe es keinen Streit über Methoden. Thomas Jung und Stefan Müller-Dohm unterscheiden in ihrem Handbuchartikel (in Kerber/Schmieder 1994, S. 487 ff.) die folgenden kultursoziologischen Forschungsrichtungen:

1. Strukturfunktionalismus und Systemtheorie in Anschluss an Talcott Parsons;
2. die kritische Theorie der Kultur (Adorno, Horkheimer, Marcuse);
3. den praxeologischen Ansatz von Pierre Bourdieu;
4. den Ansatz der Zivilisationsgeschichte von Norbert Elias;
5. die Phänomenologie in Anschluss an Alfred Schütz, fortgeführt von Thomas Luckmann.

Die zur Zeit umfangreichste und ambitionierteste kulturtheoretische Analyse aus der Sicht der Soziologie dürfte das Buch „Die Transformation der Kulturtheorie" von Andreas Reckwitz (2000) sein, das auch seinem Beitrag (12.1) zum schon erwähnten Handbuch der Kulturwissenschaften (Jaeger/Rüsen 2004; Bd. 3: Themen und Tendenzen) zugrunde liegt. Daneben ist als Darstellung von 44 (!) meist soziologischen Einzelkonzeptionen auf Moebius/Quadflieg 2006 hinzuweisen. Ich greife aus der 700-Seiten-Studie von Reckwitz (2000) nur einige Aspekte heraus.

Reckwitz beginnt sein Buch mit einer harschen Kritik, die Clifford Geertz an den Sozialwissenschaften im Jahre 1964 geübt hat. In dieser Kritik wirft er den Sozialwissenschaften vor, die Rolle kollektiver Sinnsysteme für menschliches Handeln völlig zu vernachlässigen. Stattdessen dominierten mechanistische Bilder des Verhaltens. Seine Kritik zielte auf die seinerzeit aktuellen kybernetischen Gesellschaftsmodelle, auf den Behaviorismus und den Struktur-Funktionalismus von Parsons. Knapp ein Vierteljahrhundert später ist die Situation eine völlig andere: Gerade im Zuge des cultural turns, der auch die Sozialwissenschaften erfasst hat, haben interpretative und phänomenologische Verfahren ihren Siegeszug angetreten, wurde „Sinnverstehen" zu einem leitenden Paradigma.

Das Buch verfolgt diesen Paradigmenwechsel in seinen verschiedenen Etappen, wobei der Autor die These begründen will, dass die beiden wichtigsten Ansätze,

- der strukturalistisch-semiotische Ansatz der Kulturtheorie (von Levi-Strauss über Foucault zu Bourdieu), und
- der interpretativ-sozialphänomenologische Ansatz (von Schütz über Geertz bis zu Charles Taylor)

letztlich in einer Kulturtheorie als Theorie sozialer Praktiken konvergieren.

Als „Quellen" jeglichen sozialwissenschaftlichen Nachdenkens über Kultur identifiziert Reckwitz die inzwischen hinreichend bekannten Autoren von Cicero bis zur Kulturphilosophie der 20er Jahre des 20. Jahrhunderts. Interessant ist seine Typologie. So unterscheidet er

- einen normativen Kulturbegriff (von Cicero bis Alfred Weber);
- einen totalitätsorientierten Kulturbegriff (von Herder bis zur aktuellen Ethnologie);
- einen differenztheoretischen Kulturbegriff, der Kultur in einem unterscheidbaren Subsystem verortet (von Schiller bis Parsons);
- einen bedeutungs-, symbol- und wissensorientierten Kulturbegriff (von Cassirer über den amerikanischen Pragmatismus bis heute).

Alleine der letzte Ansatz, der sich wiederum in die oben vorgestellten beiden Strömungen unterteilt, von deren Konvergenz er überzeugt ist, hat nach Ansicht von Reckwitz heute noch eine wissenschaftliche Berechtigung. Man könnte nunmehr an dieser Stelle die einflussreichen Ansätze „Kultur als Text" bzw. diskurs-

3 Soziologie als Kulturwissenschaft oder Kultursoziologie?

theoretische Ansätze zu einer Theorie der Kultur aufgreifen, doch sind diese eher in anderen Kulturwissenschaften als in der Soziologie entstanden.

Daher soll hier nur knapp die sicherlich einflussreichste Kultursoziologie, die „Soziologie der symbolischen Formen" von Pierre Bourdieu, skizziert werden. Dabei wird bewusst eine Querverbindung zu dem Kulturphilosophen Ernst Cassirer hergestellt.

Pierre Bourdieu (1930 - 2002) dürfte heute der weltweit bekannteste Soziologe sein, dessen Werk sich in mehrfacher Hinsicht an Cassirer anschließt und dessen Ansatz fortführt: im Hinblick auf die Erfassung der sozialen Realität und vor allem hinsichtlich des sozialen und individuellen Gebrauchs symbolisch-kultureller Formen.

Eine erste Gemeinsamkeit zwischen Cassirer und Bourdieu ist die unglaubliche Breite ihrer Themen und Gelehrsamkeit. Dies macht einen raschen Zugriff schwer. Insbesondere bei Bourdieu kommt hinzu, dass er im Laufe der Weiterentwicklung seiner Theorien auch seine Begrifflichkeiten ändert, so dass sich einmal fixierte Bestimmungen wichtiger Grundbegriffe in späteren Arbeiten als ungenau erweisen können. Diese Problematik gibt es jedoch auch bei Cassirers Begrifflichkeit, sogar bei den zentralen Begriffen des Symbols, der Anzahl und möglicherweise der Hierarchie der symbolischen Formen oder der „Prägnanz".

Möglicherweise hängt dies mit einer weiteren Gemeinsamkeit zusammen: einer nicht-substantialistischen Wirklichkeitskonzeption: Die Wirklichkeit ist kein Ding, auch keine Ansammlung von Dingen, sondern ein prozessierendes Geflecht von Beziehungen, die von aktiven Menschen durch ihr sinnhaftes („symbol-vermitteltes") Handeln getragen werden. Dies ist die bereits oben angesprochene Relationalität des Denkens, die eben auch dazu führt, als einzig mögliche Weise der Erfassung dieses „Gegenstandes" entsprechend verstandene Begriffe zu nutzen: Auch Begriffe erfassen Beziehungen, stehen untereinander in Beziehung, sind ein dynamisches (und daher grundsätzlich nicht fixierbares) Element der Erkenntnis- und Handlungsbeziehung des Menschen zur Welt. Es gilt folgendes Strukturmodell:

- Es gibt die Wirklichkeit: als System von Beziehungen, dem die Akteure angehören, dem jedoch auch die wissenschaftlichen Betrachter angehören.
- Es gibt die Akteure, die zum einen selber ihre Weltzugangsweisen in einem System ordnen müssen, die ihre Individualität im Kontext gesellschaftlicher Vorgaben unter bestimmten *Lebensbedingungen* entwickeln müssen. Zu diesen Lebensbedingungen gehören: „relativ stabile, mehr oder weniger lang tradierte Formen, in denen die Individuen ihre persönlichen Erfahrungen in eine Ordnung, in einen Zusammenhang bringen, der ihren Lebenstätigkeiten Regelmäßigkeit und Kontinuität verleiht: zu vorangegangenen

Generationen und aktuell zu den Mitmenschen." (Dölling 1986, S. 82) Diese Formen nennt Dölling „kulturelle Formen".
- Zu diesen kulturellen Formen der Vermittlung von Individuum und Gesellschaft gehören insbesondere Deutungsmuster, Werthaltungen und Erkenntnisweisen. Es gehören Mimik, Gestik und Körperhaltungen dazu, die sowohl für sich stehen, die jedoch immer auch verweisen – also einen Symbolcharakter haben – auf gesellschaftliche Strukturen, insbesondere auf Machtstrukturen. Sie haben eine bestimmte Bedeutung, die in ihnen „zugleich symbolisiert wie realisiert ist" (Bourdieu, zitiert nach Dölling 1986, S. 90).

  Handlungen oder Artefakte sind grundsätzlich mehrdeutig, erfüllen gleichzeitig verschiedene Funktionen. Jede Alltagshandlung – etwa das Holen von Wasser in einem der kabylischen Dörfer, die Bourdieu als Ethnologe am Beginn seiner akademischen Karriere gründlich studiert hatte – erfüllt natürlich den pragmatischen Zweck: das Wasser steht dann auch zur Verfügung. Aber: dieser Vorgang findet in spezifischen Formen statt – eben in symbolisch-kulturellen Formen –, die komplexe Bezüge zur „Kultur" dieser Dörfer herstellen, die die Handlung und den Agierenden präzise einordnen in das Sozial- und Machtgefüge der Gemeinschaft. Die Form ist es also, die diese Vermittlungs-, Integrations- und Kulturleistung erbringt. Und diese Form ist es auch, die die Ordnung schafft und aufrecht erhält, die der Einzelne und die die Gemeinschaft braucht. Dies würde auch Cassirer so beschreiben: Formen sind nicht (oder nicht nur) als Zwänge zu sehen, als Unterdrückung, sondern ermöglichen erst Individualität und Subjektivität und damit Freiheit. Gleichzeitig – und dies ist das besondere Anliegen von Bourdieu – reproduzieren sie Macht- und Sozialstrukturen.
- Ein besonderer Schwerpunkt bildet bei Bourdieu die Analyse des gesellschaftlichen Umgangs mit den Künsten: Die „vierte narzisstische Kränkung" fügt er der Menschheit zu, indem er in breiten empirischen Studien belegt, wie gerade die Künste im sozialen Gebrauch als Mittel der Machterhaltung, der „Distinktion" im Interesse der Erhaltung vorhandener (ungleicher und ungerechter) Strukturen ausgesprochen wirkungsvoll sind.
- Eine besondere Rolle spielt bei Cassirer und Bourdieu die Frage nach der Vermittlung zwischen dem Einzelnen und dem Ganzen. In erkenntnistheoretischer Sicht geht es um die Überwindung des berühmten Subjekt-Objekt-Problems. Das Symbol leistet eine Vermittlung zwischen Sinn und Sinnlichkeit. Es erlebt seine Relevanz im tätigen Gebrauch: das – aktive, handelnde, und zwar: bedeutungsvoll handelnde – Subjekt stellt durch dieses Handeln eine Einheit von Subjekt und Objekt her. Welt und Mensch, Objekt und Subjekt sind durch Handeln so vermittelt, dass „Welt" nur als „Welt in

3 Soziologie als Kulturwissenschaft oder Kultursoziologie?

und durch den Menschen" und der Mensch nur mit seiner inkorporierten Welt vorstellbar ist. Bourdieu entwickelt hierfür Konzepte wie den „Habitus", der als strukturierende Struktur, als individuell angeeignete gesellschaftliche Weltwahrnehmungs-, Deutungs- und Wertungsweise ein solches Vermittlungsglied zwischen Mensch und Welt ist. Die Mechanismen der Distinktion erläutert er systematisch und empirisch in einer Schrift, die im Untertitel „Kritik der theoretischen Vernunft" heißt (Bourdieu 1994) und in der er die Fehler von Objektivismus (Levy-Strauss) und Subjektivismus (Sartre) – die jeweils eine Seite des Vermittlungszusammenhangs verabsolutieren und diesen damit grundsätzlich verfehlen – scharf anprangert. Bourdieu schlägt dagegen etwa den „sens pratique" und den „Habitus" als Methoden und Konzepte vor, die die „Subjektivierung des Objektiven" (im Prozess der Sozialisation und Kulturalisation) zu objektivieren gestatten und damit Aufschluss über die „Funktionsweise" des Menschen in gesellschaftlichen Zusammenhängen – gerade auf der Basis der symbolisch-kulturellen Formen – ermöglicht.

- Die Relationalität der Gesellschaft, die Relationalität der individuellen Aneignung gesellschaftlicher Praktiken und der Selbstorganisation des Einzelnen in der kulturellen Gemeinschaft erfasst der Soziologe mit einem entsprechenden (relationalen) Begriffsinstrumentarium, wobei auch die Begriffe untereinander ein System bilden. „Habitus", „praktischer Sinn", „Feld", „sozialer Raum", „kulturelles, ökonomisches, politisches und symbolisches Kapital" – all diese Begriffe bestimmen sich aufgrund der Relationalität wechselseitig, sie bilden ein Begriffssystem, das sich als Ganzes auf das Beziehungsgefüge Mensch-Welt bezieht.
- Der wissenschaftliche Beobachter ist jedoch mitnichten „exterritorial" und neutral. Im Gegenteil verstärkt Bourdieu in den letzten Jahren seine organisatorisch-politischen Aktivitäten, um das praktisch werden zu lassen, was er theoretisch und empirisch immer wieder untersucht hat: Wie der Intellektuelle helfen kann, das „eherne Gesetze" bei Durchsetzung des Immergleichen (der Erhaltung der Gesellschaft, so wie sie ist) zu durchbrechen.

Auch hier gibt es also eine Parallele zu dem Ernst Cassirer von 1928, der auf der Basis seiner Studien zur europäischen Kultur die deutsche Republik als Kulturleistung darstellt und sich – entgegen seinem Naturell – damit politisch engagiert.

Die deutlichsten expliziten Bezüge von Bourdieu auf Cassirer gibt es im Hinblick auf den Gedanken der Relationalität, speziell beim Konzept des Feldes. Es gibt ferner Bezüge bei der Begriffstheorie und bei der Reflexion der Sprache als symbolischer Form. Hier haben sie beide auch einen gemeinsamen Gegner, mit dem sie sich auseinandersetzen: Martin Heidegger. Gemeinsam ist auch ihr Abarbeiten an Kant: Cassirer „überwindet" den Vernunft-Theoretiker Kant durch den Übergang zu „Kultur", durch die Ausarbeitung des „Symbols" als Zentrum der Mensch-Welt-Beziehung. Bourdieu nimmt gleich zweimal an zentraler Stelle explizit Buchtitel von Kant auf: Die erwähnte „Kritik der theoretischen Vernunft" und die „Kritik der gesellschaftlichen Urteilskraft" (als Untertitel der „feinen Unterschiede"; Bourdieu 1987). Einige weitere Hinweise zu zentralen Konzepten von Bourdieu:

Feld: Bei dem Feldbegriff, der außerhalb der Physik, in der er zuerst entstanden ist, vor allem in der Psychologie von Lewin eine zentrale Rolle spielt, findet der deutlichste Bezug von Bourdieu auf Cassirer statt (vgl. Bourdieu/Wacquant 1996, S. 35 ff.) Das „Feld ist wie ein Magnetfeld ein strukturiertes System von objektiven Kräften" (ebd., S. 38). Dieses Feld ist konflikthaft angelegt: Die Akteure darin („Schlachtfeld") streiten sich um die Erlangung des Monopols einer bestimmten Kapitalsorte.

Tausch und Kapital: Auf den ersten Blick erscheint die Terminologie von Bourdieu ökonomistisch. Dies überrascht deshalb, weil er gerade in den letzten Jahren als vehementer Kämpfer gegen den Terror des ökonomistischen Denkens in der Gesellschaft vorgeht. Wie ist dieser Widerspruch zu verstehen? In der Tat spielt der Tausch eine (fast) anthropologisch zu nennende Grundlagenrolle bei dem Verstehen von Menschsein. Tausch als Gabe und Gegengabe: Dies öffnet für Bourdieu zumindest zwei Diskurse: die ökonomische Tauschtheorie von Karl Marx, die die Grundlegung im „Kapital" darstellt; und die ethnologischen Studien zur „Gabe" von M. Mauss.

Um es vorweg zu nehmen: Die je aktuellen Konzeptionen von Ökonomie – insbesondere der Neoliberalismus – bieten für Bourdieu gerade kein Anregungspotential für Verallgemeinerungen. Diese sind vielmehr für ihn verfälschende Schrumpfformen einer umfassenden „Ökonomie" als Theorie des Tauschens.

Tausch als wechselseitiges Geben und Nehmen ist für ihn in der Tat der zentrale Mechanismus: der Naturalientausch; der geldvermittelte Tausch, wobei Geld als symbolisch-kulturelle Form, als Medium so erscheint, wie es im Anschluss (und in Abarbeitung) an Marx von Simmel bereits vorgezeichnet war; aber auch die Theorie des Sprechens als „Ökonomie des sprachlichen Tauschs" (Bourdieu 1990), so wie insgesamt der Prozess des Tauschens als gesellschaftskonstituierende Grundhaltung – auch und gerade in den symbolisch-kulturellen Formen – zu finden ist.

3 Soziologie als Kulturwissenschaft oder Kultursoziologie?

Der systematische Aufbau der Begrifflichkeit von Bourdieu (und anderen) findet in Analogie zum Studium der Arbeits-Tätigkeit bei Marx statt. Daher eine kurze Erinnerung, auf die ich später erneut zurückkommen werde. Dinge des täglichen Lebens haben einen Gebrauchswert (als Summe ihrer nützlichen Eigenschaften) und einen Tauschwert. Das Rätsel, das sich Marx bei der Grundlegung seiner politischen Ökonomie stellt, ist die Frage: Wie funktionieren die Tauschprozesse so in der Gesellschaft, dass es zu den alltäglichen Vergleichsprozessen von eigentlich aufgrund ihrer völlig unterschiedlichen Gebrauchswerte unvergleichbaren Produkte und Dienstleistungen kommt? Die Antwort findet Marx darin, dass er als „Hauptnenner", der Unvergleichbares vergleichbar macht, das Maß der „gesellschaftlich notwendigen Arbeit" setzt, die zur Herstellung der jeweiligen Waren notwendig war. In konzentrierter und formalisierter Form lässt sich dies darstellen wie folgt:

Bei der einfachen und zufälligen Wertform werden x Mengeneinheiten (ME) der Ware A gegen y ME der Ware B getauscht: x Ware A = y Ware B.

Über die totale Wertform, bei der x Ware A gegen verschiedene Mengen unterschiedlicher Waren getauscht werden, entsteht die „allgemeine Wertform": alle Waren tauschen sich gegen eine einzige, gesellschaftlich akzeptierte Ware.

Im Tauschprozess wird also offensichtlich eine Äquivalenzrelation auf der Menge der ausgetauschten Waren realisiert. Das gemeinsame Merkmal der ausgetauschten Waren, der Vergleichsmaßstab also, ist die Menge der gesellschaftlich notwendigen Arbeitszeit, die zu ihrer Anfertigung nötig war. Diese bestimmt den „Wert" (W) der Waren. „Wertgleich" begründet daher eine Äquivalenzrelation auf der Menge aller Waren:

$$W (x \text{ Ware A}) \equiv W (y \text{ Ware B})$$

Die Gesamtheit aller Waren, die mit derselben Menge an gesellschaftlich notwendiger Arbeit hergestellt werden, bildet eine Äquivalenzklasse. In der letzten (logischen und historischen) Stufe des Entwicklungsprozesses tritt der Wert der Waren in Form des Geldes auf: Geld ist jene Ware, deren mögliche Mengenzusammensetzungen ein vollständiges Repräsentantensystem für alle gesellschaftlich vorfindlichen Klassen der Äquivalenzrelation „wertgleich" darstellen.

Geld wird zum allgemeinen Tauschäquivalent in der Gesellschaft. (Diese Formalisierung der genetischen Geldtheorie von Marx durch eine Äquivalenzrelation geht auf die russische Mathematikerin Janowskaja zurück).

Ökonomisches „Kapital" ist auf dieser Grundlage nichts anderes als akkumulierte Arbeit, und jeder Akteur versucht, hiervon so viel wie möglich anzusammeln. Und dies gilt bei Bourdieu nicht nur für ökonomisches Kapital, sondern es gilt auch für kulturelles und soziales Kapital, die sich daher analog zum

Studium des ökonomischen Kapitals untersuchen lassen. Das „kulturelle Kapital" existiert dabei in folgenden Formen:

- inkorporiert: als zeitraubende Aneignung von Dispositionen und Fertigkeiten,
- objektiviert: als Bilder, Bücher, Instrumente, Maschinen,
- institutionalisiert: etwa in Form von Bildungstiteln.

Daneben gibt es „soziales Kapital" als Netzwerk von sozialen Beziehungen in einer sozialen Gruppe, verbunden mit Prozessen der Anerkennung. Eine schillernde Rolle spielt das „symbolische Kapital", das quer zu den anderen drei Kapitalformen liegt: als deren wahrgenommene und als legitim anerkannte Form. Beispiele sind etwa „Ehre" und „guter Ruf", so wie Bourdieu sie in den kabylischen Gesellschaften untersucht.

Spannend sind Umwandlungsformen: Wie kann etwa ökonomisches in kulturelles Kapital (und umgekehrt) verwandelt werden? Bourdieu scheut sich nicht, auch diese Fluktuationen in Kategorien des Gewinns und Verlustes zu beschreiben. Ich werde später bei der Diskussion von „generalisierten Kommunikationsmedien" (Geld, Macht, Vertrauen etc.) in der Soziologie hierauf zurückkommen, weil dort der Vergleich zu dem Medium (beziehungsweise der symbolischkulturellen Form) des Geldes noch ein Stück weiter getrieben wird und man in Analogie zum Geldverkehr „Banken", „Zentralbanken"; „Wechselkurse" etc. auch bei den anderen Medien bzw. symbolischen Formen sinnvoll unterscheiden kann.

Bourdieu (1990) tut dies auch mit erheblicher Konsequenz etwa am Beispiel der symbolisch-kulturellen Form „Sprache":

> „Als Kommunikationsbeziehung zwischen einem Sender und einem Empfänger, basierend auf Chiffrierung und Dechiffrierung, also auf der Verwendung eines Codes oder auf schöpferischer Sprachkompetenz, ist der sprachliche Tausch auch ein ökonomischer Tausch, der in einem bestimmten symbolischen Kräfteverhältnis zwischen einem Produzenten mit einem bestimmten Sprach-Kapital und einem Konsumenten (oder einem Markt) stattfindet und geeignet ist, einen bestimmten materiellen oder symbolischen Profit zu erbringen. Mit anderen Worten, die Diskurse sind nicht nur ... Zeichen, die dechiffriert und verstanden werden sollen; sie sind auch Zeichen des Reichtums, zu taxieren und bewerten, und Zeichen der Autorität, denen geglaubt und gehorcht werden soll" (ebd., S. 45).

Man sieht, dass dieser Grundgedanke von Bourdieu anschlussfähig ist zu der Vorgehensweise der Semiotik (vgl. Fuchs 2005/2000, Kap. 1.1). Es lassen sich etwa die Bühlerschen Sprachfunktionen des Appells, der Darstellung und des

Ausdrucks, so wie sie sich auch vergleichbar bei Cassirer finden, ebenfalls hier finden. Man sieht aber auch, dass dieser Ansatz weit mehr Erklärungskraft besitzt, weil er die symbolische Dimension auch in ihrer sozialen und machtpolitischen Relevanz sehr viel präziser auf den Begriff bringt.

Dieser Ansatz findet seinen Höhepunkt in der Beschreibung der politischen Nutzung symbolischer Formen, bei der Anwendung „symbolischer Gewalt": Hierbei geht es um eine äußerst sanfte Form der Durchsetzung des eigenen Willens. Denn diejenigen, die gehorchen sollen, tun dies scheinbar aus freien Stücken. Dies gelingt dadurch, dass bestimmte Deutungsmuster und Bewertungskategorien, die eben alles andere als gesellschaftlich neutral sind, die vielmehr eindeutig Partei zugunsten und zulasten bestimmter gesellschaftlicher Gruppen ergreifen, gerade von den gesellschaftlichen Gruppen und Personen übernommen werden, die von deren Anwendung Schaden nehmen. Bourdieu hat diesen Mechanismus in letzter Zeit vor allem an der Ideologie des Neoliberalismus aufgegriffen, wobei es hier gerade um die Akzeptanz und Übernahme der euphemistischen – aber als rational-wertfrei daherkommenden – Grundbegriffe dieser Wirtschafts- und Gesellschaftsideologie geht: „Flexibilisierung", „Globalisierung", „Freistellung" – all dies sind Konzepte, die Entlassungen akzeptabel und notwendig erscheinen lassen und die die Profitorientierung der dahinterstehenden Akteure verdecken (vgl. Bourdieu 1998).

Zwar nicht in dem exponierten politischen Engagement, wohl aber in der Tendenz treffen sich hier wieder die Sprachtheoretiker Cassirer und Bourdieu. Cassirer (1949) analysiert die eigentlichen Sprachprägungen der Nazis und ihre politische Wirkung ähnlich wie dies Bourdieu aktuell bei dem Neoliberalismus und bei Heidegger tut (Bourdieu 1990, S. 120 ff.).

Im folgenden will ich den sozialen Gebrauch von Kunst und Ästhetik bei Bourdieu nach-zeichnen, weil dies zum Kernbereich einer praxisbezogenen Kulturwissenschaft gehört – und hier m.e. der größte Nachholbedarf in der entsprechenden Praxis besteht.

Kunst, Macht und soziale Struktur bei Bourdieu

Pierre Bourdieu gibt seiner umfangreichen Studie „Die feinen Unterschiede" den Untertitel „Kritik der gesellschaftlichen Urteilskraft". Dies ist eine absichtsvolle Kopie der Überschrift des zentralen Ästhetikwerks von I. Kant (1974) aus dem Jahre 1790, freilich mit einem ebenfalls feinen, aber gravierenden Unterschied: Kant spricht von der Urteilskraft schlechthin. Und genau dies ist das Ziel von Bourdieu, die Gesellschaftlichkeit (und damit die Relativität) einer von Kant auf höchster philosophischer Abstraktionsebene angesiedelten überzeitlichen Kategorie nachzuweisen.

Kants Problem ist auch unseres: Er fragt, wie es komme, dass je individuell getroffene Geschmacksurteile von so vielen Menschen geteilt werden. Was ist der verborgene Mechanismus dafür, dass sich so häufig der oft angekündigte Streit in Geschmacksfragen doch nicht einstellt, und dies bei einem Prozess, der sich in der intimsten Privatsphäre abspielt, nämlich dann, wenn ich mich ganz für mich alleine der Kunst hingebe? Er fragt weiter, wie ästhetische Urteile zustandekommen, wo ästhetische Erfahrung zwischen Empirie und Theorie angesiedelt ist und was die besondere Affinität des Menschen zu Kunst bewirkt und ausmacht. Kants Lösungen sind bekannt und liefern für alle Nachfolger bis heute den entscheidenden Bezugspunkt für ihr Denken – sei es in Übereinstimmung und Weiterentwicklung, sei es in Ablehnung und Kritik. Kunst, so Kant, erfüllt Bedürfnisse in uns und ist insofern „zweckmäßig". Und dies, obwohl sie offensichtlich nicht mit diesem Ziel einer Zweckorientierung hergestellt worden ist: sie ist erlebte „Zweckmäßigkeit ohne Zweck". Diese Losgelöstheit von praktischen Zwecken – bis heute eine entscheidende Deutungsfigur von Kunst, sei es in subversiver, kompensatorischer oder affirmativer Ausrichtung (s. hierzu knapp 4.2 in Fuchs 1998) – macht ihre Autonomie aus. Unser Wohlgefallen an ihr kann sich also nicht auf den (nicht intendierten) Zweck beziehen, sondern ist vielmehr „interesselos". Und da dieser Wirk-Mechanismus offenbar bei jedem Einzelnen ohne Vorabsprache erfolgt, könnte ein von der gesamten Gattung Mensch gemeinsam geteilter Sinn, ein „sensus communis", dahinterstecken, so dass auch in dem individuellen Kunsterlebnis der einzelne Mensch sich als Teil einer Gattung, als soziales Wesen erlebt (vgl. Fuchs 2005, Bd. 2).

Kant – als Philosoph – hantiert also mit ganz großen Kategorien: Die Kunst, der Mensch schlechthin. Selbst die größte Kategorie der Soziologie, die Gesellschaft, ist keine Kategorie der Kantschen Ästhetik. Überzeitlich und unhistorisch wird hier der Akt ästhetischer Rezeption analysiert. Was Wunder, wenn jemand wie Bourdieu, der es mit konkreten Menschen zu tun hat, der zudem als Ethnologe begonnen und sich daher berufsmäßig damit beschäftigt hat, wie unterschiedlich der Mensch sein Leben in Nordafrika im Vergleich zu Frankreich gestaltet, kein Wunder also, wenn aus dieser Lebens- und Berufspraxis die behauptete universelle Gültigkeit der Funktionsweise von „Geschmack" nicht akzeptiert werden kann.

Bourdieu nimmt sich also nichts geringeres vor, als Kant zu widerlegen (siehe hierzu Bourdieu 1987). Man mag zwar einwenden, dass philosophischer und soziologischer Diskurs nicht kompatibel sind, dass sich philosophische Konzeptionen einzelwissenschaftlich weder belegen noch widerlegen lassen, eben weil Ziele und Kategorien ganz andere sind, selbst wenn der „Gegenstand" im

3 Soziologie als Kulturwissenschaft oder Kultursoziologie? 65

weitesten Sinn, der Mensch und sein Lebensglück, identisch sein mögen. Sympathisch allerdings muss die Absicht von Bourdieu sein, wenn man sich den sozialen Gebrauch dieser angeblich autonomen Künste – gerade im 19. Jahrhundert – ansieht und wenn man zur Kenntnis nimmt, welche politische Funktion dieser soziale Gebrauch hat (vgl. Bollenbeck 1994). Denn dann drängt sich unschwer der Gedanke auf, dass „autonome Kunst" ein äußerst ideologieträchtiger Topos ist, der das Gegenteil dessen behauptet, wozu er genutzt wird: Vor allem in der autonomen Kunst schaffte sich – gerade in Deutschland – das Bürgertum ein Medium sowohl zur Herstellung einer eigenen Identität als auch ein Kampfmittel zur Gewinnung politischer Hegemonie. Man erinnere sich daran, dass – anders als etwa in Frankreich und England – das deutsche Bürgertum nicht mit einer Revolution seinen Machtanspruch durchgesetzt hat und Deutschland – auch aus diesem Grund einer fehlenden Erfahrung des Kampfes um ein republikanisches, vielleicht sogar bürgerlich-demokratisches Gemeinwesen – eine in vielfacher Hinsicht „verspätete Nation" (H. Plessner) ist. Kunst als Medium der Emanzipation des Bürgertums, damit zugleich aber auch Bildung und Kultur als Medien der Macht gegenüber der sich konstituierenden Arbeiterschicht und dem Adel. Daher ist sie mitnichten überzeitlich, unhistorisch, quasi sozial und politisch unschuldig, sondern ganz handfest Teil des ideologischen Klassenkampfes. Da Bourdieu – wie fast alle französischen Intellektuellen zu einem Zeitpunkt in ihrem Leben – „Marxist" war, ist es nicht verwunderlich, dass er dies nicht hinnehmen kann. Sein Weg ist jedoch nicht primär die historische Analyse, sondern ein ethnologisch sensibler und empirisch höchst elaborierter Blick auf das Frankreich der Gegenwart.

Auf vier Punkte will ich Bourdieus voluminöses Werk reduzieren.

- Er zeigt die historische Genese der reinen Ästhetik: Den „reinen, unverstellten Blick" auf das (autonome) Kunstwerk gibt es demnach nicht. Dieser Blick ist vielmehr sozial geformt, vielleicht sogar determiniert. Er ist Produkt der Phylogenese, der Ontogenese und ganz entscheidend: der Bildung.
- Kultur und Kunst sind daher keine Erscheinungen jenseits der Gesellschaft, sondern bestimmen entscheidend die Klassenlage mit: Zeige mir Deine ästhetischen Präferenzen, so mag man Bourdieus empirisch-theoretische Forschung deuten, und ich sage Dir, an welchem Platz in der Gesellschaft Du stehst bzw. wo Du hingehörst.
- Der Kampf um Positionen ist ein Kampf um Unterschiede. Kunst hat – jenseits aller idealistischen Deutungen in den Autonomieästhetiken – lediglich die Funktion, Distinktionsmittel in diesem Kampf zu sein. Bourdieu betreibt also nicht bloß eine Soziologisierung der Ästhetik, worüber sich die Fachästhetiker aufregen könnten: Er belegt vielmehr eine Ästhetisierung der

Gesellschaft und damit auch der Soziologie, also der ganz handfesten sozialen und politischen Relevanz eines Lebensbereichs, der in der Soziologie bislang als schöne Nebensache betrachtet wurde.
- Eine entscheidende Rolle in diesem ästhetisch-symbolischen Kampf um Distinktionsgewinne spielt die Erziehung. Sie vermittelt von klein auf die ästhetischen Codes, mit denen man bestimmte Kulturprodukte entschlüsseln kann – und andere eben nicht. Sie hilft, den Habitus (als verinnerlichtes Deutungs- und Präferenzsystem) zu entwickeln, der die spätere Lebenspraxis entscheidend steuert.

Den Weg, all dies zu belegen, gewinnt Bourdieu wie oben erwähnt durch die Unterscheidung verschiedener „Kapitalsorten" – und hier geht er bewusst über Marx hinaus: Neben dem ökonomischen Kapital (bei ihm ist es im wesentlichen Geld-Vermögen) unterscheidet er Kulturelles (v. a. Bildungs-)Kapital. Später nimmt er noch soziales Kapital (als Beziehungen und soziales Stützungssystem) hinzu. Für unsere Zwecke reichen jedoch ökonomisches und kulturelles Kapital, deren Verfügbarkeit die Position im „sozialen Raum" markiert, der von diesen beiden Dimensionen aufgespannt wird (Abb. 6).

Eine Lesehilfe: Auf der Vertikalen unterscheidet Bourdieu ein Viel und ein Wenig (beider Kapitalsorten), wobei auf der linken Seite das kulturelle Kapital und rechts das ökonomische Kapital überwiegt. Die reiche Bourgeoisie, der Geldadel also, verschafft ihren Kindern natürlich auch gute Bildungstitel, doch überwiegt hier eindeutig das Geld. Hochschullehrer dagegen sind zwar nicht arm, haben jedoch weitaus mehr an kulturellem Kapital. Unterscheidbar sind diese gesellschaftlichen Gruppen an ihrem kulturellen Konsum. Und diesen hat Bourdieu in aufwendigen empirischen Studien ermittelt. Wie seriös diese Forschungen sind, mag man aus einem simplen Vergleich mit der eingangs erwähnten Studie von Schulze (1992) ersehen: Schulzes Basis ist eine lokal begrenzte empirische Erhebung im Nürnberger Raum Anfang der achtziger Jahre, die Anfang der neunziger Jahre als allgemeine Gesellschaftsdiagnose publiziert wird.

Bourdieu macht eine erste Studie 1963 in Paris, Lille und einer Kleinstadt, die er 1967/68 wiederholt. Er arbeitet bis zur Publikation im Jahre 1979 also über 15 Jahre daran. Nicht ganz zu unrecht versteht er sein Ergebnis dann auch als „vierte große narzisstische Kränkung der Menschheit", nachdem Kopernikus ihr bereits die Illusion genommen hat, Mittelpunkt des Universums zu sein, nachdem Darwin auf die nicht ganz ehrenvolle Ahnenreihe der Menschen hingewiesen hat und nachdem Freud dem autonomen Intellekt einige ganz vitale Triebe neben- oder sogar übergeordnet hat.

3 Soziologie als Kulturwissenschaft oder Kultursoziologie? 67

Abbildung 6: Die feinen Unterschiede

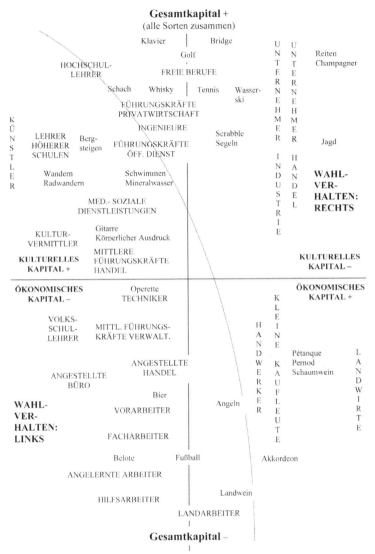

Raum der sozialen Positionen und Raum der Lebensstile

Quelle: Bourdieu, P.: Die feinen Unterschiede. 1987.

An Bourdieus Studien – z. T. freilich mit erheblichen Abweichungen und Veränderungen – knüpft die Lebensstilsoziologie an. In der Kulturpolitik stützt man sich vor allem bei einer soziologischen Begründungsweise auf Bourdieu (vgl. Fuchs 1998, 4.5 und 7.5).

Trotz der eindeutigen Bevorzugung anderer methodischer Ansätze bei einigen der hier genannten Autoren will ich als zweiten Ansatz einen systemtheoretischen Ansatz in Anschluss an Talcott Parsons vorstellen. Obwohl die Luhmansche Soziologie zwar als ‚selbstreferentiell' und in ihrer Theorienkonstruktion als hermetisch gilt, hat sie einen großen Zulauf.

Sowohl zur „Kultur" insgesamt (Baecker 2000), aber auch zu Teilbereichen von Kultur (etwa zur Kunst, zur Religion oder zur Wissenschaft) gibt es Schriften von Luhman. Ich will mich hier allerdings auf einen alternativen systemtheoretischen Ansatz hinweisen, der etwa bei Richard Münch (1991), aber auch bei Michael Opielka (2004) äußerst produktiv wird und der auch international einen enormen Zulauf hat.

Parsons hatte seinerzeit die Klassiker der Soziologie, also Simmel und M. Weber, Tönnies und Durkheim zu einem Gesamtentwurf systematisch zusammengefasst. Ein in unserem Zusammenhang wichtiges Ergebnis war das so genannte AGIL-Schema, eine Vierfelder-Matrix, das er auf verschiedenen Abstraktionsstufen zur theoretischen Erfassung sozialer Systeme und Subsysteme vorfand. Die einzelnen Buchstaben stehen dabei für folgendes.

A = Adaptation
G = Goal attainment
I = Integration
L = Latent pattern

Der Grundgedanke ist, dass sich Gesellschaft einigermaßen zwanglos in vier Subsysteme aufteilen lässt, die jedes eine bestimmte Funktion und ein bestimmtes Kommunikationsmedium haben.

A ist das Feld der Wirtschaft. Das Medium ist Geld. Die Aufgabe ist die Versorgung mit Gütern und Dienstleistungen.

G ist der Bereich der Politik. Das Medium ist Macht. Diese Funktion ist die Steuerung des Gemeinwesens.

I ist das System der Gemeinschaft. Das Medium ist Solidarität.

L ist das Kultursystem. Gemäß einem auch in der Ethnologie seinerzeit verbreiteten Ansatz gibt es (verborgene) Kulturmuster. Die Gesellschaft hält zusammen und überlebt, wenn diese Muster weitergegeben werden. Das Medium ist Sinn.

3 Soziologie als Kulturwissenschaft oder Kultursoziologie?

Es ergibt sich folgendes Schema

Abbildung 7: Die Gesellschaft: AGIL

Richard Münch hat diesen Ansatz aufgegriffen und weiter systematisiert. Luhmann arbeitet ebenfalls mit Subsystemen, grenzt sich aber – vor allem nach seiner „autopoietischen Wende" – deutlich von Parsons ab. Bei ihm gewinnen die Subsysteme ein immer stärkeres Eigenleben, grenzen sich immer mehr nach draußen ab und beschäftigen sich zunehmend nur noch mit sich selbst (Selbstreferentialität). Dagegen sieht sich Münch stark in der Tradition des Altmeisters. Seine wesentliche Ergänzung des AGIL-Schemas besteht in dem Gedanken, dass die Subsysteme in enger Verbindung miteinander stehen, dass jedes Subsystem mit jedem anderen korrespondiert. Die auf den ersten Blick etwas verwirrend aussehende Graphik (Abb. 8, Münch 1991, S. 371) bringt dies zum Ausdruck.

Richard Münch hat neben seinen systematischen Arbeiten und vielen Anwendungen seines Ansatzes auf die verschiedensten soziologischen Spezialfragen (Nationalstaat, europäische Integration etc.) eine umfassende historische Analyse zur Entwicklung der „Kultur der Moderne" (1986) vorgelegt. Es lohnt sich, diese Arbeit in einen größeren Zusammenhang zu stellen.

3 Soziologie als Kulturwissenschaft oder Kultursoziologie?

Abbildung 8: Die Interpenetration der gesellschaftlichen Subsysteme

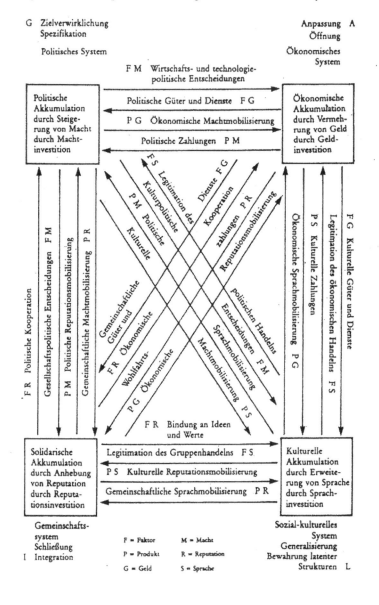

Die Kultur der Moderne

Dieser Beitrag von Münch zur Theorie der Moderne steht in der Tradition vergleichbarer Untersuchungen, in denen „die Moderne" ein Bild von sich selbst gewinnen will. Es ist durchaus plausibel, diese Tradition weit zu fassen.

Die Moderne, so eine verbreitete These, ist diejenige Zeit, die sich am meisten mit sich selbst befasst. Eine erste Überlegung zur Verdeutlichung dessen, was „die Moderne" ist, könnte darauf hinauslaufen, sie mit „Kapitalismus", bürgerlicher Gesellschaft oder Europa gleichzusetzen. Sicherlich wird man zugestehen, dass jedes der genannten Phänomene für sich untersucht werden kann (und dies auch in den letzten Jahren mit großer Energie geschehen ist). Man kann zudem auf den Historiker Thomas Nipperdey verweisen, der in seiner kleinen Schrift „Wie das Bürgertum die Moderne erfand" (1988) nicht bloß gute Gründe für diese Parallelisierung angibt, sondern zudem diese parallele Entwicklung am Beispiel der Genese des spezifisch deutschen Kunstsystems aufzeigt. Immerhin hat man durch diese kurzen Überlegungen schon einiges an Erkenntnissen gewonnen: es gibt unterschiedliche Disziplinen, die sich um die „Moderne" und ihre Diagnose kümmern (Soziologie und Geschichte, aber auch Philosophie, Kunst und Kulturwissenschaften, Politologe und andere). Bei der in Frage stehenden Zeit spielt offenbar das 19. (und 20.) Jahrhundert eine besondere Rolle.

Die verschiedenen genannten Disziplinen, die sich um die Moderne kümmern, sorgen allerdings auch für einige Verwirrung, denn die Verständnisweisen von „Moderne" reichen alleine in ihrer Datierung unterschiedlich weit: die einen identifizieren mit der Moderne die Neuzeit, für andere beginnt sie erst im 20. Jahrhundert. Immerhin: Wer von „Moderne" spricht, will diese Zeit absetzen von anderen Zeiten, hat also ein spezifisches Verständnis von Epochen, von historischen Abläufen, und oft genug ist dies verbunden mit normativen Bewertungen etwa im Hinblick auf Fortschritt, Verbesserung des Menschengeschlecht oder der „Perfectibilität".

Zwar gab es schon in der Antike berühmte Historiker, doch wird dieses spezifische Verständnis von historischer Zeit Vico zugesprochen. Wir befinden uns damit im Vorfeld der Aufklärung, was insofern folgerichtig ist, als „Aufklärung" oft genug als weiteres Synonym für „Moderne" verwendet wird.

Nun ist die Moderne auch kritisch mit sich selbst. Dies heißt insbesondere, dass es immer wieder gewichtige Versuche gegeben hat, das Deutungsmonopol der westlichen Moderne zu brechen. Insbesondere haben Soziologen wie Simmel, Eisenstadt, Touraine oder Asnason (vgl. Knöbl 2001) die Vormacht der Max Weberschen Deutung der Moderne angegriffen. Max Webers Theorie der Moderne basiert auf der Durchsetzung vor allem von Rationalität, von rationaler Lebensführung, von Rechenhaftigkeit und von Individualität und Kapitalismus.

Dagegen, so die genannten Autoren, muss man heute vielmehr von „multiple modernities" sprechen, da die frühere Sowjetunion oder Japan zwar moderne Staaten seien, aber nicht in das zu lineare Entwicklungsmodell von Max Weber passen. Dieses, so andere Kritiker, hat insbesondere in seiner Weiterentwicklung in der „Modernisierungs-Theorie" eher Schaden angerichtet als Erkenntnisse geliefert, weil es über viele Jahrzehnte – etwa in der Entwicklungspolitik – nur einen einzigen Entwicklungspfad für die „Entwicklungsländer" zugelassen habe (Wehling 1992).

Wird die gesellschaftliche Entwicklung inzwischen zwar nicht mehr so geradlinig in diesen soziologischen Theorien gesehen, so gilt nach wie vor das Erleben von Veränderung als wichtigstes Kennzeichen heutigen Lebens:

> „Sozialer Wandel bestimmt das Lebensgefühl des modernen Menschen, des Menschen der Neuzeit, aber schon seit Jahrhunderten. Renaissance, Humanismus und Aufklärung, industrielle, technische und wissenschaftliche Revolution, historisch wachsende bürgerliche, politische und soziale Rechte, eine progressiv durchgesetzte Partizipation und Emanzipation immer größerer Bevölkerungsteile, die Säkularisierung der Gesellschaft und die Individualisierung von Lebensweise und Werten haben den Ausgang aus der selbstverschuldeten Unmündigkeit (Kant) des Lebens in traditionalen Lebensformen bewirkt. Der Mensch fühlt sich als Herr oder auch Opfer einer bewegten Geschichte." (Weymann 1998, S.119).

So werden prägnant viele Zuschreibungen der Moderne gesammelt, zunächst scheinbar unbeeindruckt von der oben angeführten Kritik an eben solchen Vorstellungen von „Moderne". Doch setzt Weymann dieses Zitat fort mit der Frage danach, ob das beschriebene Lebensgefühl des Wandels wirklich so neu ist oder sich nicht vielmehr schon bei den Griechen („alles fließt") Vorläufer finden lassen.

Die „Moderne" war jedoch immer schon mehr als eine bloß neutrale oder pragmatische Zeiteinteilung. Immer schon schwangen erhebliche Werturteile mit: Die europäische Moderne war – ganz selbstverständlich – über Jahrhunderte das Maß aller Dinge, demgegenüber Kulturen in anderen Teilen der Welt nur nachrangig sein konnten. Die „Modernen" setzten sich ab von den Alten, weil sie glaubten, vieles besser zu machen. „Modern" ist, wer auf der Höhe der Zeit ist.

Allerdings gab es schon früh explizit Gegenpositionen: zum einen maß man die reale Gegenwart an den Versprechungen der Moderne (Freiheit, Individualität, Wohlstand usw.). Man kritisierte allerdings auch diese Ziele selbst, weil man ein verkürztes (rationalistisches) Menschenbild vermutete und in einer zu starken Vernunftorientierung Wesentliches am Menschsein zurückgedrängt sah.

Die Romantik gilt als große Gegenbewegung zur Vernunftorientierung der Aufklärung, aber auch als Kritik an der Moderne in Bezug auf Triebverzicht,

Gewaltförmigkeit, Domestizierung des Innenlebens, die Hineinverlagerung äußerer Zwänge in das Individuum (Freud, Foucault, Elias). Und auch die Überwindung des Mythos wurde als „Verlust" beklagt. Im Zuge der Postmoderne kommen daher alle diese Topoi wieder zum Vorschein, deren Verlust man beklagte und der „Vernunft" zur Last legte (Körper, Sinnlichkeit, Emotionalität, das Individuelle usw.).

Vieles allerdings, was man im Zuge der Durchsetzung der Moderne zunächst als ihr spezifisches Kennzeichen identifizierte (Fragmentierung, die Individualisierung, Kontingenz) – ganz so, wie es Simmel im Anschluss an Baudelaire (als Denker der Moderne) in seinen essayhaften Analysen des Großstadtlebens (Fremdheit, Mode, alltägliche Ästhetik, Flaneur) getan hat, also Gedanken formulierte, die später Krakauer und Benjamin aufgriffen – hat man in den Neunziger Jahren des zwanzigsten Jahrhunderts eher unter der Rubrik „Postmoderne" einsortiert. Die Moderne – ein unvollendetes Projekt (Habermas), die Postmoderne dann in einem grandiosen Selbst-Missverständnis nichts anderes als die Moderne, die zu sich selbst findet?

Die Künste spielen eine wichtige Rolle bei diesen Fragen. Baudelaire beschreibt in einer Studie des Malers Constantin Guy „Modernität" als Lebensgefühl. Immer wieder ist es die Frage nach diesem spezifischen Lebensgefühl, der individuellen Welt- und Selbstwahrnehmung, die Frage nach dem Sinn, die in Diagnosen der Moderne gestellt wird.

Die meisten Anthropologen stimmen Ernst Cassirer (1990) zu, wenn er die Spezifik des Mensch-Seins in seinem Umgang mit Symbolen sieht: Der Mensch braucht Sinnhaftigkeit, sucht nach Bedeutungen, konstruiert ständig die Welt, in der er lebt. Suche nach Sinn, Suche nach Bedeutungen, Suche nach Orientierung und damit: Deutung von sich und der Welt sind ständige Aufgabe des Menschen. Dies ist das entscheidende Kriterium: dass der Mensch im Zuge der Erfahrung, dass die Welt machbar ist, die Unsicherheit dieses Machens und damit seiner Existenz erfährt. Er weiß auch nicht, in welche Richtung sich die Welt bewegen wird. Der Preis seiner Freiheit, seiner Loslösung von unhinterfragten Deutungsinstanzen bringt die Last einer ständigen Deutung seiner Existenz mit sich.

Allerdings schafft sich der Mensch zahlreiche Instanzen, die ihm hierbei helfen: Es entsteht eine spezifische Öffentlichkeit mit einem System von Medien, die er zu Rate ziehen kann. Nach wie vor gibt es Religionen, aber eben auch die Künste und die Wissenschaften. Zur Selbst-Auslegung der Gesellschaft erfindet er sogar neue Wissenschaften: die Geisteswissenschaften – heute: Kulturwissenschaften, die Soziologie, eine Welt der zugewandte Philosophie. Das Angebot an Deutungsangeboten ist wiederum so groß, dass er schon wieder Entscheidungshilfen braucht, welches Angebot er denn nutzen soll. Denn rein individuelle Sinndeutungen, für die man keine Partner findet, taugen wenig: Sinnfindung und Deutung sind immer auch soziale Prozesse. Deshalb gehen die Bürger ins Theater, ins Museum, ins Konzert, um unter Gleichgesinnten Deutungsangebote prüfen und sich ihrer Sicht auf sich und die Welt vergewissern zu können. Die Suche nach Gewissheit treibt dabei durchaus eigenartige Blüten. Inzwischen wird heftig die Theorie von der reinen Vernunft-Orientierung des Menschen bestritten. Mythen sind ebenso gefragt wie esoterische Deutungsimporte. Auch die rationalen Wissenschaften vernachlässigen gerne die eigentlich für die Moderne typische Pluralität und bieten universelle Einheitslösungen an. Dies gilt nicht zuletzt für die Beschreibungen der Moderne selbst: lineare Modernisierungstheorien und Theorien des sozialen Wandels sterben nicht aus, obwohl die Kritik daran massiv ist.

Man kann also auch und gerade Zeit-Diagnosen zum Gegenstand wissenschaftlicher Untersuchungen und speziell der Kulturtheorien machen und sie etwa nach fachwissenschaftlicher Zuordnung, ihrer Nähe zu empirischen Realitäten bzw. nach ihrem spekulativen Anteil, nach der Art und Richtung ihrer politischen Orientierung etc. unterscheiden. Allerdings ist Zeitdiagnose nicht unbedingt ein anerkanntes Geschäft:

„Kaum ein theoretisches Unternehmen wird heute voreiliger und unbesonnener betrieben als das der Zeitdiagnose. Es vergeht kein Jahr mehr, ohne dass nicht eine neue Formel entstanden ist, mit der die veränderten Charakterzüge unserer Gesellschaft auf einen einzigen Begriff gebracht werden sollen: war es zunächst die allgemeine Tendenz zum „Wertewandel", so bald danach die „Postmoderne", kurz darauf die „Risikogesellschaft" und heute schließlich die „Erlebnisgesellschaft", die an die Stelle von Industriegesellschaft, Kapitalismus oder Moderne getreten sein sollten. Einige dieser soziologischen Leitformeln konnten sich stärker im sozialen Alltagsbewusstsein verankern, andere schwächer; einige sind mit großem Erfolg in die Arenen der kulturellen Öffentlichkeit eingeflossen, andere haben gar auf die Programmatik der politischen Parteien Einfluss zu nehmen vermocht. Aber keine von ihnen hat die anschließende Phase der gewissenhaften empirischen Überprüfung unbeschadet überstanden. Sie alle haben sich schnell als Produkte einer Überverallgemeinerung von gesellschaftlichen Entwicklungen erwiesen, die nur eine beschränkte Reichweite, sei es in historischer, sei es in sozialer Hinsicht, besitzen."

Am weitesten in einer seriösen Erforschung von Zeit-Diagnosen dürfte dabei die Soziologie gekommen sein – was allerdings nicht weiter verwundert, da diese Disziplin mit dem Zweck der Selbst-Auslegung der bürgerlichen Klassengesellschaft begründet worden ist und Selbstreflexivität ein Bestandteil aller entwickelten soziologischen Theorien ist. Diese Situation hat den Vorteil, dass es inzwischen eine ganze Reihe von Überblicks-Publikationen gibt, die die Orientierung erleichtern (Schimank/Volkmann 2000, Volkmann/Schimank 2002,

3 Soziologie als Kulturwissenschaft oder Kultursoziologie?

Kneer/Nassehi 1997). Die beiden Bände von Schimank/Volkmann stellen soziologische Gegenwartsdiagnosen aus den 80er und 90er Jahren des letzten Jahrhunderts aus Deutschland, Frankreich, Großbritannien und den USA vor. Interessant sind in unserem Zusammenhang die Überlegungen der Herausgeber bzw. von Walter Reese-Schäfer (in Band 2) zu möglichen Typologien von Zeitdiagnosen. So weisen sie auf die begrenzte „Haltbarkeitsdauer" der Zeitdiagnosen hin, was daherkommt, dass sich die Gesellschaft weiterentwickelt und ganz neue Problemlagen entstehen bzw. relevant werden (z. B. Umweltzerstörung). Allerdings werden manche Diagnosen oft genug auch dann zu Klassikern, wenn ihre Ausformulierung bereits einige Jahre zurückliegt, und dies trotz ihrer scheinbar nicht mehr vorhandenen Passfähigkeit. Dies geschieht etwa dann, wenn Leitmotive erneut aufgegriffen werden. So wird etwa eine Verbindung zwischen der Diagnose von Beck und den klassischen Texten von Simmel im Hinblick auf die Individualisierungsthese hergestellt. Allerdings ist auch dies ein häufiger Befund: dass aktuelle Zeitdiagnosen nichts anderes tun, als altbekannte Themen und Befunde zu wiederholen.

So resümierte der Soziologe M. R. Lepsius eine der ambitioniertesten Tagungen des letzten Jahrzehnts (Modernität und Barbarei; Miller/Soeffner 1996), bei der die gesamte soziologischen Prominenz auftrat: keine grundsätzlich neuen Sichtweisen und Erkenntnisse, vielmehr ein Aufgreifen von Ansätzen, die bereits 150 Jahre früher formuliert wurden. Seine Schlussfolgerung lautet daher konsequent: die Soziologie solle den Versuch aufgeben, Diagnose, Sinnstiftung und Deutung betreiben zu wollen und sich vielmehr auf die präzise und empirisch gehaltvolle Analyse kleinerer Fragestellungen konzentrieren (a.a.O., S. 359ff.)

Neben Soziologie sind auch Philosophie, Literatur, Journalismus, Kunst, Geschichtswissenschaft und andere Disziplinen an der Aufgabe der Zeitdiagnose beteiligt. Allerdings ist bereits im engeren Feld der Soziologie die Konkurrenz ausgesprochen groß (die oben genannten Sammelwerke stellen – entgegen dem Vorschlag von Lepsius – etwa 30 bis 40 gut ausgeführte Theorien vor).

Wegweisend sind bis heute die Studien von Max Weber, der auf der Suche nach den geistig-normativen Grundlagen des Kapitalismus (das ist bei ihm die Moderne) den Protestantismus, vor allem den Protestantismus Calvinistischer Prägung ausmachte. Diese Studien haben vielfältige Fortführungen gefunden und die Geschichtstheorie, die Religions- und Wissenssoziologie, die Theorien des sozialen Wandels beeinflusst. Insbesondere hat sein Freund Ernst Troeltsch diese Studien – ganz in Webers Sinne – vertieft (vgl. Fuchs 2000, Kapitel 2). Soziologie ist hier immer schon nur als Kultursoziologie denkbar, und deren Aufgabe ist das Gewinnen eines genaueren Verständnisses der eigenen Situation. Diese Debatten laufen oft unter dem Label der „Moderne", so dass es sich lohnt, hierüber ein genaueres Bild zu bekommen.

Zunächst einmal ist eine Abgrenzung zwischen geistiger Moderne (Beginn im 16. Jahrhundert: linearer Zeitbegriff, Gedanke der individuellen Freiheit, Krisenhaftigkeit, Säkularisierung, Fortschrittsidee), politischer Moderne (im Laufe des 18. Jahrhunderts entstanden; zweckorientierte Gestaltung von Wirtschaft und Staat, politischer Liberalismus, Gewaltenteilung, demokratische Elemente) und gesellschaftlicher Moderne (Ausdifferenzierung der gesellschaftlichen Subsysteme, Verschwinden des Ständischen) sinnvoll.

Nun wird es niemanden verwundern, dass auch diese – zugegeben grobe – Differenzierung des Begriffs der Moderne nicht unumstritten ist. Vielmehr ist die Frage nach der Relevanz des Epochenwechsels in den verschiedenen historischen Disziplinen und dann natürlich die zeitliche Festsetzung der unterschiedlichen Epochen ständiges Diskussion- und sogar Streitthema. Band 1 des Handbuches der Kulturwissenschaften (Jaeger/Liebsch 2004) befasst sich (in Kapitel sechs) ausführlich mit dieser Frage und unterteilt das Kapitel eher traditionell in archaische Gesellschaften, Hochkulturen (Ägypten, China), klassische Antike, Mittelalter und Neuzeit (allerdings jeweils mit Problematisierungen dieser Untergliederung).

Gerade der Abschnitt über die Neuzeit (Verfasser: F. Jaeger) enthält kritische Reflexionen zum Epochenbegriff, was allerdings nicht weiter verwundert. Denn erst in der Neuzeit entsteht ein selbstreflexives Zeit- und Geschichtsbewusstsein. Im Hinblick auf unsere Fragestellung ist die Auseinandersetzung mit der Gleichsetzung Neuzeit = Moderne interessant. Der Position, beides beginne um 1500, wird die sich offenbar in der Geschichtswissenschaft zunehmend Anhänger findende Position entgegengestellt, die die Neuzeit als Vorgeschichte der Moderne betrachtet und die die Moderne zur Gegenwart zählt, die mit der Doppelrevolution Mitte des 19. Jahrhunderts beginne. Folge ist zwar, die Einheitlichkeit eines „langen 19. Jahrhunderts" aufzugeben, die Zeit zwischen 1850 und 1880 als Übergangsperiode zu betrachten, in der sich die Grundlagen der Moderne herausbildeten. Die zwanziger Jahre des 20. Jahrhunderts sind dann als „eigentliche" oder „klassische" Moderne zu betrachten.

Dies ermöglicht dann aber, die allmähliche Herausbildung moderner Lebensformen und struktureller Bedingungen der Moderne in längeren Zeiträumen zu verfolgen:

„Prozesse der Urbanisierung und der Professionalisierung; Tendenzen der Kapitalkonzentration und der Herausbildung neuer innerbetrieblicher Organisationsformen und Unternehmensstrukturen; ein neues, durch kritische Untertöne geprägtes kulturelles Selbstverständnis der bürgerlichen Gesellschaft und ihrer Deutungs- und Interpretationseliten; die Genese einer imperialistischen Konstellation, die sich im Ersten Weltkrieg auf katastrophale Weise entlud; die Entstehung des Sozial- und Interventionsstaates; der Aufstieg der Frauenbewegung; eine neue Stufe von Verkehr und Kommunikation durch Eisenbahnbau und die Massenpresse.." (Ebd., Seite 522).

Jaeger sieht weitere Vorteile einer solchen Auffassung vom Ende der Neuzeit mit dem Beginn der Moderne: eine veränderte europäische Selbstdeutung, eine Sensibilisierung für unterschiedliche Entwicklungswege und Modernisierungs-Pfade, die außereuropäische Kulturen und Gesellschaften gegangen sind (etwa im Sinne der multiple modernities, vgl. Knöbl 2001). Insbesondere erleichtere ein solches Vorgehen eine verstärkte Rückbesinnung auf die der Moderne eigenen Gewaltrisiken.

Gerade der letzte Punkt ist dabei vielen Selbstbeschreibungen der Moderne eine Herausforderung und ein Problem: die eben nicht domestizierte Tendenz zur Gewalt. Ursprünglich gehörte die Herstellung von Frieden zu den zentralen Versprechungen der Moderne. Fortschritte glaubte man etwa dadurch erzielt zu haben, dass sich mit dem modernen Staat das Gewaltmonopol dieses Staates durchsetzte. Doch kommen Studien zu dem Ergebnis, dass die Gewalt insgesamt keineswegs reduziert wurde, so dass dieser Widerspruch zwischen Friedensversprechungen und realer Gewaltförmigkeit des Alltags eine zentrale Herausforderung für die Bewertung der Moderne ist. Baumann sprach in diesem Zusammenhang von der „Ambivalenz der Moderne".

Eine weitgehend akzeptierte Antwort lautet heute: „Das Projekt der Moderne erfüllt sich genau darin, dass sich die Moderne ihres Potenzials an Barbarei bewusst wird und in ihrem Zivilisationprozeß zu überwinden trachtet". (Miller/Soeffner 1996, S. 18).

An geistigen Prinzipien unterscheiden verschiedene Autoren Rationalisierung der Kultur, Individualisierung des Lebens, Domestizierung der Natur und Differenzierung in der Gesellschaft (van der Loo/van Reijen 1990).

Max Weber bringt den Gedanken der methodisch-rationalen Lebensführung ins Spiel. Zudem sind Sachlichkeit und Säkularisierung wichtige Prinzipien.

Es ist bereits in diesen Etikettierungen das berühmte AGIL-Schema erkennbar, das Parsons aus seiner Lektüre von Weber, aber auch der anderen Klassiker der Soziologie (Tönnies, Durkheim) entwickelt hat (s. o. Abb. 8). Dieses Schema enthält natürlich schon eine erhebliche Theoretisierung der „Moderne", es ist allerdings hilfreich gerade bei dem Anliegen dieses Textes, da es eine Sortierhilfe in Bereiche (Subsysteme) liefert, die nunmehr gesondert im Hinblick auf unsere Fragestellung nach zentralen Gegenständen der Deutung, aber auch nach der Herkunft der Orientierungs- und Deutungsvorschläge untersucht werden können.

Im AGIL-Schema ist es das Kultursystem (L), das als Sinn- und Deutungsinstanz dem Rest der Gesellschaft, dem Deutungs-Objekt (Wirtschaft: A; Politik:

G; Soziales: I), gegenübersteht. Allerdings werden Deutungs-Vorschläge auch danach zu unterscheiden sein, dass sie jeweils ein anderes System als „Leitsystem" für die Gesamtgesellschaft sehen. Beispiel: die Ökonomie wird als das maßgebliche Subsystem nicht nur von der marxistischen Gesellschaftslehre und Geschichts-Theorie („historischer Materialismus"), sondern auch von Ansätzen gesehen, die von der Industrie- oder Dienstleistungsgesellschaft sprechen. Auch die aktuellen politisch-ökonomischen Theorien des Fordismus bzw. Postfordismus sind dort angesiedelt.

Die Rede von der Individualisierung und Pluralisierung oder die Multi-Options-Gesellschaft sind im Sub-System Soziales angesiedelt. Auch das Subsystem Kultur liefert eine Anzahl von Gesellschaftsdiagnosen: Kulturpessimismus, Erlebnisgesellschaft, Säkularisierungsthese, Theorien des Wertewandels, die Wissens- und Informationsgesellschaft. Bei jeder dieser Diagnosen lässt sich nunmehr fragen, wie das Subjekt mit den jeweiligen Anforderungen umgeht. Es ist vermutlich sofort plausibel, dass eine „Informationsgesellschaft" andere Anforderungen an den Einzelnen stellt als die Industriegesellschaft. Das Subjekt mit seinen Kompetenzen spielt daher in (fast) allen Theorien der Moderne eine wichtige Rolle, zumal die Betonung des Individuums bzw. des Subjekts (vgl. Fuchs 2001) ohnehin ein Charakteristikum der Moderne ist.

Dass es sich hierbei in den meisten Fällen um ein leidendes Subjekt handelt, habe ich bereits oben erwähnt. Die Versprechungen der Moderne, die die Realität immer wieder frustriert hat, haben viel mit der Freiheit (oder Unfreiheit) des entscheidungsmächtigen Subjekts zu tun. Die Kritiken an der Moderne haben daher unterschiedliche Schwerpunkte:

- Einseitigkeiten in der Entwicklung der menschlichen Psyche (eindimensionale Entwicklung der Kognition, Unterdrückung der Sinnlichkeit und des Naturanteils des Menschen, Verkümmerung der Fantasie; die Moderne gilt als eine Zeit der Kälte)
- eine politische Ordnung, die eine demokratische Partizipation nur vorgaukelt und selbst im besten Fall bloß eine formale Demokratie ist
- eine Vielzahl an Kulturverfallsdiagnosen, auf die noch zurückzukommen sein wird.
- Zerstörungsannahmen über das Soziale (Pathologien des Sozialen, Anomie)

Es ist ganz nützlich, einige Beispiele für die je spartenspezifischen Selbstreflexionen der Moderne zu geben. Dabei ist zu berücksichtigen, dass fast jeder neue Vorschlag einer Analyse oder Deutung der Gegenwart eine Auseinandersetzung mit bislang vorliegenden Alternativen enthält, wobei deren Unzulänglichkeit die Motivation lieferte, den aktuell unterbreiteten neuen Vorschlag zu entwickeln.

3 Soziologie als Kulturwissenschaft oder Kultursoziologie?

Dies gilt insbesondere für die inzwischen zahlreich gewordenen Ansätze aus dem diffusen Feld der „Postmoderne", die selbstredend die Selbstbeschreibungen der Moderne nur kritisch sehen können.

Auch ambitionierte Gesamtentwürfe einer Theorie der Moderne enthalten oft genug derartige kritische Auseinandersetzung. Solche gesellschaftstheoretischen Gesamtentwürfe gibt es in Deutschland etwa von Luhmann und Münch in der Tradition von Parsons, es gibt sie von Habermas im Kontext der Kritischen Theorie, von Beck und Giddens. von Bourdieu oder Touraine in Frankreich; Hardt und Negri sind Autoren eines neuen, interdisziplinären marxistischen Projektes der Welterklärung; die Studien von Castell sind wuchtige, empirisch gesättigte Welttheorien. Arm ist unser Geistesleben also nicht an Deutungs-Angeboten, wobei von den vielen, eher journalistischen Angeboten noch gar nicht die Rede war.

Es sind viele (alle?) Kulturmächte zu dem Zweck der Selbst- und Weltauslegung entwickelt worden. Ernst Cassirer liefert etwa nicht nur eine philosophische Weltdeutung mit seiner Kulturphilosophie: er belegt mit ihr zugleich auch, warum der Mensch eine solche Deutung braucht. Die Begründung: Der Mensch muss Ordnung in das erlebte Chaos der Welt bringen. Ein erster Schritt war dabei die Erfindung von Götternamen und -familien, deren Mitglieder bestimmte Zuständigkeiten für die Ereignisse des menschlichen Lebens hatten. Götter hatten Namen, so dass man mit diesen die Ereignisse benennen konnte, für die die Götter „zuständig" waren. Sie dienten der Vergegenwärtigung und vielleicht sogar der Beeinflussung des Schicksals. Cassirer unterscheidet neben dem Mythos eine ganze Reihe solcher symbolischer Formen, mit denen der Mensch, nachdem er die Entwicklungsstufe von Menschlichkeit erreicht hat, sein Leben zunehmend bewusst selbst in die Hand nimmt und es zu führen beginnt (im Sinne von Plessner).

Der Mythos wird dabei in seiner Welterklärungsfunktion ergänzt durch Religion, Kunst und Wissenschaft. Die Künste erfüllten hierbei insofern eine wichtige Funktion, als sie ästhetisch-expressiv Persönlichkeitsbereiche ansprachen, die andere symbolische Formen weniger gut erreichten. Diese Selbst- und Weltauslegung begleitet den Menschen von Anfang an – ganz im Sinne der Kulturdefinition von Max Weber, der den Menschen als Wesen mit einem Bedarf an Sinn und Bedeutung beschreibt.

Philosophie, so Hegel, ist ihre Welt in Gedanken gefasst, also Sinn-Deutung und Orientierung. Im 19. Jahrhundert entwickelt sich mit der bürgerlichen Klassengesellschaft die Soziologie als weiteres spezielles System der Welt-Auslegung, so dass sich Literatur, (Natur)-Wissenschaften und Soziologie sogar um das Deutungsrecht streiten müssen (Lepenies).

In philosophischer Hinsicht mag man sich an die einflussreiche Studie „Der philosophische Diskurs der Moderne" von Jürgen Habermas erinnern, in der er erstmals ausführlich auf die französische philosophische Postmoderne reagiert und die Theorien der Moderne von Hegel über Nietzsche, Weber, Heidegger, über Foucault, Derrida, Lyotard bis zu Luhmann Revue passieren lässt und einen durchaus provokanten Sortiervorschlag für die verschiedenen Moderne-Kritiken unterbreitet: diese seien lediglich Spielarten des Konservativismus. Sehr viel wohlwollender geht der Philosoph Wolfgang Welsch in seinem Bestseller „Unsere postmoderne Moderne" auf die Moderne-Kritik der verschiedenen Postmoderne-Ansätze ein, wobei er insbesondere der bei Habermas chronisch vernachlässigten Ästhetik eine wichtige Rolle zubilligt.

Seine Analyse endet mit der (inzwischen umfassend ausgearbeiteten) Konzeption einer „transversalen Vernunft" (Welsch 1996), mit der er eine neue Synthese von Moral, Ästhetik und Vernunft (im engeren Sinne) versucht.

Die soziologischen Modernisierungstheorien, die in den fünfziger und sechziger Jahren vor allem in den USA im Anschluss an Parsons entwickelt worden sind, haben vieles, was man Ideologien der Moderne vorwirft, auf die Spitze getrieben: Resistenz gegen Empirie, lineare Vorstellungen von Entwicklung, Verabsolutierung des westlichen Entwicklungspfades etc. Die Kritik dieser – allerdings bis heute einflussreichen und lebendigen – Moderne-Diagnose (und -Apologie) von Peter Wehling (1992) zeigt daher die Fragilität dieser Grundannahmen all zu optimistischer Zuschreibungen an die Moderne. So zeigt Wehling, dass und wie die Annahme der Rationalität, der Universalität, der alleinigen Gültigkeit des westlichen Modernisierungspfades immer auch schon innerhalb der Soziologie heftig attackiert wurden, etwa von Benjamin, Marcuse, Lefebvre. Er zeigt, dass die genannten Autoren eine explizite und vermutlich realitätsnähere Alternative zur Weberschen Theorie der Moderne formuliert haben, wobei sich jedoch das Webersche Verständnis durchgesetzt hat. Es ist fast paradox, dass diese Theoretiker der Moderne heute geradezu als Vorläufer der Postmoderne gelten, was letztlich eher ein Selbst-Missverständnis dieser Postmoderne ist. Es ist vielmehr davon auszugehen, dass die Postmoderne dasjenige Stadium der Moderne markiert, in der diese endgültig ein Bewusstsein ihrer selbst gewinnt.

Beeindruckend in ihrer Materialfülle, aber deutlich an einer Weber-Parsonsschen Sicht auf die Moderne orientiert ist die zweibändige Darstellung der Genese vierer „Kulturen der Moderne" (Frankreich, Deutschland, England und USA) von Münch (1986), die zeigt, wie sich die vier identifizierten Strukturprinzipien der Moderne, nämlich Aktivismus, Rationalismus, Individualismus und Universalismus, jeweils unterschiedlich in den vier genannten Ländern entwickelt haben.

3 Soziologie als Kulturwissenschaft oder Kultursoziologie?

Eine Grafik kann vielleicht dabei helfen, Systematik und Genese des Menschseins (in der Moderne) zu verdeutlichen. Abb. 9 zeigt die Anthropogenese von der Frühgeschichte bis zur ausdifferenzierten modernen Gesellschaft. Obwohl es einigermaßen gewagt ist, einige hunderttausend Jahre Geschichte in ein Schema zu pressen, kann dieses doch dabei helfen, bestimmte Konzeptionen von Zeit-Diagnosen zu verorten. Nach wie vor halte ich den Dreischritt für sinnvoll, eine Naturgeschichte des Menschen von seiner Gesellschaftsgeschichte zu unterscheiden und als drittes die Ontogenese des Einzelnen in einer konkreten Gesellschaft zu betrachten. Bei der Darstellung der Phylogenese, auf die ich hier nicht eingehe, beziehe ich mich auf die entsprechenden Teile in Holzkamp 1983. Zur Anthropogenese und zur Gesellschaftsgeschichte des Menschen habe ich selbst einige Publikationen vorgelegt (Fuchs 1998, 2001).

Die Künste bzw. die Kunstwissenschaften haben auch insofern einen Beitrag zur Definition der Moderne geleistet, als viele allgemeine Epochen-Bezeichnungen sich an Stilepochen (vor allem der Bildenden Kunst) orientieren. Allerdings ist die zeitliche Abgrenzung etwa der „Klassischen Moderne" jeweils in Literatur, Musik, Theater oder bildender Kunst durchaus verschieden. Immerhin wird an Stil-Entwicklungen gesellschaftliche Entwicklung als Ganzes besonders deutlich.

Viele Veränderungen in den Künsten haben deutliche Verbindungen zu anderen gesellschaftlichen Veränderungsprozessen: der Kubismus zur neuen Physik, der Surrealismus zur Psychoanalyse, um nur zwei Beispiele für enge Zusammenhänge zu nennen.

82   3 Soziologie als Kulturwissenschaft oder Kultursoziologie?

Abbildung 9: Moderne Gesellschaft und Subjektivität im historischen Prozess

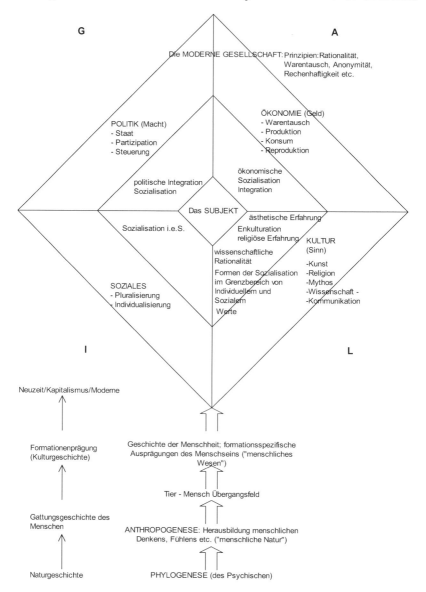

3 Soziologie als Kulturwissenschaft oder Kultursoziologie?

Die Künste werden immer wieder eher in die Nähe von Opponenten von Max Weber gebracht (z.B. Simmel), die eine besondere und offenbar größere ästhetische Affinität als Weber haben. Das soll jedoch nicht den Eindruck erwecken, als ob Weber mit seiner Rationalisierungsthese die Kunstentwicklungen nicht berücksichtigte. Das Gegenteil ist der Fall. Zu der Textsammlung „Wirtschaft und Gesellschaft" gehörte etwa in ihren ersten Auflagen eine – später gesondert publizierte – Musik-Soziologie. Zu erinnern ist auch an das Vorwort seines vermutlich einflussreichsten Buches (zur protestantischen Ethik), wo er schreibt:

„Ähnlich in der Kunst. Das musikalische Gehör war bei anderen Völkern anscheinend eher feiner entwickelt als heute bei uns; jedenfalls nicht minder fein. Polyphonie in verschiedener Art war weithin über die Erde verbreitet, Zusammenwirken einer Mehrheit von Instrumenten und auch das Diskantieren findet sich anderwärts. Alle unsere rationalen Tonintervalle waren auch anderwärts berechnet und bekannt. Aber rationale harmonische Musik: – sowohl Kontrapunktik wie Akkordharmonik, – Bildung des Tonmaterials zu auf der Basis der Dreiklänge mit der harmonischen Terz, unsere, nicht distanzmäßig, sondern in rationaler Form seit der Renaissance harmonisch gedeutete Chromantik und Enharmonik, unser Orchester mit seinem Streichquartett als Kern und der Organisation des Ensembles der Bläser, der Generalbass, unsere Notenschrift (die erst das Komponieren und Üben moderner Tonwerke, also ihre ganze Dauerexistenz überhaupt, ermöglicht), unsere Sonaten, Symphonien, Opern, – obwohl es Programmusik, Tonmalerei, Tonalteration und Chromatik als Ausdrucksmittel in den verschiedensten Musiken gab, – und als Mittel zu dem alle unsere Grundinstrumente: Orgel, Klavier, Violine: dies alles gab es nur im Okzident.

Spitzbogen hat es als Dekorationsmittel auch anderwärts, in der Antike und in Asien, gegeben; angeblich war auch das Spitzbogen-Kreuzgewölbe im Orient nicht unbekannt. Aber die rationale Verwendung des gotischen Gewölbes als Mittel der Schubverteilung und der Überwölbung beliebig geformter Räume und, vor allem, als konstruktives Prinzip großer Monumentalbauten und Grundlage eines die Skulptur und Malerei ein beziehende Stils, wie sie das Mittelalter schuf, fehlen anderweitig. Ebenso aber fehlt, obwohl die technischen Grundlagen dem Orient entnommen waren, jene Lösung des Kuppelproblems und jene Art von „klassischer" Rationalisierung der gesamten Kunst – in der Malerei durch rationale Verwendung der Linear- und Luftperspektive – welche die Renaissance bei uns schuf." (Weber 1988, Bd. 1, S. 2 f.).

Münch steht in dieser Weberschen Traditionslinie. Er zeigt, wie sich das Kultursystem (L; mit der Aufgabe des Sinndiskurses) mit der „Welt" (AGI) auseinandersetzt und wie der „kulturelle Code" der Moderne entsteht: Rationalismus, Aktivismus, Individualismus und Universalismus. Insbesondere zeigt er, wie dieselben Grundwerte (Freiheit, Gleichheit, Solidarität, Universalismus) in durchaus

vergleichbaren Ländern wie Deutschland, Frankreich, England und USA sehr unterschiedliche Ausprägungen erfahren haben.
Im folgenden gebe ich ein längeres Zitat von W. Gebhardt (in Fröhlich 2000, S. 180ff) wieder, in dem dieser die aktuelle Lage der (deutschen) Kultursoziologie beschreibt, einige Schulen identifiziert und ein Forschungsprogramm entwickelt.
Ein Überblick über die Kultursoziologie der Gegenwart (im Anschluss an W. Gebhardt)
Der Kultursoziologe Winfried Gebhardt (hier: in Fröhlich 2000, S. 180ff) hat den folgenden aufschlussreichen Überblick über (kulturtheoretische) Grundannahmen, Aufgaben, Theorierichtungen und Forschungsthemen der aktuellen Kultursoziologie gegeben.

1. „Aus der philosophischen Anthropologie von Johann Gottfried Herder bis Ernst Cassirer, Helmuth Plessner und Arnold Gehlen übernimmt sie (die Kultursoziologie; M.F.) die Vorstellung des Menschen als einem Kulturwesen, das weder durch seine Naturanlagen hinreichend gesteuert wird noch etwa durch seine Verstandesfähigkeiten bloß auf eine optimale Adaption an äußere Gegebenheiten festgelegt wird. Als kulturfähiges, kulturwilliges und kulturbedürftiges Wesen ist der Mensch vielmehr gefordert, sich seine eigene Wirklichkeit aus Ideen und Werten selbst zu schaffen. Erst durch die Bedeutungen, die er seinem Handeln gibt, konstituieren sich für ihn Welt, Selbst und Gesellschaft. Als kulturell gilt heute deshalb das gesamte Handeln des Menschen, also auch das nur zweckdienliche und bloß äußere Tun, die ebenfalls in die Welt der symbolischen Bedeutungen eingeschlossen sind, in der der Mensch lebt. Der Mensch gilt nicht nur als Schöpfer und Geschöpf sozialer Einrichtungen und Regelungen, sondern auch in gleicher Weise als Produzent und Produkt geistiger und sittlicher Bedeutungen, mit denen und wegen derer er die sozialen Einrichtungen und Regeln sogar zu durchbrechen und zu verändern pflegt.

2. Kultur verwirklicht sich in Gesellschaft. Weil der Mensch ein Kulturwesen ist, müssen soziale Beziehungen auch immer Kultur werden, also für das individuelle und soziale Handeln Bedeutungen entwickeln, die es tragen. Kultur steht dann für die charakteristischen Bedeutungsmuster der Gesamtgesellschaft, für die Summe der „geglaubten Wirklichkeiten", für ihre Gesamtkultur in der Selbstverständlichkeit sozialer Überlieferung. Damit ist aber nicht nur der jeweilige Ideengehalt gemeint, sondern auch die sozialen Formen ihrer kultischen und rituellen Bewahrung und ihrer institutionellen Verankerung sowie der ganze Bereich ihrer ästhetischen (auch alltagsästhetischen) Materialisierung.

3 Soziologie als Kulturwissenschaft oder Kultursoziologie? 85

3. Dieser gesamtgesellschaftliche Kulturbegriff wird allerdings sofort wieder aufgelöst. Er ist nur eine – gleichwohl theoretisch notwendige – Fiktion, die – wenn überhaupt – nur in sogenannten „primitiven Gesellschaften" Realität für sich beanspruchen konnte. Es war der Fehler der klassischen amerikanischen cultural anthropology (und in ihrem Gefolge von T. Parsons), dass sie von der Kultur der „primitiven" Gesellschaften auf die Kultur von modernen Gesellschaften schloss und damit einer Substantialisierung, also einer Essentialisierung, Totalisierung und Territorialisierung von Kultur Vorschub leistete. Denn Kultur verteilt sich in jeder Gesellschaft – innerhalb unterschiedlicher sozialer Gruppen und in unterschiedlichen Formen. Der Gegensatz von „repräsentativer Kultur" und „Volkskultur", von „Hochkultur" und „Alltagskultur" ist nur ein (heute freilich weitgehend überholter) Ausdruck dieses Sachverhalts. Die Verteilung von Kultur in einer gegebenen Gesellschaft zu erfassen und zu beschreiben, ist immer eine empirische Aufgabe. Und gerade hier steht die Kultursoziologie angesichts übergreifender – auch die Kultur betreffender – Individualisierungs-, Pluralisierungs- und Globalisierungsprozesse vor der schwierigen Aufgabe, die neuartigen, sich oftmals widersprechenden Verteilungsmuster und die sich in den meisten gesellschaftlichen Wirklichkeitsbereichen fast täglich neu zusammenwürfelnden Kultursynkretismen adäquat zu erkennen und zu beschreiben.

4. Kultur ist dynamisch. Kultur ist kein Objekt, sondern eine Relation und deshalb dauernd in Bewegung, „in action". Sie entwickelt sich auch nicht als ‚Separatum, sie artikuliert sich in den Verhältnissen, Beziehungsformen und Wechselprozessen der Gesellschaft'. Vielleicht wäre es sogar der Sachlage angemessener, den Gegenstand der Kultursoziologie nicht mehr länger in der „Kultur", sondern im „kulturellen Wandel" zu sehen. Die Kultursoziologie muss sich jedenfalls des dauernden Gestaltwandels ihres Gegenstandes bewusst sein. Sie darf, wie F. H. Tenbruck es formulierte, „kein einzelnes Problem, keine einzelne Perspektive, kein einzelnes Gebiet kanonisieren, sie kann nicht an einer Erscheinung eine verpflichtende Theorie und Methode entwickeln".

Gebhard beschreibt auf dieser Grundlage die *Aufgabe einer* so verstandenen *Kultursoziologie:*

1. „Die Erfassung und „dichte Beschreibung" (Clifford Geertz) der Bedeutungsmuster oder der „geglaubten Wirklichkeiten", welche dem individuellen wie dem sozialen Handeln der Menschen, explizit oder implizit, quer

durch alle Daseinsbereiche und Institutionen als Voraussetzungen und Intentionen Halt und Sinn geben.
2. Die Suche nach den Ursachen, Modalitäten und Orten der Entstehung solcher Bedeutungsmuster oder „geglaubter Wirklichkeiten". Warum, wie und wo haben sich Ideen, Bedeutungen und Werte gebildet? In welchen symbolischen Formen und Praktiken treten sie auf? Wie verfestigen sie sich zu Institutionen, zu Dogmen und/Oder kanonisierten Lehrsätzen?
3. Die Identifikation der Akteure, ihre Strategien und Interessen. Welche stummen oder ausdrücklich formulierten Traditionen bestimmen gängige Bedeutungsmuster? Wer sind diejenigen, die sie thematisieren, verwalten und begründen, wie gehen sie dabei vor, und von welchen Interessen werden sie dabei geleitet? Welche neuen Bedeutungsmuster oder „geglaubten Wirklichkeiten" entstehen? Wer bringt sie ins Spiel, aus welchen Motiven und mit welchen Strategien und Absichten?
4. Die Suche nach den Sozialformen und typisierten Handlungen, in denen „geglaubte Wirklichkeiten" soziale Gestalt annehmen. Welche Verhaltensstandardisierungen, Rollen und Normen und welche sozialen Gruppen (Gemeinschaften, Assoziationen, Szenen) bilden sich um welche Bedeutungsmuster? Wie sind diese Gruppen organisiert und strukturiert? Wie ist das Verhältnis zwischen Zentrum und Peripherie, zwischen Elite und bloßen Mitläufern? Welcher Kommunikationsformen bedienen sie sich typischerweise?
5. Die Beschreibung und Analyse jener alltäglichen Gebrauchsgegenstände (vom Automobil über die Kleidung und die Wohneinrichtung bis hin zur Architektur und anderen künstlerischen Produkten), in denen sich „geglaubte Wirklichkeiten" materialisieren. Was ist gerade „in", und was ist gerade „out" und warum? Wie sehen die alltagsästhetischen Präferenzen (Moden) der Menschen aus? Wie wandeln sie sich, und wer lenkt den Wandel?
6. Die Analyse der Kulturbedeutung solcher „geglaubter Wirklichkeiten". Welche Logik und Dynamik liegt ihnen zugrunde? Welche Macht üben sie über das Handeln der einzelnen, über die sozialen Institutionen und über die gesellschaftliche Entwicklung aus?

Eine Kultursoziologie, die solche Fragen stellt, überschreitet zum einen die engen Grenzen soziologischer Binnendifferenzierung. Sie versteht sich nicht als eine Bindestrich-Soziologie, die sich allein um die Prozesse der ästhetischen Produktionen des Theater-, Musik-, Literatur- und Kunstbetriebs oder um das Gebiet der religiösen, weltanschaulichen und wissenschaftlichen Ideenproduktion kümmert. Und eine Kultursoziologie, die solche Fragen stellt, ist zum anderen notwendigerweise auf Zusammenarbeit mit anderen Kulturwissenschaften ange-

3 Soziologie als Kulturwissenschaft oder Kultursoziologie?

wiesen, insbesondere auf die Geschichtswissenschaft, weil kultursoziologische Fragestellungen ohne eine vertiefte Kenntnis geschichtlicher Zusammenhänge nicht möglich sind, aber auch auf Kooperationen mit der Ethnologie und Volkskunde, der Religionswissenschaft, der Theologie und den Literatur-, Musik- und Kunstwissenschaften. *Kultursoziologie versteht sich in diesem Sinne als eine interdisziplinär angelegte, eigenständige Theorie- und Forschungsdisziplin innerhalb der Soziologie"* (meine Hervorhebung; M.F.).

Gebhardt unterscheidet die folgenden *Theorierichtungen*:

„Diese im vorhergehenden vorgestellte „neuere deutsche Schule der Kultursoziologie" hat zwar entscheidend dazu beigetragen, Kulturforschung innerhalb der deutschen Soziologie zu etablieren, sie muss sich heute freilich der Konkurrenz anderer, sich selbst als „kultursoziologisch" bezeichnender Ansätze stellen. Die deutsche Kultursoziologie boomt inzwischen und nimmt Anregungen aus anderen nationalen Theorietraditionen teilweise begierig auf, wobei es sich allerdings oftmals – wie beispielsweise bei der Rezeption der Schriften von C. Geertz – nur um einen leicht verfremdeten Re-Import der Positionen der klassischen deutschen Soziologie handelt. Hier ist zum einen die kultursoziologische Konzeption Pierre Bourdieus zu nennen, die mit ihrem Habitus-Konzept vor allem die soziologische Sozialstruktur- und Gender-Forschung stark beeinflusst hat, zum anderen ist auf die angloamerikanischen Postmodernisten um Mike Featherstone und ihre Zeitschrift „Theory, Culture and Society" hinzuweisen, die aus einer neo-marxistischen Analyseperspektive die Zerstörungspotentiale der kapitalistischen Massenkultur untersuchen, und auf die angelsächsischen cultural-studies, club-culture- und public-culture-studies, die eher in einer dekonstruktivistischen Perspektive vor allem die „authentischen" Bedeutungsmuster und Symbolpraktiken populär- oder subkultureller Gruppen und Bewegungen unter dem Aspekt eines in der Moderne tobenden „Kampfes um Bedeutung" (Lawrence Grossberg) und „ästhetische Definitionsmacht" unter die Lupe nehmen. Hinzu kommt, dass sich parallel zu der Institutionalisierung der neueren, sich weitgehend an M. Weber orientierenden Kultursoziologie andere, auf ähnliche, wenn auch nicht identische Theorietraditionen zurückgreifende Schulen gebildet haben, so eine auf Alfred Schütz und T. Luckmann rekurrierende „phänomenologisch orientierte Kultursoziologie" und eine weitgehend an N. Elias anschließende Forschungsrichtung, die unter der Bezeichnung „Zivilisationstheorie" läuft."

Schließlich identifiziert Gebhardt die folgenden *Forschungsthemen*:

1. „Eine Aufarbeitung der kultursoziologischen Traditionen in der deutschen Soziologie.
2. Eine Weiterführung der jeweiligen Theoriekonzeptionen. Erkennbare Schwerpunkte sind hier die theoretische Erforschung a) der Vermittlungsprozesse von Kultur und ihre Agenten (Stifter, Mäzene, Sympathisanten etc.), b) der Bewahrungsmechanismen und Bewahrungsstrategien etablierter

Kultur (Tradition, Kanonbildung, Mentalität, Habitus, Institutionen, kollektives Gedächtnis etc.), c) der Entstehung und Entwicklung kultureller Neuschöpfungen (Charisma, Charisma und Stigma, „Drama Kultur").
3. Eine Entwicklung von spezifisch auf kultursoziologische Fragestellungen zugeschnittenen, nicht standardisierten Methoden. Im Zentrum stehen dabei hermeneutische und ethnographische Verfahren, die von C. Geertz so etikettierte „Dichte Beschreibung", sowie das innerhalb der Ethnographie und den cultural studies entworfene Konzept der „beobachtenden Teilnahme", die an die Stelle der „teilnehmenden Beobachtung" treten soll.
4. Die Erforschung der Bedeutung kultureller Elemente für die Sozialstrukturanalyse, insbesondere für die Entwicklung neuer, sich nicht nur auf die klassischen Indikatoren (Beruf, Einkommen, Bildungsgrad) beschränkende, sondern auch kulturelle Faktoren (wie Werthaltungen, ästhetische Standards und Lebensstile) einschließende Klassifikationssysteme. An die Stelle klassischer Schichtungsanalysen treten dann in zunehmendem Maße Lebensstil- und Milieuanalysen.
5. Theoretische und empirische Untersuchungen über aktuelle kulturelle Wandlungsprozesse: Ästhetisierung, Musealisierung, Profanisierung, Eventisierung, Monumentalisierung (insbesondere in der Architektur öffentlicher Gebäude), über die zunehmende Erlebnisorientierung und ihre sozialen Ausdrucksformen.
6. Empirische (historische und aktuelle) Studien über die sozialen Formen kultureller Überlieferung und kultureller Vergewisserung – wie beispielsweise über Rituale, Zeremonien, Feste und Feiern, Traditionen, über Ehre und soziale Tugenden.
7. Empirische (historische und aktuelle) Studien über sich im Spannungsfeld von „repräsentativer (Hoch-)Kultur" und sogenannter „Volks- und Alltagskultur" ansiedelnde Teil- oder Gruppenkulturen. Dazu gehören die in den letzten Jahren wieder auflebenden Gemeindestudien. Dazu gehören aber auch Analysen einzelner Lebensstilgruppen, Analysen von Kulturszenen sowohl aus dem Hochkulturbereich (beispielsweise Publikumsanalysen von Musik- und Opernfestspielen) wie auch aus dem Bereich sogenannter Volks-, Sport- und Jugendkultur (Volksmusik-Szenen, Erlebnisparks, Kneipenszenen, Techno-Szene, Motorradszene, Sportkletterer-Szene etc.).
8. Analysen zur religiösen Gegenwartskultur (nur nebenbei sei bemerkt, dass Kultursoziologie religionssoziologische, nicht kirchensoziologische Fragestellungen notwendig einschließt). Besondere Aufmerksamkeit gilt dabei sogenannten Spiritualisierungsprozessen (von der Wiederaufnahme christlicher Mystik bis hin zu esoterischen Praktiken und Lehren), religiösen Syn-

3 Soziologie als Kulturwissenschaft oder Kultursoziologie? 89

kretismen sowie der religiösen Alltagskultur jenseits offizieller kirchlicher Dogmatik.
9. Identifikation und Analyse der sozialen Trägerschaft „neuen kulturellen Sinns". Dazu gehören auf der einen Seite soziale und/oder charismatische Bewegungen, Subkulturen, Jugendkulturen, clubcultures, auf der anderen Seite Gruppierungen, die sich der Revitalisierung verlorengegangen geglaubter Kulturwerte annehmen (fundamentalistische und regionalistische Gruppen).
10. Erforschung von Medien- und Kommunikationskulturen. Das Spektrum solcher Arbeiten ist breit und führt über spezifisch kultursoziologische Fragestellungen hinaus in sprachsoziologisches und mediensoziologisches Terrain. Es reicht von eher theoretisch angeleiteten Arbeiten über das „kommunikative Gedächtnis" über Studien zur Funktion und kulturellen Wirkung moderner Massenmedien bis hin zu Untersuchungen über die Kultur sogenannter virtual communities.
11. Studien zur Kulturpolitik, die versuchen, neben gängigen Entwicklungen (Entgrenzungsprozesse, Demokratisierung, Ökonomisierung durch Kultursponsoring etc.) auch die Handlungs- und Rechtfertigungsstrategien verantwortlicher Kulturmanager und Kulturpolitiker zu erfassen und zu beschreiben."

Fazit und Relevanz für die Kulturpolitik

In der Soziologie ist also ein Kulturbegriff verbreitet, der auf die – symbolisch kommunizierte – Bedeutungsstruktur der Gesellschaft abhebt. Sinndiskurs ist (etwa bei Münch) die zentrale Funktion des Kultursystems, wobei die einzelnen „Kulturmächte" wie Religion, Wissenschaft, Kunst etc. durchaus miteinander um das Deutungsrecht konkurrieren und auch Konjunkturen in ihrer gesellschaftlichen Akzeptanz haben. Die hier thematisierten Fragen sind für Politik insgesamt und speziell für die Kulturpolitik hoch relevant, zumal die Analyse der Kulturpolitik von Gebhardt ausdrücklich als Forschungsthema der Kultursoziologie aufgenommen wird und in Schulze 1992 auch ein interessanter historischer Abriss der Kulturpolitik zu finden ist.

Ich will die Relevanz einer so verstandenen Kultursoziologie für die Kulturpolitik an der aktuellen Debatte über „Leitkultur" verdeutlichen. Natürlich führt dieser Begriff in die falsche Richtung, da er suggeriert, es gäbe einen homogenen Kulturraum, der weitgehend statisch bleibt und in dem man eine dominante „Kultur" festlegen könnte, die dann bloß noch von Generation zu Generation weitergegeben werden muss. Stellt man die Frage anders, nämlich als Frage nach den kulturellen Grundlagen unserer Gesellschaft, dann macht sie nicht nur Sinn: Man kann auch an die zahlreichen selbstreflexiven Untersuchungen anschließen, die – gerade auch von Soziologen – zur Analyse dieses Aspekts unserer Gesellschaft durchgeführt wurden. Immerhin hat man mit Karl Marx und Max Weber gleich zwei der bedeutendsten Köpfe, die sich an dieser Frage – natürlich mit sehr verschiedenem Ergebnis – abgearbeitet haben.

Diese Tradition der Selbstvergewisserung darüber, auf welchen Prinzipien unsere Gesellschaft ruht, ist – wie gesehen – mit der Moderne von Anfang an verbunden: Geschichtliches Denken zum Zweck der Bewusstmachung der kulturellen Basis, der grundlegenden Werte und Ziele ist Teil des Bewusstseins der Moderne. Zu erinnern ist an die großen historischen Entwürfe von David Hume und Adam Ferguson, an Herder und vor allem an Schiller, der sich künstlerisch und im Rahmen seiner Jenaer Professur in Geschichte mit diesen Fragen intensiv auseinander setzte. Quasi als Ertrag unterschiedlichster Ansätze, die nur zum Teil zur Soziologie gehören, stellt Abb. 10 einige dieser Grundlagen dar.

Abbildung 10: Kulturelle Grundlagen der (europäischen) Moderne

unter Verwendung von Texten von R. Münch, R. Wahl, Ch. Taylor, H. Joas, J. Habermas u.a. Es ist zu beachten, dass es bei allen genannten Charakterisierungen sehr verschiedene Verständnisweisen je nach Ort und Zeit gibt.

I.	**Das SUBJEKT und seine Welt: Selbstverhältnisse**
	Selbstbewusstes autonomes Individuum / Person
	Selbstgesteuertes Leben / Lebensführung
	Innerlichkeit
	Tätigkeit (vita activa)
	Selbstverwirklichung
	Bildung
	(autonome) Kunst
	Der moderne Lebensstil
	Hochschätzung des gewöhnlichen Lebens
	Liebesbegründete, individualisierte partnerschaftliche **Familie**
	Arbeitsethos, Leistungsbereitschaft
	Toleranz
	Rationalität
	Solidarität vor Leistung
	Technikskepsis
	Erfahrung der Barbarei

3 Soziologie als Kulturwissenschaft oder Kultursoziologie? 91

II. Das SUBJEKT und seine Welt: Weltverhältnisse
Sozialstaatsprinzip
Abkehr vom Recht des Stärkeren
Vielfalt
Freiheit, Gleichheit, Brüderlichkeit; Friede und Sicherheit
Fortschritte in
- Wissenschaft
- Technik
- Wirtschaft
- Kultur
- Ethik
- Gesellschaft
- Politik; verfassungsmäßige Organisation der Herrschaft

„Kultur" als Idee des Herstellenkönnens; „Machen" – Gestalten

III. Das Subjekt und seine Welt: Raum und Zeit
Messbarkeit
lineare Zeit, gleiche Zeit an verschiedenen Orten
technische Beherrschbarkeit von Raum und Zeit

Doch auch außerhalb dieser eher dramatischen Frage der (harmonischen oder konflikthaften) „Begegnung von Kulturen" ist die Kultursoziologie hochrelevant für Kulturpolitik und Kulturpädagogik. Dies zeigt etwa ein Katalog von identifizierten Entwicklungstendenzen in der Gesellschaft als Teil eines Kulturwandels (und somit als Untersuchungsgegenstände einer Kultursoziologie).

- „die Tendenzen zur Auflösung kultureller Homogenität, die Pluralisierung von Lebensformen und Geschmackskulturen sowie die Individualisierung der Lebensstile;
- die Erosion kultureller Selbstverständlichkeiten im Bereich des Kognitiven, Moralischem und Expressiven;
- die fortschreitende Semantisierung und Ästhetisierung der Lebenswelt;
- die medientechnologisch ermöglichte Beschleunigung der Bildproduktion und –rezeption;
- Die Prozesse einer Visualisierung der alltäglichen Lebensbereiche, die mit dem Bedeutungsverlust von Sprache und Text verbunden sind," (Jung/Müller-Doohm in Kerber/Schmieder 1994, S. 494).

Ich werde noch ausführlicher auf die spezifische Aufgabenstellung der Kulturpolitik zu sprechen kommen. Doch selbst bei einer oberflächlichen Betrachtung dessen, was ein städtisches Kulturamt oder ein Kulturministerium tut, wird man die Relevanz der angegebenen Punkte erkennen. Dies gilt umso mehr, je intensiver man sich Bourdieus Analyse der segmentierenden Wirkung kultureller Angebote zu eigen macht. Wie muss also ein Kulturangebot beschaffen sein angesichts der Auflösung kultureller Homogenität (so es eine solche jemals gegeben hat)? Wo findet sich das Kulturpublikum, welche ästhetischen Präferenzen werden bedient? Wie geht man mit der diagnostizierten Ästhetisierung der Lebenswelt um, die durchaus nicht (nur) als Bereicherung, sondern in Teilen als Entpolitisierung verstanden wird? Trägt man nicht zuletzt zur Ausdehnung der Erlebnisorientierung bei?

Kultursoziologie leistet hier einen Beitrag zur Platzierung kulturpolitischer Angebote, Kultursoziologie hilft sogar dabei, Zielgruppen solcher Angebote maßgenauer zu bestimmen. Wie man zudem mit soziologischen Methoden Beiträge zu einer Verwissenschaftlichung der Kulturpolitik beisteuern kann, wird an anderer Stelle beschrieben.

4 Der Kulturbegriff der Kulturwirtschaft, populäre Kultur und die cultural studies

Kulturwirtschaft

B. Brecht verliert Anfang der dreißiger Jahre trotz gültiger Verträge seinen Prozess (Brecht 1967, Band 3) gegen eine Filmfirma, bei dem es um seine Mitsprache bei der filmischen Umsetzung der Dreigroschenoper geht. Er dokumentiert dies als „soziologisches Lehrstück", das die Überlebtheit der Kategorien der idealistischen Ästhetik mit ihrem „Autonomie"-Begriff in einem warenförmig organisierten Kunstbetrieb belegen soll.

Dies gibt die Interpretationsfolie für die Vertreter der Frankfurter Schule vor: Walter Benjamin (1963) untersucht die Relevanz autonomie-ästhetischer Kategorien angesichts der „technischen Reproduzierbarkeit" von Kunstwerken (in Fotografie und Film) und stellt fest, dass zwar die „Aura", die mit der Einmaligkeit und der besonderen Inszenierung des Werkes als Kunstwerk verbunden ist, verloren geht, sieht aber hierin durchaus einen Akt der Entmythologisierung und Demokratisierung. Dies gilt nicht mehr für Horkheimer/Adorno (1971), deren überaus kulturpessimistische Deutung der „Kulturindustrie", die sie unter dem Motto „Aufklärung als Massenbetrug" diskutieren, über Jahrzehnte die kulturpolitische Diskussion entscheidend prägt.

Die „Warenästhetik" als raffinierte Nutzung ästhetischer Mittel zur Steigerung des Umsatzes (Haug 1980), die Ästhetisierung des Staates als schöne Inzenierung von Inhalten, die man lieber unter sich ausmachte, der skeptische Blick auf eine populäre (= verbreitete) Kultur, die man schon aufgrund ihrer Entstehung und Verbreitung nicht anders als in Kategorien des Marktes begreifen kann und will, der Kunstmarkt (Wyrwoll 1992), der Literaturmarkt (Winckler 1973), der Medienmarkt (Merten u.a. 1994): all diese Bereiche und Begriffe erhalten durch die Brille der Frankfurter Schule sofort eine negative Konnotation.

Es kann sein, dass diese Perspektive lange Zeit den Blick in der politischen Diskussion auf die Vielfalt der Beziehungen und Verquickungen von Kultur und Wirtschaft so geprägt hat, dass diese nur begrenzt zumindest als Rahmenbedingung, wenn nicht gar als Gegenstand der Kulturpolitik wahrgenommen werden konnte.

So wurden erst in der zweiten Hälfte der achtziger Jahre derartige Fragen zu öffentlich diskutierten kulturpolitisch relevanten Themen, und dies in zweifacher Perspektive:

- die Sensibilisierung für die volkswirtschaftliche Bedeutung von Kultur als Blick auf das Ganze,
- die wachsende Rolle eines geeigneten „Kulturmanagements" als Blick auf den einzelnen Kulturbetrieb oder die einzelne Veranstaltung (vgl. etwa Rauhe/Demmer 1994).

Erst jetzt gelingt auf breiter Basis der Anschluss an Diskurse, die in anderen Ländern – vor allem solchen, die eher vom Markt als etatistisch geprägt sind – eine lange Tradition haben (etwa rund um „Cultural Economics"). Erst jetzt gerät in den Blick, wie sehr auch die spezialisierte Produktion der „Ware Kultur" ein umsatzträchtiger und beschäftigungsintensiver Wirtschaftszweig ist und welche Rolle ein professionelles Management hier spielt. „Kultur" und „Wirtschaft" bilden seither weniger eine „unheilige Allianz", auch wenn es nach wie vor lohnt, ihren Zusammenhang kritisch unter die Lupe zu nehmen.

Die folgenden Facetten, von denen ich einige noch ausführlicher diskutiere, kann man in diesem Beziehungsgeflecht unterscheiden:

1. Bereits in dem soziologischen System von Parsons/Münch sind „Kultur" und „Markt" zwei gesellschaftliche Subsysteme mit intensiven Beziehungen („Interpenetrationen"), die jedoch mit verschiedenen Codes, Denkweisen und Logiken funktionieren. Es ist deshalb sinnvoll, sowohl nach kulturellen Grundlagen der Wirtschaft als auch nach den wirtschaftlichen Grundlagen der Kultur zu fragen. „Kultur als Arbeit", die Beziehung von Arbeitswelt und Kultur ist eine wichtige Facette dieses Themas.
2. Eine Variante oder sogar Zuspitzung dieser Frage besteht darin, darüber nachzudenken, was „Wirtschaft als Kultur" und was „Kultur als Wirtschaft" bedeuten könnten (zum ersteren Baecker 2000 und Abelshauser 2003).
3. Was Horkheimer/Adorno (1971) kritisch „Kulturindustrie" genannt haben, kann man auch mit dem neutralen Begriff der „Kulturwirtschaft" bezeichnen: Was erfasst dieser Begriff in Quantität und Qualität? Nach welchen Prinzipien und Regeln verfährt dieser Bereich? Welche Beziehungen ergeben sich zu öffentlich geförderten Kulturangeboten? Was ist seine immanente „Kulturpolitik"?
4. Die massenhafte Herstellung von Produkten, die bereits terminologisch widerständig in einer kulturpolitischen Sprache sind („Massenkultur", „Kommerzkultur", „Populäre Kultur", „Kulturwaren"), lässt die Frage nach den Beziehungen zwischen Politik, Markt und Kultur, zwischen Arbeit und Freizeit stellen, also die Frage danach, ob es sich hier um eine ideologische Zurichtung für „das System" handelt oder ob sich auch hier – manche sagen: gerade hier – besondere Möglichkeiten der autonomen Lebensgestal-

4 Der Kulturbegriff der Kulturwirtschaft

tung ergeben, also als Frage danach, ob „Affirmation" oder „Emanzipation" stattfinden. Und dies ist offensichtlich eine kulturpolitisch höchst relevante Frage (zur empirischen Darstellung des Feldes siehe Hügel 2003).

5. Eine spezielle Variante der „Kulturindustrie" ist die „Bewusstseinsindustrie": die Rolle der Massenmedien.
6. Ergibt sich möglicherweise eine „Kulturpolitik" in diesem weiten Beziehungsfeld Kultur/ Wirtschaft in großen Teilen eher zufällig, implizit oder aus der Logik des Marktes heraus, so lassen sich jedoch auch in diesem Feld bewusste kulturpolitische Akteure ausmachen, die konzeptionelle Vorstellungen entwickeln. Die Gewerkschaften sind hier ebenso zu nennen wie Wirtschaftsverbände, die zum Teil spezialisierte Kunst- und Kultur(politik)- Abteilungen oder -Institute unterhalten (vgl. Fuchs 1998, Kulturpolitik Kap. 9).

Ein erstes Fazit kann bereits aus diesem Überblick gezogen werden: Keine Kulturpolitik kann es sich offensichtlich leisten, die hier thematisierten Sachverhalte, Entwicklungen und Konzepte nicht zu berücksichtigen. Mag sein – und dies ist sogar wahrscheinlich –, dass sich dieser Bereich nicht genauso „steuern" lässt, wie dies bei dem öffentlichen Kulturangebot einer Kommune noch der Fall ist: In jedem Fall muss sich jedoch eine reflektierte Kulturpolitik in Beziehung setzen zu dem, was in einem großen Umfang die Lebenswirklichkeit aller Menschen prägt. Und: dies gilt auf alle Fälle im Horizont der Beziehung „Kultur/ Wirtschaft", die somit ganz entscheidend Produzent und Austragungsort von Ambivalenzen der Moderne ist.

Nach wie vor gibt die folgende Graphik aus den neunziger Jahren (Abb. 11) gängige und immer noch funktionierende Argumente für eine öffentliche Kulturpolitik in der Stadt wieder.

Populäre Kultur zwischen Kulturindustrie und Alltagsleben

Alle drei in der Überschrift verwendeten Begriffe sind überaus schillernd, sind sowohl nüchterne fachwissenschaftliche als auch alltagssprachliche Begriffe und zum Teil sehr stark ideologisch vorbelastet. Selbst der harmlos klingende „Alltag" wurde als neues Paradigma der Geschichts- und Kulturwissenschaften (als Gegensatz zu den „Haupt- und Staatsaktionen" der bisherigen Geschichtsschreibung) genutzt, im politischen Konzept der Alltagskultur von der Neuen Kulturpolitik (als Teil der Soziokultur) entdeckt und war schließlich Zentrum des Streits um den „richtigen" Alltagsbegriff (politisch und wissenschaftlich), etwa in der Auseinandersetzung um die umfangreiche marxistische „Geschichte des Alltags des deutschen Volkes" von Jürgen Kuczynski (1980 f.).

Abbildung 11: Kultur in der Stadt

Quelle: Ebert/Grund/Kunzmann 1992, S. 11

Bezieht man den „Alltag" dann auch noch auf das „Volk", mit dem sich v.a. die früher so genannte „Volkskunde" (die sich heute lieber Kulturanthropologie

4 Der Kulturbegriff der Kulturwirtschaft

nennt) befasste, dann hat man sich gerade in Deutschland einen weiteren stark aufgeladenen Begriff aufgehalst – auch wenn v. Dülmen/Schindler (1984) unter dem Begriff „Volkskultur" die „Wiederentdeckung des vergessenen Alltags" feiern konnten und in ihrem Text die „kleinen Leute" – natürlich mit Anführungszeichen – auftauchen. Bei Kaspar Maase (1992) sind es dann die „einfachen Leute" – ebenfalls mit Anführungszeichen. Offenbar ist es einfacher, über die feinen Leute ohne Anführungszeichen wie Th. Veblen (1971) zu schreiben. Eine wichtige Rolle im Studium der Kultur der einfachen Leute spielen Engländer wie R. Williams, Stuart Hall oder Paul Willis rund um das Birminghamer Centre for Contemporary Cultural Studies (CCCS), die die Aufmerksamkeit für „common culture" und für „popular culture" auch nach Deutschland (West) gebracht haben.

Bleiben wir bei der Sprach- als Ideologie-Kritik, dann ist der Weg von der „Volkskultur" zum Vulgären nicht weit: die lateinische Volksmasse „vulgus" ist nämlich genau so weit vom deutschen „Vulgären" entfernt, wie es das französische „peuble", das als vierter Stand schon einmal die Macht errungen hat, vom deutschen „Pöbel" ist. Und vor diesem warnt sogar unser oberster Freiheitsdichter Friedrich Schiller, für den die Französische Revolution Anlass und Auslöser für seine ästhetische-politische Reform-Utopie war: „Den Sklaven, wenn er die Ketten bricht", so dichtet er, „den freien Menschen, den fürchtet nicht." (vgl. v.a. Schiller 1959).

„Vulgär" ist vor allem die amerikanische Populärkultur, die sich zuerst die proletarischen Jugendlichen aneigneten und die dadurch ein neues Kapitel in der berühmten „Schmutz und Schund"-Diskussion aufschlugen.

Einige Begriffserklärungen

„Volkskultur", so Bausinger, ist ein „Sammelbegriff für alle Muster, in denen untere soziale Schichten sich ausdrücken. Er umfasst alle Formen, in denen und mit denen sie ihre symbolische Welt schaffen." (Nach Maase 1992, S. 16).

„Populär" meint zunächst einmal das, was weit verbreitet ist und somit als Trägergruppe diejenigen hat, die offenbar auch K. Maase nur negativ definieren kann: als diejenigen, die nicht zu den Bildungsschichten gehören, die nicht zu den „formalen Trägern von Staat, Wirtschaft, Kultur und Religion gehörten", und um die ideologisch problematische Bedeutung zum Volksbegriff zu vermeiden, nennt er dies dann „popular". Klar ist: Es geht um die „einfachen Leute". Problematisch ist auch ein weiterer Begriff: Sinn machen die bislang vorgestellten Konzepte nur im Hinblick auf die vielen, die sie übernehmen, also die „Masse". „Massenmedien" ertragen wir noch sprachlich. Aber die „Massen" als Träger von „Kultur" sind sprachlich schon sehr problematisch. Es tut sich sofort eine semantische Zange auf: Auf der einen Seite lauern die Kommunisten, die immer schon behauptet haben, die Massen zu organisieren in deren eigenem Interesse. Auf der anderen Seite machen die „Volksmassen" ihre Fackelzüge, um die Braun- und Schwarzhemden an die Macht zu bekommen. Und dazwischen rümpft Ortega y Gasset (Aufstand der Massen) die Nase sehr elitär über Massen, die ihm aufmüpfig seine kontemplative Ruhe nehmen.

Aber woher kann in der heutigen Zeit noch eine „Masse" kommen, wo doch alle individualisiert und pluralisiert sind und sich deshalb auch nicht zu einer einheitlichen und amorphen Masse zusammenschließen?

Das „Populäre" ist plötzlich also nicht mehr bloß beliebt und verbreitet, sondern auch gleich ein Machtmittel, das kulturell die wenigen, die oben sind, vor den vielen da unten schützen soll: Es wird zu einem Begriff des „ideologischen Klassenkampfes" – zumindest in historischer Perspektive (so Maase 1992; siehe auch Hügel 2003).

Und was sagen die englischen Kulturforscher hierzu? Sie sagen natürlich zunächst etwas auf Englisch – und stürzen die deutschen Übersetzer in Verzweiflung, weil diese den ganzen ideologischen Begriffsballast mitdenken müssen. Das Buch „Common Culture" von Paul Willis (1991) taucht auf dem deutschen Markt als „Jugend-Stile" auf, als Abhandlung über die „Ästhetik der gemeinsamen Kultur", und dort gibt es dann auch noch die „profane culture".

Zu den Begriffen

„Common culture" (gemeinsame Kultur) thematisiert nach K. Maase die Perspektive der Kritik an einer Gesellschaft, die die Bedeutungen und Werte ganzer Gruppen absichtlich unterdrückt (Maase (o.J.), S. 333). Sie erfasst also in ihrer Extension die verbreitete Massenkultur, allerdings nicht wertfrei-feststellend, sondern im Hinblick auf einen Anspruch auf Legitimität des Gewöhnlichen (ebd.).

Die „popular culture" überschneidet sich in ihrem Gegenstandsbereich mit der common culture, wehrt sich jedoch gegen eine Vereinnahmung durch die Kulturindustrie, sondern erfasst (bei Willis 1991) die „kreative Praxis des semiotischen Widerstandes gegen einen herrschenden Machtblock."

„Popular culture" ist also die Gegenkultur gegen eine Hochkultur, die als einzige Legitimität beansprucht.

Ich weiß nicht, ob sich diese Bedeutungsvarianten durch das Spiel mit ä-Punkten bei Populär/Popular verständlich abgrenzen lassen, so wie es Maase vorschlägt.

4 Der Kulturbegriff der Kulturwirtschaft

Wichtig erscheinen mir jedoch die Merkmale von:

- weiter Verbreitung und dadurch bekundeter Akzeptanz durch viele Menschen,
- die (Bourdieusche) Berücksichtigung kultureller Präferenzen bei politischen Machtspielen und sozialen Zuordnungen,
- die Dimension eines kreativen Umgangs mit Symbolen, unabhängig davon, wie diese bereitgestellt werden (also unabhängig davon, ob es kommerzielle oder nichtkommerzielle Produkte sind).

Das Problem hierbei besteht darin, dass die soziokulturelle, die politische, die sozialintegrative und die persönlichkeitsfördernde Funktion und Wirkung von Symbolen sich ständig vermischen. So kommen Maase und Willis in ihrem soziologischen Blick auf den sozialen Gebrauch (mit dem Zweck der politischen Dominierung von bestimmten Bevölkerungsteilen durch andere) immer wieder zu einer Rehabilitierung der Populären Kultur gegen eine Hochkultur, wobei sie ihre Argumente gerade nicht in der ästhetischen Qualität, sondern im sozialen Gebrauch dieser Symbole finden.

Es mag verwundern, dass dieser Abschnitt nicht mit einer euphorischen oder einer pessimistischen Bestandsaufnahme über den überwältigenden Nutzungsgrad von populären (kommerziellen) Kulturformen, sondern mit Begriffsarbeit beginnt.

Dieser Verzicht auf eine ausführliche Darstellung der empirischen Daten zur Verbreitung kommerzieller Kulturprodukte hat einen Grund darin, dass es m. E. für niemanden eine Neuigkeit darstellt, noch einmal zu lesen, wie umfangreich die Medienausstattungen der Haushalte und wie hoch im jeweiligen Zeitbudget in den Freizeitaktivitäten der Deutschen Mediennutzung und kulturelle Aktivitäten – vor allem im Hinblick auf populäre Kulturangebote – sind.

Mit dem Kontrast zwischen der enormen Zahl der Nutzung kommerzieller Produkte zur geringen Nutzung von Hochkulturangeboten beginnt auch Willis seine Studie.

Diese Zahlen dürften so wenig überraschen wie die zweistelligen Milliardenumsätze der Freizeitparks, die Millionenzahl von Besuchern an Sportveranstaltungen. Überrascht mag man vielleicht darüber sein, dass 12 Millionen Kinder und Jugendliche trotzdem noch kulturelle Angebote nutzen, wie sie im Kontext der Mitgliedsverbände der Bundesvereinigung kulturelle Jugendbildung realisiert werden, so dass sich als wichtiges Ergebnis ein Resultat der Jugend(kultur)forschung aufdrängt: Jeder Mensch, vor allem jeder Jugendliche nutzt offenbar viele verschiedene Angebote, und diese in der Regel ohne Probleme nebeneinander. Da jedoch all dies sich mit unseren Alltagserfahrungen deckt, scheinen mir in der Tat die Resultate beziehungsweise die theoretischen Vorschläge von Maase und Willis interessanter zu sein, weil sie entscheidend Einfluss darauf haben können, wie diese überwältigende Präsenz von kulturindustriell hergestellten und/oder warenästhetisch geformten Produkten und Prozessen zu bewerten ist (vgl. als derzeit aktuellste Studie Zentrum für Kulturforschung 2006).

Die entscheidende kulturpolitische Frage ist nicht, dass es einen kommerziellen Umgang mit Kultur gibt, der zudem nicht nur den populären Bereich, sondern der auch ganz entscheidend hochkulturelle Produkte (Festivals, CDs, Filme; natürlich auch die gewerblich betriebene Kunstvermittlung) erfasst. Entscheidend ist vielmehr, wie sich diese marktförmige Prägung von Kultur und Kunst gesellschaftlich und individuell auswirkt.

Auf der einen Seite steht die kulturpessimistische Sicht von Horkheimer/ Adorno (1971), die die Kulturindustrie nur in Kategorien der Manipulation, des bewusst hergestellten Verlustes von Wirklichkeit (ebd., S.12ff.), von gezielter Veränderung von Wahrnehmungsformen im Interesse des Profits, von Verkümmerung der Phantasie als Versöhnung mit dem schlechten Allgemeinen der gesellschaftlichen kapitalistischen Realität begreifen kann (ebd., S.117). Alles wird Amusement, wobei der Kunde auch noch kräftig betrogen wird: Denn stets werden Versprechungen und Lockungen der (Kultur-)Waren nicht eingehalten, werden also frustriert (ebd., S. 125). Im Warentauschbetrieb verliert Kultur das ihr eigene: sie verschmilzt mit Reklame (ebd., S. 145), so dass das letzte Ziel der Aufklärung, nämlich Autonomie, ins Absurde geführt wird. Individualität ist nicht mehr Selbstbestimmung, sondern lediglich Anpassung an vorgegebene (Werbe-)Standards, ist also nur noch Freiheit von Achselschweiß und weiße Zähne (ebd., S. 150).

W.F. Haug hat in dieser Richtung insofern weiter gearbeitet, als er die Gestaltung aller kommerziellen Produkte im Hinblick auf den Zusammenhang der Ästhetik der Gestaltung mit der Funktion, den Verkauf zu fördern, untersucht (Haug 1980). „Warenästhetik" ist sein Schlüsselbegriff, unter dem er die Oberflächenqualität der Waren im Hinblick darauf zum Gegenstand seiner Betrachtungen macht, wie diese dem potentiellen Käufer überzeugend ein „Gebrauchswertversprechen" vermittelt, ihn also davon überzeugt, dass er als Kunde genau diese Ware benötigt für eine Aufgabe, die ihm vielleicht ebenfalls gerade erst einsichtig geworden ist, wobei das zu kaufende Produkt diese Aufgabe zu lösen verspricht.

Und genau dies wird auch zum zentralen Gegenstand der Untersuchungen von Willis und Maase: wie die kommerziell gelieferten symbolisch-ästhetischen Materialien genutzt werden, von wem sie genutzt werden und welche Wirkungen diese Nutzung für sie selber und für die Gesellschaft hat.

4 Der Kulturbegriff der Kulturwirtschaft

Maase untersucht dies am Beispiel von Rock 'n Roll und der Jugendzeitschrift BRAVO. Er zeigt, welche ideologische Funktion die Rede von „Schund" und die Absetzung von dem „Vulgären" der USA hatte. Er zeigt aber auch, dass in den fünfziger und sechziger Jahren kommerzielle jugendkulturindustrielle Produkte nicht bloß nicht die oft kulturpessimistisch beschworenen Verdummungseffekte hatten, sondern sogar aufgrund der von ihnen angeregten Prozesse der Informalisierung, des Aufbrechens von kulturellen Klassenschranken, ein großes Demokratisierungspotential entfalteten: Erstmals gewannen eher proletarische kulturelle Ausdrucksformen, die sich mit den genannten Medien verbanden, eine kulturelle Hegemonie in r gesamten Gesellschaft und trugen so erheblich zur demokratischen Modernisierung des Adenauer-Deutschlands bei.

Noch näher an der individuellen Praxis ästhetisch-kulturellen Verhaltens ist Paul Willis (1991). Er kommt zu dem Ergebnis, dass Kulturwaren zwar auch Waren sind, also den Tauschwertgesetzen unterliegen, aber durch ihre Eigentümlichkeit besondere Handlungsmöglichkeiten eröffnen. Ihre Besonderheit besteht nämlich darin, dass sie symbolische Objekte sind, durch Gebrauch also nicht zerstört werden, die bei ihrer Konsumtion zudem geistige Arbeit erfordern, so dass ihr Gebrauchswert ihren Tauschwertcharakter weit überflügelt. Dieser Gebrauch unterstützt eigenwillige und kreative Umgangsformen und führt dadurch sogar dazu, quasi subversiv gesellschaftliche Einschränkungen zu sprengen. Pädagogik hat in dieser Konzeption nicht bloß eine Chance, sondern sogar eine zutiefst humane Aufgabe. Allerdings muss es eine andere Pädagogik sein:

„Wir brauchen einen insgesamt neuen Zugang in der Erziehung. Geben wir dem Teufel der Arbeit, was ihm zukommt, verehren wir, soweit nötig, die Göttin Technologie – warum aber nicht den Rest menschlicher Lebenszeit für einen möglichst umfassenden imaginativen Austausch und zu sinnlichen Zwecken verwenden? Erziehung und Ausbildung sollten sich wieder auf das umfassendere Feld der Kultur und ihrer Möglichkeiten begeben, im Interesse einer vollen Entwicklung der menschlichen Fähigkeiten, dieses Mal jedoch nicht unter Führung der elitären, sondern der gemeinsamen Kultur." (Willis 1991).

Eine letzte Studie setzt sich mit dem harten Kern einer bildungsbürgerlichen Ablehnung der populären Kultur als profaner Kultur auseinander: ihrer ästhetischen Qualität. R. Shusterman (1994), Anhänger von J. Dewey, zeigt in minutiösen Studien, dass die von ihm untersuchten populären Produkte – es handelt sich um Rap-Stücke – vollständig den Kriterien der auf die Hochkultur bezogenen Ästhetik genügen, also auch die so gerne geführte Qualitätsdebatte durchaus überstehen können.

Die knappen Hinweise auf die Notwendigkeit einer erneuten Aufnahme der Debatte um die Kulturindustrie als einer wichtigen Rahmenbedingung eines kulturpolitischen und pädagogischen Umgangs mit den populären Künsten sollen zu dieser Auseinandersetzung ermutigen und auch bereits einige gute Argumente an die Hand geben. Allerdings: weder ist fachlich noch politisch dadurch der Streit entschieden, ob das Pendel eher in die Richtung der Emanzipation oder der Affirmation ausschlägt.

Auch hierzu einige Hinweise:

- Die Untersuchungen von Willis und Shusterman sind ausgezeichnete Vorarbeiten für eine theorie-gesättigte Empirie. Diese allerdings ist noch sorgfältig zu erarbeiten, und so lange müssen die optimistischen Aussagen noch als bloße Hypothesen gelten.
- Die Arbeit von Shusterman krankt zudem an dem Problem, dass zwar in den Kategorien einer auf Hochkultur bezogenen Ästhetik die untersuchten Werke nicht zurückstehen müssen. Die entscheidende Frage hat er jedoch – zum Nachteil der politischen Qualität gerade der US-amerikanischen Subkultur, aus der seine Studienobjekte stammen – bereits entschieden: Dass nämlich die Hochkultur die Maßstäbe setzt, an denen sich populäre Kultur zu bewähren hat.

Damit bin ich auch bei einem bislang aus meiner Sicht ungelösten Widerspruch: Dem Gegensatz zwischen Ergebnissen kultursoziologischer Studien etwa von Pierre Bourdieu und den deutschen Adepten des (soziologischen) Lebensstilansatzes, dass alle kulturellen Praxen und Angebote in ihrem sozialen Gebrauch stets dazu führen, nun auch noch kulturell soziale Ungleichheit zu stützen, sich also hinter dem Rücken der Beteiligten an einem pädagogischen Umgang mit populärer Kultur trotz seiner erwiesenen individuellen Emanzipationswirkungen gesamtgesellschaftlich doch alles beim alten bleibt.

Cultural Studies

Die cultural studies sind inzwischen – nicht nur in Deutschland – als akzeptierte Familienmitglieder in den Reihen der Kulturwissenschaften angekommen. Eine historische Quelle waren die oben beschriebenen Kultur- und Medienstudien in Birmingham. Von der Regierung von M. Thatcher wenig geschätzt, zerstreute sich das Birminghamer Institut in alle Welt, um dann mit einflussreichen Zweigen und Niederlassungen in Australien und den USA machtvoll erneut in Erscheinung zu treten. Allerdings gibt es immer noch Widerstände. „Legen Sie dieses abendländische Wissen" – so Kittler (2001, S. 248 f.), der die traditionelle Kulturtheorie und -geschichte meint, so wie sie auch hier dargestellt wird –

4 Der Kulturbegriff der Kulturwirtschaft

„nicht weg, nur weil irgendwelche Professoren aus New York oder sonst wo es gerade zu ebenso griffigen wie verkäuflichen Reader's Digests eingedampft haben". Und weiter: „Besagte Cultural Studies ... ersetzen dagegen Kultur durch Alltäglichkeit und Herders Völker durch Minoritäten...".

Die Herausgeber des Essener Kulturwissenschaftlichen Handbuchs sind hier weniger empfindlich und nehmen eine Darstellung der Cultural Studies gleichberechtigt neben eingeführten kulturwissenschaftlichen Disziplinen auf (Bd. 2, Beitrag von Heidrun Friese). Dies gilt auch für andere Handbücher. Richtig an den bissigen Hinweisen von Kittler ist die Konzentration der Cultural Studies auf den Alltag, auf populäre Kulturen und das Medienverhalten. Die Grenzen zwischen U und E, zwischen Alltagskultur und Hochkultur verwischen. Theoretisch gibt es kaum eine einheitliche Ausrichtung. Eher ist ein Bemühen erkennbar, nur nicht den Mainstream der etablierten Kultursoziologie zu nutzen. Englischsprachige Grundlagentexte liegen inzwischen aufgrund einer fleißigen Herausgebertätigkeit ebenso vor wie deutsche Forschungsberichte: Die Szene hat sich etabliert. So wird einem prominenten Vertreter der Cultural Studies in Deutschland, nämlich R. Winter, auch die Aufgabe anvertraut, in dem Sammelband über Konzepte der Kulturwissenschaften (Nünning/Nünning 2003) die Darstellung der (Konzepte der) Kultursoziologie zu übernehmen. Quasi als Pendant zu dem Überblick über die Kultursoziologie von W. Gebhardt (s. o., und Kap.4) beschreibt Winter (a.a.O.) die Genese und Themen der Kultursoziologie aus seiner Sicht, allerdings mit weitgehender Übereinstimmung zu Gebhardt und hebt besonders die Themen (die eben speziell Themen der Cultural Studies sind) hervor:

- Kultur und Macht
- Kultur und Konsum
- Kultur und Erlebnis
- Kultur und Kommunikation
- Kultur und Globalisierung.

Postcolonial Studies

Durchaus mit einer eigenen Traditionslinie, aber inzwischen mit vielen Querverbindungen zu den Cultural Studies entstanden vor allem in angelsächsischen Ländern die Postcolonial Studies. Wie wirksam diese sind, konnte man bei der documenta XI sehen, für deren Kuratoren postcoloniale Theorieansätze leitend waren.

Das wichtigste Buch in diesem Kontext stammt von dem Palästinenser Edward Said („Orientalism", 1978). Dort zeigt er, dass und wie aus einer europäischen Sichtweise der „Orient" von Künstlern und Wissenschaftlern konstruiert wurde. Inzwischen gibt es eine ganze Reihe von Wissenschaftlern und Schriftstellern aus den ehemaligen (meist englischen, aber auch französischen und anderen) Kolonien, die sich mit der Frage ihrer kulturellen Identität und deren Konstruktionsprozessen – meist in machtbezogenem Interesse – befassen. Inzwischen gibt es auch eine erste deutschsprachige Einführung (do Mar Castro Verela/Dhansan 2005), in der Geschichte, Theoriekontexte und prominente Vertreter (neben Said vor allem Homi Bhabha und Gayatri Spivak) vorgestellt werden.

Interessanterweise gibt es als jüngsten Entwicklungsansatz einen „Okzidentalismus", der umgekehrt aufzeigt, welche Bilder des Westens wiederum aus afrikanischer, asiatischer oder süd-amerikanischer Sicht konstruiert werden (etwa von dem israelischen Philosophen A. Margalit).

Jenseits von eher theoretischen oder wissenschaftspolitischen Debatten um das kulturelle Deutungsrecht sind all diese Ansätze zunehmend wichtig im Hinblick auf die „Begegnung von Kulturen" und die Erarbeitung eines neuen Respekts voreinander.

5 Der Kulturdiskurs der Ethnologie

Die (frühere) Volks- und Völkerkunde und die heutige Kulturanthropologie und Ethnologie können kaum anders als von einem denkbar weiten Kulturbegriff auszugehen. Es geht um eine möglichst unvoreingenommene Erfassung der Lebensweise von Gruppen von Menschen, wobei immer wieder beide Wissenschaften über diesen Anspruch an Unvoreingenommenheit stolpern. Immer wieder geraten beide Disziplinen an dieser Stelle in Grundlagenkrisen, da – aus eigenen Reihen – infrage gestellt wird, man könne Lebensweisen und Kulturen überhaupt darstellen. Die „Krise der Repräsentation" ist seit einigen Jahren das zentrale wissenschaftstheoretische und -politische Thema. Offensichtlich hängt diese Frage der Darstellbarkeit damit zusammen, was eigentlich dargestellt werden soll.

„Lebensweise" ist als möglicher Gegenstand genannt worden. Doch was gehört alles dazu? Die gegenständliche Seite scheint noch am leichtesten beschreibbar zu sein, wenn es nicht jene schon häufiger zitierte Definition von Weber gäbe, dass es der Kulturanalyse nicht primär um Dinge und Sachen geht, sondern nur insofern diese Träger von Sinn und Bedeutung sind. Doch wie entschlüsselt man Sinn und Bedeutung? Ein Teil der Bedeutung von Sachen zeigt sich im Gebrauch. Neben der Dingwelt ist also der Umgang mit diesen Dingen, sind also die „kulturellen" Praktiken relevant. Die ganz allgemeine Frage lautet also: Wie geschieht (Über-)Leben?

Nun handeln Menschen nicht immer mit Dingen und Sachen, sie agieren auch miteinander. Lassen sich in diesen alltäglichen sozialen Handlungen Muster erkennen? Wer regelt diese? Gibt es Orientierungen an bestimmten gemeinsamen Werten und Normen? Wo kommen diese her? Hier ist sie also, die „Lebensweise", ganz so, wie sie die Ethnologen des 19. Jahrhunderts (und die Vordenker im 18. Jahrhundert, ja sogar die frühen antiken Historiker und Beschreiber anderer oder eigener Sitten und Gebräuche wie Tacitus oder Herodot) in den Blick nahmen: Kultur ist die „Summe aller Lebensäußerungen eines Volkes", so lautet die klassische Definition des Ethnologen Edward B. Tylor, und: „Kultur kann man ungefähr zusammenfassen als jenen Komplex von Werten, Sitten und Gebräuchen, Überzeugungen und Praktiken, die die Lebensweise einer bestimmten Gruppe ausmachen", so der britische Kultur- und Literaturtheoretiker Terry Eagleton in einem aktuellen Buch (Eagleton 2001, S. 51). Und da die Ethnologie – trotz des vergeblichen Versuches, wegen des Verdachtes auf Eurozentrismus die Verabschiedung der Allgemeinen Erklärung der Menschenrechte im Jahre

1948 zu verhindern – immer eine große Rolle in der UNESCO gespielt hat, wundert es nicht, wenn hier ganz ähnlich „Culture" als „the total and distinctive way of life of people or society" aufgefasst wird. Die Ethnologen haben ihn also vorgelegt, und dann war es fast in jeder anderen Disziplin eine kleine Revolution, diesen weiten (ethnologischen) Kulturbegriff übernommen zu haben. So steht der Brite Terry Eagleton natürlich in der (auch fachlichen) Tradition seines älteren Zunftkollegen, des Literaturwissenschaftlers Raymond Williams, der „Culture" als „way of life" propagiert hat. Die Kultur- und Medienforschung, vor allem die Jugendkulturforschung hat dies – etwa im Birmingham Centre of Contemporary Cultural Studies (CCCS) – gerne übernommen und frühe und bahnbrechende Studien zu den Jugendkulturen und der Rolle der populären Kultur erarbeitet – quasi als Ethnologie der eigenen Gesellschaft (s.o. „Cultural Studies").

Neben der Kulturphilosophie hat also auch die Ethnologie eine besondere Bedeutung für den gesamten Kulturdiskurs in allen Disziplinen. Zurecht beziehen sich die Soziologen Soeffner und Raab (in Jaeger/Straub 2004) daher immer wieder in ihrem (soziologischen) Beitrag auf Ethnologen: Adolf Friedrich und Edward Tylor, Benedict und und und. Denn in der Tat wurde hier der Methodenstreit am fruchtbarsten geführt. Zurecht weisen die genannten Autoren auf die „Entdeckung" der symbolischen Ebene der Lebensweise hin – unter Verweis auf Cassirer, White und Levi-Strauss als Vorläufer –, so wie sie dann im „symbolischen Anthropologismus" von Geertz für Generationen von Kulturtheoretikern aller Disziplinen festgelegt wurde: Kultur ist das selbstgesponnene Netz von Bedeutungen.

Aber es gibt auch die Kulturmaterialisten, die der gegenständlichen Welt den Vorrang geben (aber natürlich nicht die Symbolwelt vernachlässigen; dies gilt auch für die Geschichtswissenschaft: Seibt 2005).

Die Ethnologie ist also reich an Streitigkeiten, weil sie reich an Ansätzen und Theorien ist. Die Ethnologie befasste sich bereits mit Festen und Alltag, als diese noch keine (Mode)-Themen in der Geschichtswissenschaft oder in der Soziologie waren. Die Ethnologie würdigte die kulturtheoretischen Leistungen von Herder bis zu Cassirer, als die Philosophie den letztgenannten noch immer links liegen ließ. Schon früh gab es Übersichten über Ansätze und Theorien, die auch von anderen genutzt wurden. Zu erinnern ist etwa an die inzwischen schon legendäre Sammlung von 164 Definitionen von Kultur und weiteren über 100 relevanten Aussagen und Zitaten von Alfred L. Kroeber und Clyde Kluckhohn (Culture. A Critical Review of Concepts and Definitions. New York 1952/1963), bis heute eine relevante Referenz für alle, die sich mit Kulturtheorie befassen. Einen Wert hat bereits das Inhaltsverzeichnis dieses Werkes, da es eine durchdachte Typologie von Kulturtheorien enthält: Nach einem ersten historischen Teil (Civilisation oder Culture, Kant und Hegel bis hin zu Fèbvre) folgt ein sys-

5 Der Kulturdiskurs der Ethnologie

tematisches Kapitel mit sieben Großgruppen: Deskriptive Kulturbegriffe; historische, normative, psychologische, strukturelle, genetische und unvollständige Definitionen, alles dann auch noch präzise ausgewertet im Hinblick auf die Häufigkeit in bestimmten Zeitabschnitten und die disziplinäre Zuordnung der Urheber. Es folgt ein weiteres Kapitel mit Statements, die sich befassen mit: der Natur von Kultur, den Komponenten, besonderen Eigenschaften, mit Kultur und Psychologie, mit Kultur und Sprache und dem Verhältnis Kultur/Gesellschaft/Artefakte.

Gut 50 Jahre später bilanziert Werner Schiffauer in seinem Handbuchartikel (in Jaeger/Straub 2004) die Entwicklung der Ethnologie. Er spricht von einer „stürmischen Entwicklung nach dem cultural turn" in den sechziger Jahren, der verbunden war mit einer Verschiebung des Untersuchungsgegenstandes von „primitiven Kulturen" in eine „umfassende Anthropologie", die gleichermaßen europäische und außereuropäische Länder und Völker erfasse und eng verbunden war mit der Entdeckung der Relevanz der symbolischen Ordnungen und Sinnwelten. Er unterscheidet die folgenden Etappen:

Phase 1: Zerfall der klassischen Paradigmen.
Umbrüche der Weltgesellschaft durch das Ende der Kolonien, Überwindung der großen Trennung von europäischen und außereuropäischen Kulturen, Konstituierung der Ethnologie als Kulturanthropologie, Relevanz hermeneutischer Methoden.

Phase 2: Konstruktivismus und Dekonstruktivismus: Die achtziger Jahre.
Berücksichtigung der Migrationsbewegungen mit Folgen für die Konstitution von „Kultur", Rolle der kulturellen Differenz, v.a. in „entwickelten" Gesellschaften, die Frage nach der Macht im ethnographischen Diskurs, die „Krise der Repräsentation".

Phase 3: Die neunziger Jahre: Die Welt in Stücken denken.
Von der Anthropologie der Großstadt zur Anthropologie der globalen Netzwerkgesellschaft, Rezeption der cultural studies (und damit der kulturellen Bedeutsamkeit des Populären und der Unterschichten), Absehen von der Metapher „Kultur als Text" bis zu der Auffassung: Kultur als Arbeit.

Aktuelle Problemkreise werden bzw. sind: Identität; Wissen; Macht und Disziplinierung.

Schiffauer geht abschließend auf ein Problem ein, das sich selbst bei dieser groben Zusammenfassung seiner historischen Skizze ergibt: Gegenwärtige Ethnologie hat offensichtlich denselben Gegenstandsbereich, aber auch dieselben Pro-

bleme wie andere Disziplinen (Soziologie, Psychologie etc.). Worin ist also das Besondere einer ethnologischen Zugangsweise zu sehen?
Er gibt zwei Antworten. Zum einen weist er auf die Erstellung qualitativer Einzelfallanalysen hin. „Es ist ein Wissen, das eher auf Einsicht und Verständnis komplexer Situationen abzielt, als auf Erklären und Vorhersage ..." (515).
Zum anderen ist es ein holistischer Ansatz. Während Soziologie oder Betriebswirtschaftslehre eine engere, je spezifische Perspektive an komplexe Zusammenhänge anlegen, ist die „Anthropologie" unspezifisch, interessiert sich vielmehr gerade für die Verknüpfung von Fragestellungen, für Grenz- und Überlagerungsbereiche.

Welchen Erkenntniswert hat die Ethnologie für Kulturpolitik und Kulturpädagogik?

Gerade in diesem Text ist die nicht zu überschätzende Relevanz der ethnologischen Debatte über den Kulturbegriff zu nennen. Wenn sich die philosophische Anthropologie darum bemüht, allgemeine Aussagen darüber zu formulieren, was „Menschsein" insgesamt ausmacht – durchaus mit praktischen Folgen etwa in Hinblick auf die Bestimmung von Menschenwürde –, dann zeigt die Ethnologie nicht nur die Realität kultureller Praxis in all ihren Widersprüchlichkeiten, sie diskutiert auch die Fallstricke ihrer Erfassung. Sowohl die Erkenntnisse über den Alltag, aber auch die wissenschaftstheoretische und erkenntniskritische Debatten sind hilfreich, weil sie geradezu dem oft praktizistischen und naiven Kulturdiskurs der Kulturpolitik und -pädagogik Warnsignale aufzeigen und Selbstgewissheiten zerstören können.
Ein Problem für beide Praxisdisziplinen ist allerdings die Weite des ethnologischen Kulturverständnisses. Sicherlich war die Ausdehnung von „Kultur" in der Kulturpolitik über Künste hinaus zur gesamten Lebensweise notwendig. Doch wie gestaltet man „Lebensweise", zumal mit den begrenzten Mitteln der Kulturpolitik und -pädagogik? Hierauf komme ich in Kap. 7 und 10 zurück.

6 „Kultur" in der politischen Philosophie und im Staatsrecht

Vorbemerkungen

„Der Staat schützt und fördert die Kultur." – So oder so ähnlich diskutiert man zur Zeit – wieder einmal – eine mögliche Ergänzung des Grundgesetzes. Die Enquête-Kommission des Deutschen Bundestages „Kultur in Deutschland" hat Anhörungen von Staatsrechtlehrern durchgeführt, Kulturverbände fordern es schon seit langem, zumal weniger existentielle Fragen wie etwa Tier- oder Verbraucherschutz schon längst Eingang in das Grundgesetz gefunden haben. Selbst die Sorge der öffentlichen Hand, vor allem der Kommunen, man ginge hiermit neue Rechtsverpflichtungen ein, für die ohnehin kein Geld vorhanden sei, lässt sich nehmen. Immerhin ist es auch bei präziseren Staatszielbestimmungen wie etwa dem des Sozialstaates auch nicht möglich, eine bestimmte Höhe einer eventuellen staatlichen Unterstützung einzuklagen. Hier hat in jedem Fall der Gesetzgeber das letzte Wort und die Exekutive einen großen Gestaltungsspielraum.

Warum ist es also so schwierig mit einem Staatsziel Kultur, wo doch alle PolitikerInnen gerne und oft die Kulturgesellschaft oder sogar den „Kulturstaat" Deutschland beschwören?

Eine erste und auch gleich schwerwiegende Antwort findet sich in der Weite des Kulturbegriffs: Denn wenn der Staat „die Kultur" schützen und fördern soll: Um welche Kultur geht es dabei? Geht es nur um den engen Kulturbegriff, also letztlich um Kunst, dann wird beredt eingewandt, dass die Kunstfreiheitsgarantie (Art. 5 GG) längst – in der Deutung des Bundesverfassungsgerichts – über bloße Schutzrechte hinausgeht und eine aktive Förderung durch den Staat mit einschließt. Geht es allerdings um „Kultur als Lebensweise", dann wird dies entweder schon durch andere Grundgesetzartikel abgedeckt, vor allem durch Art. 1, der die Menschenwürde schützt – was die Freiheit zur selbstbestimmten Lebensweise einschließt –, oder es ist für ein eher kleines Politikfeld wie die Kulturpolitik ohnehin vermessen, Lebensweise gestalten zu wollen. Es verwundert also nicht, dass der Entscheidungsprozess zur Aufnahme von Kultur als Staatsziel so zäh verläuft. Und es lohnt sich, sich etwas grundsätzlicher mit den Fragen der politischen Gestaltung des Gemeinwesens und der Rolle von Kultur zu befassen. Ich erinnere dabei an Kap. 1, in dem die Verbindung von Kultur mit praktischer Philosophie, also sowohl mit Politik als auch mit Pädagogik unter Einschluss der politischen Partizipation, für die Zeit seit der Renaissance herausgestellt wurde. Gehen wir also das Thema etwas grundsätzlicher an, bevor wir uns der Kulturdebatte im Staats- und Verfassungsrecht zuwenden.

Die Kultur und das gute Leben in einer wohlgeordneten Gesellschaft

Die Aufgaben, die „Kultur" in der Gesellschaft zu erfüllen hat, werden immer größer und dringlicher, dies haben die bisherigen Kapitel gezeigt. Ein Problem besteht jedoch darin, nicht nur näher zu bestimmen, was „Kultur" in jedem Einzelfall bedeutet, sondern es ergibt sich auch die Frage, welche Aufgabe das öffentlich geförderte Kultursystem damit zu tun hat. In mehreren Arbeiten habe ich versucht, einige dieser Aufgaben zu beschreiben, etwa die Rolle der Künste bei der Unterstützung, sich selbst als Person oder Gruppe mit seinen existenziellen Problemen auf eine spezifische Weise so zu reflektieren, dass der Eigenwert der Künste – und damit ihre Besonderheit auch in diesem Selbstbesinnungsprozess – erhalten bleibt (Fuchs 2005).

Diese Überlegungen dienen dabei durchaus auch der Legitimation der Kulturpolitik. „Legitimation" ist dabei keine schamhaft zu verschweigende Motivation. Denn da „Legitimation" mit der allgemeinen Akzeptanz guter Gründe, mit Begründungsverpflichtung und mit (argumentativ gewonnener) Überzeugung zu tun hat, befindet man sich hiermit bereits mitten im politischen Diskurs, in dem einer eigenständigen Kulturpolitik offenbar zur Zeit die Felle wegschwimmen. Denn da „Kultur" eine so wichtige Rolle für die Gesellschaft und insbesondere für ihre politische Ordnung spielt, muss man durchaus für die Eigenständigkeit des Politikfeldes kämpfen. Denn im Selbstlauf erfüllen sich die notwendigen Kulturfunktionen nicht – zum Schaden der Gesellschaft. Um es deutlich zu sagen: Ebenso wie „das Kulturelle" etwas mit der humanen Gestaltung der gesellschaftlichen Verhältnisse zu tun hat, braucht man eine Kulturpolitik, die das „Kulturelle" in diesem Sinne zu gestalten versucht, wobei der Gestaltungsbegriff nicht deterministisch oder zu optimistisch verstanden werden darf.

Zwei zentrale Aufgaben

„Alle Fortschritte in der Kultur, wodurch der Mensch seine Schule macht, haben das Ziel, diese erworbenen Kenntnisse und Geschicklichkeiten zum Gebrauch für die Welt anzuwenden; aber der wichtigste Gegenstand in derselben, auf den er jene verwenden kann, ist der Mensch: weil er sein eigener, letzter Zweck ist." – so beginnt Kant seine „Anthropologie in pragmatischer Absicht".

6 „Kultur" in der politischen Philosophie und im Staatsrecht 111

Auch ein anderes berühmtes Zitat weist in dieselbe Richtung, nämlich dort, wo er von der Bewunderung und Ehrfurcht spricht, die zwei Dinge auslösen: „der bestirnte Himmel über mir und das moralische Gesetz in mir" (am Anfang des Schlussabschnittes in der „Kritik der praktischen Vernunft"). Auch hierbei geht es nicht bloß um wissenschaftliche Natur- oder Charakterstudien, sondern es geht um die Orientierung im Leben. Zwei Aufgaben stellen sich dabei die Menschen – und werden auch von Beginn an sofort reflektiert, wie sich an der überlieferten Kulturgeschichte ablesen lässt: die sinnerfüllende Gestaltung des eigenen Lebens und die Gestaltung gesellschaftlicher Verhältnisse. Es geht bei beiden Fragen um Probleme der praktischen Philosophie, zum einen um eine (Individual-) „Ethik des guten Lebens", zum anderen um eine politische und Sozialphilosophie der „wohlgeordneten Gesellschaft". Diese heutige Aufspaltung ist durchaus ein Problem, das es nicht immer gab. Denn die griechische Philosophie wusste bereits, dass das Engagement in der Polis wesentlicher Inhalt eines gelingenden guten Lebens war und die Polis andererseits nicht gelingen kann, wenn die Polisbürger kein tugendhaftes Leben führen. Die Ethik des guten Lebens, die Moral und die Sitten der Gemeinschaft und die politische Organisation des Gemeinwesens waren eine Einheit.

Im Zuge der Entwicklung der Moderne ist mit der „Entdeckung", manche sprechen sogar von einer „Erfindung des Individuums", dieser Zusammenhang zwischen Individuellem und Sozialem zerrissen, so dass wir heute mühsam zusammenfügen müssen, was eigentlich zusammengehört (siehe Fuchs 2001).

Der Dualismus des Ich und des Wir findet sich in allen Lebensbereichen: individuelle Freiheit vs. gesellschaftliche Ordnung; individuelle Würde des Menschen vs. kollektive Regelungen; Autonomie des Einzelnen vs. soziale Verantwortung. Dieser Streit findet offenbar kein Ende. Er zeigt sich etwa in der wichtigen Debatte zwischen philosophischem Liberalismus, der die Freiheitsrechte des Einzelnen in den Mittelpunkt stellt und vom Einzelnen aus „Gesellschaft", Politik und Staat entwickeln will, und dem Kommunitarismus, der von der Gemeinschaft und ihren Sitten und Gebräuchen ausgeht, die dem Individuum und seiner Entwicklung jeweils immer schon vorgelagert sind. Man wird davon ausgehen können, dass dieser Streit – wie es sich für einen philosophischen Grundlagenstreit gehört – niemals entschieden werden kann. Zwischenzeitlich bietet es sich daher an, beide Probleme als „gleichursprünglich" zu betrachten: Zum einen geht es um die Begründung einer Sichtweise, die die Freiheitsrechte des Einzelnen, seine autonome Willensfreiheit, sein Recht, Zweck und nicht Mittel für andere Zwecke zu sein, also die „Person" als Trägerin genuiner Menschenrechte auf ein selbst gestaltetes Leben in Freiheit, in den Mittelpunkt stellt. Zum andern geht es um die Frage, wie die Gesellschaft beschaffen sein muss, die solchen „Personen" gestattet, ihre Personalität auch auszuleben. Es geht somit um Freiheit und Gleichheit, um die Idee des Rechtsstaates, der Demokratie und der Souveränität des Volkes. Es geht also um die Hauptbegriffe des neuzeitlichen Vernunftrechts ergänzt um die im 19. Jahrhundert erkannte Notwendigkeit, dass die Realisierung von Freiheit bestimmte Ressourcen erfordert, also um die Entdeckung sozialer Rechte und des Sozialstaates.

Unhintergehbar ist dabei der Einzelne und sein Recht auf Lebensgestaltung, so wie es im Artikel 1 des Grundgesetzes im Einvernehmen mit den unterschiedlichen Menschenrechtsdeklarationen formuliert wird: „Die Würde des Menschen ist unantastbar. Sie zu achten und zu schützen ist Verpflichtung aller staatlichen Gewalt."

Ein solches Verständnis des Menschen, der nicht bloß als Gattungswesen, sondern als konkretes einzelnes Individuum Grundlage, Ausgangspunkt und Ziel der politischen Ordnung aller liberalen Demokratien ist, ist die entscheidende kulturelle Errungenschaft, deren historischer Entstehungsort (geografisch und geistig) zwar lokalisiert werden kann (europäische Neuzeit), der aber inzwischen als universeller Standard weltweit akzeptiert (wenngleich auch als ergänzungsbedürftig im Hinblick auf eine vermutete soziale Blindheit betrachtet) wird.

„Kultur" – in welcher definitorischen Fassung auch immer – dreht sich daher stets um die Welt- und Selbstgestaltung des Menschen, dreht sich um eine begriffliche Fassung dessen, was das „Humanum" auszeichnet: Der Mensch in der grundsätzlichen Offenheit seiner Gestaltungsmöglichkeiten muss sich Regeln zur Zivilisierung seiner Möglichkeiten geben (vgl. Kap. 2 u. 3). Das Wissen über den „gestirnten Himmel über mir" alleine genügt nicht, es muss zur (Welt-)Weisheit werden. In den zwei oben genannten Aufgaben: der Gestaltung des eigenen Lebens und der Gestaltung der Gesellschaft, kann also das letztliche Ziel aller menschlichen Aktivitäten gesehen werden.

Doch: „Zwei Erfindungen der Menschen kann man wohl als die Schwersten ansehen: die der Regierungs- und die der Erziehungskunst nämlich.", so wiederum Kant in seiner Vorlesung „Über Pädagogik"(A 15).

Es ist also eine wichtige kulturelle Errungenschaft, die Möglichkeit des Menschen zur autonomen Lebens- und Politikgestaltung entdeckt und beschrieben zu haben, doch realisiert ist diese noch lange nicht. Politik insgesamt, speziell die Kultur- und Bildungspolitik finden hierbei ihre Aufgabe. Dabei geht es nicht bloß um die Umsetzung eines unstritig gültigen Wissens darüber, wie es sein müsste: Die praktische Aufgabe wird auch dadurch erschwert, dass man sich über Ziele und ihre Begründungen durchaus heftig streiten kann. Die Begründung der Sinnhaftigkeit der vorgeschlagenen Orientierungen des praktischen Handelns ist also ein Prozess und muss ständig erarbeitet werden – auch dies ist eine wichtige kulturelle Aufgabe.

6 „Kultur" in der politischen Philosophie und im Staatsrecht 113

Insbesondere ist es die Frage, die schon manche Eltern kleiner Kinder zur Verzweiflung gebracht hat: „Warum?" Jeder, der entsprechende Erfahrungen gemacht hat, weiß, wie sinnvoll nach jeder mühsam gefundenen Antwort der Erwachsenen das erneute kindliche „Warum?" ist. Kinder sind also die besten theoretischen Grundlagenforscher, da sie instinktiv die richtige Frage nach Gründen für Sachverhalte oder Behauptungen stellen, die Erwachsene – vielleicht zu schnell – als sicher und gültig betrachtet haben. Und auch hier zeigt sich wieder: Kunst- und Kulturpolitik können dafür sorgen, dass ein System eines institutionalisierten „kindlichen" Fragens nach dem Grund erhalten werden muss, das eingefahrene Selbstgewissheiten erschüttert und vielleicht ganz neue Antwortversuche probiert.

Menschenwürde in der Diskussion

„Dass es so etwas wirklich gibt wie eine Würde des Menschen und was sie bedeutet, wird uns nirgendwo eindrücklicher erfahrbar als in Grenzsituationen ihrer äußersten Infragestellung.", so Werner Maihofer (1968, S. 11), Rechtsphilosoph und zeitweilig Bundes-Innenminister, in seiner nach wie vor lesenswerten Kommentierung von Artikel 1 des Grundgesetzes. Es wird die Formulierung dieses Grundgesetzartikels verständlich vor dem Hintergrund der Barbarei, der massenhaften Verbrechen gegen die Menschlichkeit. Notwendig wurde der Kommentar allerdings, so Maihofer, durch eine Inflationierung einer Berufung auf diesen Artikel, so dass präzisiert werden musste, wann ein Vergehen bloß ein normales Verbrechen und wann ein Verstoß gegen die Menschenwürde war. Maihofer präzisiert: „Es sind Situationen, in denen ich ausgeliefert bin der Willkür eines anderen, in denen mein Selbst- und Weltvertrauen grundsätzlich gestört, vielleicht für immer zerstört wird, weil mir jede Möglichkeit zur Gegenwehr genommen ist. Dabei muss es nicht nur der Staat sein, gegen dessen Übergriffe meine Integrität, meine körperliche, geistige und seelische Unversehrtheit geschützt werden muss: Der Staat muss diese auch gegen Übergriffe anderer Menschen schützen. Es geht um die prinzipielle Unverfügbarkeit meiner Person, denn diese ist in der Tradition der Moderne Trägerin von Rechten." Interessant ist dabei der Hinweis Maihofers, dass es dabei nicht nur um Schutz- und Abwehrrechte, sondern auch um Anspruchsrechte geht: um den Anspruch auf menschenwürdige Verhältnisse. So entsteht ein Band zwischen dem Rechtsstaat, der die Person schützt, und dem Sozialstaat, der Rahmenbedingungen für eine menschenwürdige Existenz schafft.

All dies ist heute akzeptiert. Doch wo findet man Begründungen für diesen Grundsatz? Eine Reihe von früher akzeptierten Gründen, so Franz-Josef Wetz

(1998), sind (heute) nicht mehr allgemein akzeptabel: religiöse oder weltanschauliche Begründungen, der Bezug auf die Natur oder die Geschichte, der Bezug auf Glauben oder Offenbarung. Eine weitere Möglichkeit wäre ein Bezug auf übergeordnete Normsysteme. Aber auch diese Möglichkeit wird aus einsichtigen Gründen irgendwann einmal an ihr Ende kommen. Insbesondere ist es Artikel 1 der Allgemeinen Erklärung der Menschenrechte, der als Bezugspunkt für Artikel 1 des Grundgesetzes gelten kann: „Alle Menschen sind frei und an Würde und Rechten gleich geboren." Doch wieso ist das der Fall? Dies ist eine erste Problematik, die zu diskutieren ist.

Ein zweites Problem besteht in der schlechten Realität, die zeigt, dass sowohl der erste Artikel des Grundgesetzes als auch der erste Artikel der Menschenrechtsdeklaration keine empirische Beschreibung der Realität sein können, sondern bestenfalls Normen sind. Der zweite Satz des ersten Grundgesetzartikels verpflichtet deshalb den Staat zu entsprechenden Handlungen: „Menschenwürde" ist ein politisches Gestaltungsziel. Es ist dies jedoch nicht nur ein Ziel auf der Ebene der Forderungen des Einzelnen an „den Staat": Man kann offenbar durch „unwürdiges Verhalten" sich selbst diskreditieren. Würde ist daher auch ein Gestaltungsauftrag an sich selbst, nämlich ein würdevolles Leben zu führen, und die Erfüllung dieses Auftrages ist eine menschliche und kulturelle Leistung.

Es geht also stets um beide eingangs genannten Aufgaben. Werfen wir einen Blick auf die erste Aufgabe, die Gestaltung gesellschaftlicher Verhältnisse, damit ein Leben in Würde möglich ist (materielle Ressourcen, Sicherheit, Freiheit, Diskriminierungsverbot, Ermöglichung individueller Entfaltungsmöglichkeiten, wechselseitige Achtung und Anerkennung). Bevor dies zu schnell als (für Deutschland) selbstverständlich angenommen wird, möge man sich etwa daran erinnern, dass die erste Pisa-Studio unseren Schulen „strukturelle Demütigung" bescheinigt. Gerade für den Kulturbereich ist zudem das Buch des israelischen Moral-Philosophen Avishai Margalit (1997) wichtig, der von Bildungs- und Kultureinrichtungen Respekt vor dem anderen fordert, was durchaus in Konflikt mit der Kunstfreiheitsgarantie geraten könnte.

Im Hinblick auf nähere Bestimmungen des Würdebegriffs sind nach wie vor die Ausführungen von Kant, also einer – ebenfalls begründungpflichtigen – vernunftphilosophischen Herangehensweise, relevant. In seiner „Grundlegung zur Metaphysik der Sitten" formulierte er erstmals das entsprechende Grundprinzip, das auch den oben vorgetragenen Überlegungen zugrunde liegt: „Handle so, dass du die Menschheit sowohl in deiner Person, als in der Person eines jeden anderen, jederzeit zugleich als Zweck, niemals bloß als Mittel ansiehst."(BA 67) Es geht um die Menschheit in mir und in jedem konkreten Anderen, und diese ist ausgezeichnet dadurch, letztlich der Zweck jeglichen menschlichen Handelns zu sein. Der Mensch ist in der Lage, nicht nur vernünftig zu handeln, sondern sich selber für dieses Handeln Gesetze zu geben. Dies macht seine Autonomie (= Selbstgesetzgebung) aus. Helmut Plessner (1965/1976) brachte dies 150 Jahre nach Kant auf den Begriff, dass dem Menschen eine bewusste Lebensführung möglich, diese ihm allerdings auch aufgegeben ist. Natürlich kann sich der Mensch dieser Aufgabe entziehen, was auch Kant wusste: „Habe ich ein Buch, das für mich Verstand hat, einen Seelsorger, der für mich Gewissen hat, einen Arzt, der für mich die Diät beurteilt, so brauche ich mich ja selbst nicht zu bemühen." Andere übernehmen durchaus gerne das Denken und Entscheiden für mich, weswegen Kant von der „selbstverschuldeten Unmündigkeit" spricht. Daher bleibt an die Frage zu erinnern: Wenn generell die Religionen und Weltanschauungen zwar vielleicht für Einzelmenschen, aber nicht universell Begründungen für die normativen Grundlagen unseres Lebens für alle liefern, woher kann ich sie dann beziehen?

Bevor ich diese Frage weiter verfolge, will ich noch einige Hinweise zur Menschenwürde geben. Diese hat mit dem Erkennen von Unrecht zu tun, mit dem Erkennen meiner Möglichkeiten, mit dem Aufspüren von Leid und Missachtung, mit der Bewertung von Ereignissen und Erkenntnissen. Bei all dem ist meine Wahrnehmungsfähigkeit, mein Denken, ist meine mit Menschlichkeit gefordert. Und genau in all diesen Dimensionen leisten Künste Unverzichtbares: Sie können mir Dinge zeigen, die ich bislang übersehen habe, sie schulen meine Wahrnehmung, und vor allem: sie zeigen Möglichkeiten des Handelns und Urteilens auf (siehe meinen Text „Ethik und Kulturarbeit", in Fuchs 2005, Bd. 2). Der Mensch lernt sich selbst besser kennen, ganz so, wie Kant im Vorwort zu seiner Anthropologie mögliche Erkenntnisquellen für diese genannt hat: Weltgeschichte, Biografien, Schauspiele, Romane, wobei letztere zwar erfunden seien, aber letztlich doch „aus der Beobachtung des wirklichen Tuns und Lassens der Menschen genommen werden müssen" (BA XIII).

Kunst schafft Laborsituationen und Möglichkeitsräume für Erfahrungen und Bewertungen, schafft ein eigenartiges und eigengesetzliches Zwischenreich zwischen bloßer Phantasie und Realität.

Die Suche nach dem Grunde

Kinder haben schon recht mit ihrem ständigen Fragen nach dem Wozu und Warum. Denn oft genug hat sich gezeigt, dass scheinbare Selbstverständlichkeiten zerbrechen, weil die vermeintlichen Gewissheiten auf zu unsicherem Boden standen. Mit besonderer Vorliebe suchen daher Wissenschaftler und Philosophen nach einem stabilen Fundament für ihre Theoriegebäude. Doch auch die politische Praxis braucht gute und akzeptierte Gründe für ihr Handeln, da dessen Legitimität von einem solchen Fundament abhängig ist. Im Zuge der Moderne ist in dem Maße diese Suche intensiver geworden, wie althergebrachte Normsysteme fragwürdig wurden. So hat etwa die Säkularisierung der Gesellschaft eine religiöse Begründung der politischen Grundwerte inakzeptabel für die Allgemeinheit gemacht, obwohl natürlich beim einzelnen Menschen oder sogar bei Gruppen die Überzeugungskraft der Religion beibehalten wurde. Es ist daher richtig, zwischen einer individuell akzeptierten und einer universell benötigen Begründung von (Verfassungs)-Normen zu unterscheiden. Das Kultursystem, so hat man es umfassend belegt und so sehe ich es auch, hat daher als eine wichtige gesellschaftliche Funktion die Aufgabe der (De)-Legitimation des Handelns der Wirtschaft und der Politik, aber auch der Darstellung und Bewertung von Prozessen und Entwicklungen im Sozialen. Auch das eng mit dem Verständnis von Menschenwürde verbundene Menschenbild ist nicht nur nicht sakrosankt und ein für allemal festgelegt, sondern muss vielmehr seine Akzeptanz in einem ständigen kulturellen Austauschprozess der Selbstverständigung erhalten. Dies gilt sogar trotz der Tatsache, dass bestimmte Vorstellungen vom Menschen nicht nur im Rechtssystem, sondern sogar – quasi unveränderbar – im Grundrechteteil des Grundgesetzes festgeschrieben sind. Denn auch eine Verfassung kann ihre Legitimität verlieren, was umso gravierender ist, als sie selbst Legitimitätsgrundlage für viele politische, vor allem staatliche oder rechtliche Abläufe ist. Das Ringen um das Menschenbild ist daher vielleicht die wichtigste Aufgabe des kulturellen Systems überhaupt, wobei ein Teil dieser Aufgabe darin besteht, die grundsätzliche Offenheit und Diskussionsmöglichkeit jedes Antwortversuches aufrecht zu erhalten.

Möglicherweise stecken hierin Potenziale, die noch längst nicht ausgelotet sind, obwohl der Grundgedanke, auf den ich jetzt näher eingehen möchte, eine lange Tradition hat.

Schön wäre es, gäbe es ein stabiles Fundament an Begriffen, auf das man seine Theorien und Konzeptionen aufbauen könnte. Nun war eine zentrale Erkenntnis des 20. Jahrhunderts, dass es selbst in der Mathematik eine solche widerspruchsfreie Begründung nicht geben kann (zu erinnern ist etwa an die Arbeiten zu Grundlagenfragen der Logik und Mathematik von Kurt Gödel). Umso weniger ist eine widerspruchsfreie und allgemein akzeptierte Letztbegründung von den handlungsorientierten Disziplinen zu erreichen: Determinismus und Gesetzmäßigkeiten sind hier kaum zu finden. Doch bevor man zur scheinbar unausweichlichen Alternative völliger Beliebigkeit greifen muss, kann man sich von Aristoteles über die Tugend der Klugheit und die Möglichkeiten eines verständigungsorientierten Diskurses informieren: Der Austausch von Argumenten, das Ringen um Überzeugungen in öffentlicher Rede ist die Basis für eine wohlgeordnete Gesellschaft. Letztlich sind dies auch Kernelemente der autonomen

6 „Kultur" in der politischen Philosophie und im Staatsrecht 117

Persönlichkeit, so wie sie Kant beschrieben hat. Interessant ist, dass beide Philosophen in diesem Zusammenhang immer wieder auf die Frage der Bildung und Erziehung zurückkommen: Denn dass der Mensch erst werden muss, was er ist, und dass er hierbei der Erziehung bedarf, ist beiden Denkern klar. So ist der systematische Platz, wo Aristoteles sich mit der Frage der Erziehung befasst, seine „Politik" (8. Buch), und dort spielen die vier Lehrfächer Grammatik, Gymnastik, Musik und Zeichnen eine entscheidende Rolle.

Aristoteles war offenbar der erste Diskurstheoretiker. Bekanntlich arbeitete Jürgen Habermas (1992) diesen Gedanken nicht bloß im Hinblick auf generelle Begründungsfragen in der Ethik, sondern speziell auch für eine Grundlegung des demokratischen Rechtsstaates aus. Der Diskurs im herrschaftsfreien Raum, also eine Zugrundelegung einer kommunikativen Vernunft, bildet das Fundament dieses Ansatzes. Der Grundgedanke: Menschen in verständigungsorientierter Absicht akzeptieren quasi unausgesprochen in ihrer Diskurspraxis bestimmte, unhintergehbare Regeln. Im oben genannten Buch wird dieser Ansatz zu dem Konzept der „deliberativen Politik" weiter entwickelt. Der demokratische und liberale Rechtsstaat liefert dann auch die notwendigen Rahmenbedingungen, damit es in kommunikativer Freiheit zu einem Austausch von Begründungen für Geltungsansprüche kommen kann.

An dieser Stelle ergibt sich zwanglos eine Verbindung mit einer früheren Arbeit von Habermas über den „Strukturwandel der Öffentlichkeit". Denn offenbar ist eine Grundlage für das Funktionieren des Diskurses, der zur Legitimation führen soll, eine entsprechende Öffentlichkeit, in der – neben den etablierten politischen Akteuren – auch die Zivilgesellschaft und ihre Organisationen eine Rolle spielen.

Offensichtlich bietet dieser Ansatz gute Möglichkeiten, die Relevanz des Kulturellen aufzuzeigen.

Zum einen führt das Konzept der Öffentlichkeit zu den Medien. Eine ambitionierte Geschichte der Medien (von W. Faulstich) stellt deren Entwicklung von den Anfängen der Menschheit dar und bezieht ausdrücklich die künstlerischen Ausdrucksmedien von Anfang an mit ein. Künste sind so gesehen Teil der Medien, sie sind Teil der Öffentlichkeit und damit auch zentral für die Diskurse zur Erhaltung der Legitimität der politischen Ordnung.

Akzeptiert man dies, dann kommt man zu der Frage, ob der Kommunikationsbegriff von Habermas zu kognitivistisch verengt ist. Man spricht nicht umsonst von einer künstlerischen Kommunikation, was neben der Funktion der Informationsübermittlung auch die anderen Ebenen von Kommunikation eröffnet, ganz so, wie es die Symboltheorie der Künste (E. Cassirer, S. Langer) beschreibt. Damit hat man erneut die eingangs behauptete gesellschaftliche Relevanz des Kultursystems gezeigt, die somit tief in den Kern unseres politischen

Systems hineinreicht. „Kultur" heißt hier Kommunikation und Legitimation, heißt: diskursive Aushandlung einer gemeinsamen Position dessen, was „wohlgeordnete Gesellschaft" bedeutet, wobei die besonderen Möglichkeiten einer Kommunikation mit allen Sinnen über die Künste genutzt werden sollten. Denn der Mensch ist nicht nur durch seine Vernunft, sondern auch durch seine Phantasie und seine Sinnlichkeit bestimmt.

Der Mensch als Subjekt seines Handelns

Der Mensch im Mittelpunkt – dies ist seit langem das Motto der UNESCO und es sollte das Motto jeder freiheitlichen Demokratie sein. Ursprünglich stand am Anfang des Entwurfes von Herrenchiemsee des Grundgesetzes, dass der Staat für den Menschen da sei und nicht umgekehrt. Man könnte dies durchaus auch auf nichtstaatliche Organisationen – etwa im Wohlfahrtbereich – ausdehnen, bei denen auch gelegentlich der Eindruck entstehen kann, als ob der Mensch der Bürokratie zu dienen habe.

Die Arbeit am Subjekt, die Arbeit an sich selbst, die Hilfe bei dem individuellen „Projekt des guten Lebens", die Entwicklung einer persönlichen Lebenskunst bleibt daher auch nicht dem Einzelnen überlassen, sondern es gibt eine öffentliche Verantwortung. Dabei ist es eine Gratwanderung, die individuelle Autonomie und die notwendige Hilfe bei ihrer Entwicklung zu respektieren, ohne – vielleicht gut gemeint, aber letztlich doch paternalistisch – den Einzelnen zu entmündigen. Die „Grenzen der Wirksamkeit des Staates", so der liberale Vordenker Wilhelm von Humboldt vor 200 Jahren, hören bei dem Individuum und seiner Verantwortung für sein Leben auf. Allerdings braucht der Mensch die richtige „Bildung". Bildung als individuelle Disposition, sein Leben in sozialer und politischer Verantwortung zu meistern, war schon zu den Zeiten ein „Menschenrecht", als dieser Begriff noch gar nicht erfunden war. So war es die tiefe Überzeugung der großen griechischen Philosophen, dass die Bildung den Menschen ausmacht. Es befasst sich etwa Aristoteles im 8. Buch seiner „Politik" im obigen Sinne mit Bildung, Platon spricht von den Philosophenkönigen als idealen Herrschern. So geht es quer durch die gesamte europäische Philosophiegeschichte. Hobbes baut systematisch sein Lehrgebäude auf, das vom Menschen über den Bürger bis zur Regelung öffentlicher Angelegenheiten durch einen starken Staat („Leviathan") reicht. Und dieser starke Staat ist durchaus nötig – gestützt durch gebildete Bürger –, weil Hobbes verzweifelt nach jahrzehntelangen Kriegen und vor allem Bürgerkriegen nach Möglichkeiten gesucht hat, Sicherheit, eine Integrität des Lebens durch eine entsprechende öffentliche Ordnung herzustellen. Die Geburt der neuzeitlichen Idee eines starken Staates, der als einziger ein Gewaltmonopol hat, also bestimmte Freiheitsrechte des Einzelnen durchaus auch einschränken kann, musste sich auf den Konsens der Bürger stützen. Und dieser Konsens sollte hergestellt werden durch einen Gesellschaftsvertrag, in dem der Bürger eng begrenzt bestimmte Freiheitsrechte dem Staat überantwortet.

Mit den Büchern über den Menschen und über den Bürger sind zugleich bei Hobbes die Grundideen des modernen Verfassungsstaates beschrieben: der Einzelne ist beides, er ist Mensch und er ist Bürger, was in der Ausformulierung bestimmter Menschen- und Bürgerrechte zum Ausdruck kommt. Hegel arbeitete dann die doppelte Rolle des Menschen in der Öffentlichkeit aus: Er ist Bourgeois, der seinen privaten ökonomischen Interessen in der Gesellschaft als „System der Bedürfnisse" nachgeht, und er ist Citoyen als Gestalter politischer Verhältnisse.

Der Mensch – so wird es deutlich – muss also verschiedene Rollen übernehmen. Er ist Mitglied unterschiedlichster, sich weiter ausdifferenzierender Gesellschaftsfelder und er hat daher auch verschiedene Funktionserwartungen zu erfüllen: als Repräsentant einer privilegierten (weil mit Vernunft ausgestatteten) Gattung, als Bürger eines politischen Gemeinwesens, als Wirtschaftssubjekt, als Teil einer Familie. Und es werden immer mehr Felder, in denen das Subjekt Handlungsfähigkeit erwerben muss, um sein Recht auf Teilhabe umzusetzen.

Das Subjekt steht also durchaus „der Gesellschaft" gegenüber, die es für andere mitkonstituiert. Dieser Gedanke ist in einem neuen Entwurf des Philosophen Otfried Höffe sehr schön beschrieben: die „Demokratie im Zeitalter der Globalisierung" (1999) schafft von der lokalen bis zur Weltebene neue Steuerungsanforderungen, für die man nicht bloß entsprechende Institutionen benötigt, sondern denen auch der Mensch mit seinen individuellen Dispositionen gerecht werden muss. Der Mensch ist daher zugleich „Wirtschaftsbürger, Staatsbürger und Weltbürger" (2004), was entsprechende Anforderungen an seine Bildung stellt. Folgerichtig endet auch dieses Buch mit einem Abschnitt über Bildung, hier: über eine Stufenfolge von Wissensformen, so wie sie bereits Aristoteles formuliert hat und wie sie an Aktualität wenig eingebüßt haben, wobei das „Wissen" auch Haltung, Fähigkeiten und Können mit einschließt. Höffe spricht von einer Wahrnehmungs- und Erinnerungskultur, von einer Urteilskultur, von anamnetischer Gerechtigkeit und von Orientierungs- und Sinndebatten, an denen der Einzelne partizipieren können muss. Er sieht hier die Geisteswissenschaften in der Pflicht, ganz so, wie es Volker Steenblock in seiner „Theorie der kulturellen Bildung" (1999) als Bildungstheorie präzisiert hat. Dieser Ansatz fügt sich offensichtlich zwanglos in die Grundidee dieses Textes ein, nämlich Selbstreflexion und Orientierung – in Bezug auf den Einzelnen, auf Gruppen und auf die

Gesellschaft insgesamt – als gesellschaftlich notwendige Funktionen, die das System des Kulturellen erfüllen kann und muss, zu begründen.

Aus diesem allgemeinen Ansatz folgt ein Curriculum als Anforderungsprofil an den Einzelnen, das kulturphilosophisch etwa durch die „Philosophie der symbolischen Formen" von Ernst Cassirer untermauert werden kann, der unterschiedliche Weltzugangsweisen (ästhetische, technische, wirtschaftliche etc.) systematisch unterscheidet und begründet. Dies ist zudem kompatibel mit einer Ausdifferenzierung des Personenbegriffs, so wie sie in M. Walzers „Sphären der Gerechtigkeit" (1992) und auch bei R. Forst (1994) erfolgt, dass jeder nämlich zugleich ethische Person, Rechtsperson, Staatsbürger und moralische Person ist (so bei Forst; Walzer differenziert es noch weiter aus). Aus jedem dieser Personbegriffe ergeben sich Handlungsmöglichkeiten und Kompetenzerfordernisse, um eine Teilhabe in den entsprechenden Gesellschaftsfeldern sicherzustellen. Um diese geht es letztlich: um eine – auch als Menschenrecht – formulierte (soziale, ökonomische, politische und kulturelle) Teilhabe. Wichtig bei dem weiteren Verfolgen dieses Gedankens sind dabei Untersuchungen, die auf die Ressourcenfrage eingehen: dass nämlich ökonomische, geografische, rechtliche und bildungsmäßige Voraussetzungen geschaffen werden müssen, damit die Teilhabe auch realisiert werden kann (so F. X. Kaufmann zur sozialen Teilhabe).

Immer wieder kann man also die Komplementarität von individueller und gesellschaftlicher Seite feststellen. Und immer wieder fällt es ins Auge, dass weder die individuelle noch die gesellschaftliche Seite nicht ohne ihre jeweilige kulturelle Dimension funktionieren kann.

Grenzen der Subjektivität

Hinter dem Begriff des Subjekts steckt das Bild eines Oben und eines Unten. Bis zur klassischen deutschen Philosophie im späten 18. Jahrhundert war das Untere das Unterworfene. Dieser Sprachgebrauch hat sich dann geradezu umgedreht: das Untere wurde zu dem Tragenden für das Obere. Seither meint Subjektivität dasjenige, von dem die Handlungsimpulse ausgehen, das Verfügungsgewalt hat. Doch wer verfügt? Wer ist das „Subjekt"? In der Geschichte waren es oft genug kollektive oder nicht greifbare Subjekte: Gott, der Stand, die Natur, später die Klasse, das Vaterland, die Partei oder eben auch die Gattung Mensch. Es ist daher durchaus eine Errungenschaft, wenn nicht (nur) das Abstraktum „Gattung", sondern jedes einzelne Exemplar dieser Gattung quasi als ihr Repräsentant fungieren kann.

Als Repräsentant stehe ich dann jedoch für die Gattung als Ganzes, es wirkt durch mich der Mensch in mir. Diese dialektische Wendung, die den Einzelnen mit der Gattung verbindet, ihn quasi automatisch sozialisiert, versetzt mich dann zwar in alle Anspruchsrechte des „Menschen", allerdings fordert dies auch Respekt von mir vor diesem „Menschen" in mir. Im Zweifelsfall grenzt dies meine eigene Verfügungsgewalt über mich selbst ein. Denn das Kantsche Verfügungsverbot, das Verbot der Degradierung des Menschen zu einem bloßen Mittel für andere Zwecke, gilt dann auch für mich. Weder darf ich Hand an mich selber legen, noch darf ich – etwa im Rahmen der Gentechnologie – mein Menschsein verändern, weil es eben nicht nur mein eigenes Menschsein ist, über das ich verfügen würde. Gerade an dieser Stelle entstehen viele ethisch-moralische Grundprobleme, bei denen es viele Grenzfälle gibt: Klonen, Gentechnologie, Ersatz von Körperteilen durch Maschinen, Selbstmord, Sterbehilfe, Euthanasie etc.

Aber auch unterhalb dieses Gedankens, dass ich (bloß) Repräsentant einer (übergeordneten) Gattung bin, sind zur Zeit viele Probleme akut, die etwas damit zu tun haben, ab wann Menschsein überhaupt beginnt und wann es endet. Die erste Frage ist relevant bei Schwangerschaftsabbrüchen und ihrem möglichen Verbot (etwa ab wann eine Fristenregelung festgelegt wird) oder bei der Stammzellenforschung. Die zweite Frage betrifft etwa die Feststellung des Todes (Hirntod), zum Beispiel den Zeitpunkt, ab wann Körperteile für Transplantationen genommen werden können. Die Politik verbindet diese Frage zudem mit dem Forschungs- und Wirtschaftsstandort Deutschland, ob und in welcher Weise Gentechnologie oder die Arbeit an Stammzellen betrieben werden kann. Es melden sich neben den Fachwissenschaftlern Juristen, Mediziner, Philosophen, Theologen zu Wort, weil es um Fragen geht, die alle angehen und die daher nicht aus einer engen und vielleicht zu interessierten Perspektive betrachtet werden dürfen (vgl. Gerhardt 2001). Plötzlich stehen entscheidende Grundfragen wieder zur Debatte: Ist menschliches Leben etwas besonderes gegenüber der Lebendigkeit von Pflanzen oder Tieren (vgl. Kather 2003)? Welche Gründe findet man für einen Anthropozentrismus? Die Neurowissenschaften melden sich auf der Basis eines naturwissenschaftlichen Verständnisses vom Menschen mit der These zu Wort, dass aus der Sicht der Neurobiologie die Rede von der Willensfreiheit eine Schimäre ist: Der Mensch funktioniert gemäß genetisch gegebener Regeln. Damit wird jedoch das gesamte Rechtssystem, wird die gesamte europäische westliche Kultur suspekt, die auf der Idee der autonomen und damit auch für sich selbst verantwortlichen Person beruht.

Doch auch unterhalb dieser totalen Infragestellung ist nach wie vor die Frage virulent, ob „die autonome Person (rechtliche) nicht doch eine europäische Erfindung" ist (Köpping, K.-P. u.a., 2003; siehe auch Fuchs 2001).

Man mag es bedauern, ändern kann man es nicht: Es gibt keinen archimedischen Punkt, von dem aus in letzter Klarheit all diese Fragen beantwortet werden können. Wer von einer religiösen Weltanschauung überzeugt ist, hat es – zumindest unter Gleichgesinnten – leichter, obwohl in allen Religionen auch wieder über solche Grundfragen diskutiert wird mit durchaus unterschiedlichen Antworten. Doch auch Religionen müssen heute ihre Antworten in den Wettbewerb mit anderen Vorschlägen einbringen. „Die menschliche Natur" (Bayertz (Hg.), 2005) ist dabei recht Verschiedenes in der Pluralität der verschiedenen Sichtweisen. Der Mensch, so schon H. Plessner, ist weniger durch eine vorgegebene feste „Natur", sondern vielmehr durch eine „natürliche Künstlichkeit" bestimmt, so dass man anstatt von „menschlicher Natur" besser vom „menschlichen Wesen" sprechen sollte, das die Selbstschöpfung des Menschen zum Ausdruck bringt. Der Mensch ist ein kulturell verfasstes Wesen und Kultur ist der Prozess, in dem ständig Veränderungen, Bewegungen unterschiedlichster Strömungen zusammengefasst werden. „Kultur" ist aber auch der selbstreflexive Prozess, in dem dies alles erfasst, gedeutet und bewertet wird.

Wo verbindliche Antworten fehlen, muss man – wie schon Aristoteles im Zusammenhang mit Klugheit ausgeführt hat – zu einem diskursiven Austausch von Argumenten und Sichtweisen kommen, muss man sich mit Lösungen auf Zeit zufrieden geben können. Dazu ist eine geeignete Diskursarena zu ermöglichen, ist eine Diskursöffentlichkeit herzustellen, und dies ist eine zivilisatorische Aufgabe ersten Ranges, ist u. a. eine Aufgabe der Kulturpolitik.

Der politische Rahmen

Für den zweiten Gestaltungsbereich neben der Frage nach dem Subjekt, der Gestaltung des Sozialen, will ich nur ein einziges Beispiel angeben. Jürgen Habermas hat als Reaktion auf den 15.2.2003, als in Madrid und in anderen europäischen Städten Hunderttausende gegen den völkerrechtswidrigen Krieg der USA gegen den Irak und insbesondere gegen die Loyalitätsbekundungen des damaligen spanischen Ministerpräsidenten protestierten, eine Denkschrift verfasst, der sich wichtige Intellektuelle (Derrida, Rorty, Eco u.a.) anschlossen (Habermas 2004, S. 43 ff.). Das zentrale Problem dieser Denkschrift war die Frage nach der Positionierung Europas. Habermas wünschte sich ein politisch selbstbewusst auftretendes Europa und analysierte die Schwierigkeiten, die einer besseren europäischen Integration entgegenstehen (u. a. Bürgerferne, Demokratiedefizit). Ein in unserem Kontext wichtiger Teil der Denkschrift befasst sich daher mit der Notwendigkeit, aber auch mit der Möglichkeit, eine bessere Integration herzustellen. Als Kern eines solchen Prozesses sieht er die Herstellung einer europäischen Identität. Als Grundlage für eine solche zählt er sieben identitätsstiftende Merkmale auf, die Europa – und nur Europa – auszeichnen: Säkularisierung, die starke Rolle des Staates gegenüber dem Markt (Sozialstaatsprinzip), Solidarität vor Leistung, Technikskepsis, Bewusstsein über die Paradoxien des Fortschritts, Abkehr vom Recht des Stärkeren, Friedensorientierung aufgrund geschichtlicher Verlusterfahrung. Er spricht von einer „reflexiven Distanz zu sich", die europäische Mächte einnehmen können, um ein adäquates kulturelles Gedächtnis zu entwickeln.

Wer sich diese sieben Punkte anschaut und insbesondere die (knappen) Erläuterungen von Habermas dazu liest, wird sie unschwer als Ergebnisse „kultureller Selbstvergewisserungsprozesse" identifizieren können, also als Themen, wie sie insbesondere die Kunstsysteme der europäischen Länder immer schon beschäftigten. „Kultur" ist auch hier dasjenige Gesellschaftsfeld, in dem derartige Prozesse vorangetrieben werden. Kultur wird so – als Ort oder auch Motor einer entstehenden europäischen Identität – zu einem entscheidenden Moment in der politischen Gestaltung der Zukunft.

Die Gesellschaft braucht Kultur, aber sie tut nicht immer das Richtige, um sie lebendig zu halten. Viele Kulturmächte übernehmen heute die Aufgabe, Deutungsangebote, Lösungen für ethisch-moralische oder politische Konflikte und Angebote zur Sinnstiftung zu unterbreiten. Doch sind besondere Schutzmaßnahmen erforderlich, damit das freie und freiheitlich-plurale Austauschen von Positionen mittels der Künste funktionieren kann. Der Markt sorgt nicht nur im Selbstlauf nicht für solche Voraussetzungen, er zehrt auch selber davon, ohne sie schaffen zu können. Eine lebendige Kultur braucht daher eine Gesellschaft, die im Bewusstsein der Notwendigkeit einer ständigen kritischen Selbstüberprüfung für vernünftige Rahmenbedingungen einer lebendigen Kultur sorgt. Der Staat ist (immer noch) diejenige gesellschaftliche Kraft, die mit solchen Gestaltungsaufgaben in öffentlichem Interesse betraut ist. Das heißt natürlich nicht, dass der Staat alleine „Politik" betreibt. Diese etatistische Sichtweise ist zwar immer noch verbreitet, obwohl jeder über Überforderungssyndrome des Staates Bescheid wissen könnte. Bestimmte Aufgaben kann allerdings nur er lösen. Die Sicherstellung von Rahmenbedingungen für ein lebendiges kulturelles System gehört dazu, nicht allerdings die Vorgabe einer inhaltlichen Füllung.

Zur Kulturdebatte im Staatsrecht

Für den Historiker Wolfgang Reinhard ist in seiner „Geschichte der Staatsgewalt" die Sache einfach – und vielleicht ist sie es tatsächlich, nur dass die Kulturmenschen es nicht so gerne hören wollen. Reinhards Äußerungen sind auch deshalb interessant, weil er ein – auch in unserem Kontext wichtiges – Buch über „Lebensformen in Europa" (2004) geschrieben hat, eine „historische Kulturanthropologie" auf der Grundlage des weiten Kulturbegriffs. Reinhard schreibt nämlich: „Kulturpolitik als Machtpolitik gehört zwar zur politischen Kultur eines Gemeinwesens, stellt aber nur einen engen Ausschnitt daraus dar, nämlich die *bewusste Kontrolle und Instrumentalisierung bestimmter kultureller Felder durch und für die Staatsmacht*" (Reinhard 1999, S. 388; meine Hervorhebung; M.F.).

1919 hat sie der preußische Kultusminister Carl Heinrich Becker zeitbedingt definiert als „bewusste Einsetzung geistiger Werte im Dienste des Volkes und des Staates zur Festigung im Innern und zur Auseinandersetzung mit anderen Völkern nach außen." Heute betrifft Kulturpolitik die fünf Felder Religion, Kunst, Medien, Bildung und Wissenschaft, Freizeit und Sport. Und an anderer Stelle – hier nur nebenbei angemerkt: „So wurde neben der allgemeinen Steuerpflicht und der allgemeinen Wehrpflicht schließlich die allgemeine Schulpflicht die dritte tragende Säule der Staatsmacht über die Untertanen." (398 f.).

Da das Grundgesetz wie jede Verfassung einer bürgerlichen Demokratie zunächst einmal Schutzrechte des Einzelnen gegenüber dem Staat festschreibt, also in liberaler Tradition zunächst einmal mit eher bescheidenen Kernaufgaben und Kompetenzen des Staates beginnt, kann hier ein erster Grund für die zögerliche Aufnahme von Kultur als Staatsziel gesehen werden: Gerade wenn die Künste in der Tradition der Weimarer Klassik Freiheit als Autonomie ermöglichen sollen, gibt es einen guten Grund, den Staat – der offenbar tendenziell stets nach „Unterwerfung der Untertanen" strebt – aus Kulturdingen heraus zu halten. Ganz so argumentieren die Liberalen aller Länder, für die die individuelle Freiheit vor jeder – staatlich organisierten – Wohlfahrt erstes (und letztlich auch einzig legitimes) politisches Ziel ist.

Gibt es vielleicht doch einen Grund, selbst einem demokratischen Staat nicht zu viel an Einflussmöglichkeiten zuzugestehen? Interessant ist vor diesem Hintergrund ein Blick in die Geschichte des Kulturstaatsbegriffs. Dabei zeigt es sich, dass nicht bloß ein Großteil des pädagogischen und philosophischen Denkens seit der Aufklärung protestantisch imprägniert ist: Dasselbe gilt auch für das politische Denken, wobei Erinnerungen an die Arbeiten von Max Weber zur Rolle des Protestantismus bei der Entstehung des Kapitalismus durchaus erwünscht sind. Insbesondere der Freund Webers, Ernst Troeltsch, spielt auch politisch – in diesem Zusammenhang eine wichtige Rolle. Es lohnt sich, gerade im Zusammenhang der Rolle des Staates im Kontext des Kulturellen an einige Aspekte aus diesem Forschungskontext zur Wirkung von Religion und speziell des Protestantismus zu erinnern.

Die Relevanz des Protestantismus bei der Entstehung des Kapitalismus ist unbestritten. Ebenso unbestritten sind daher einige Merkmale und Wirkungsweisen. Da ist als erstes die Rastlosigkeit und Betriebsamkeit des protestantischen

Wirtschaftsbürgers. Ruhe strahlt er keine aus: Er ist nervös. Und diese Nervosität gibt dieser Zeit ein verbreitetes Etikett: Das Zeitalter der Nervosität (Radkau 1998). Siegmund Freud beginnt seine wissenschaftliche Tätigkeit mit Studien über Hysterie. Und er entwickelt folgerichtig seine Kulturtheorie, die Kultur aus Triebverzicht und Askese entstehen lässt. Kultur wird zwar notwendigerweise produziert, aber so richtig gesund ist dieser Prozess insgesamt nicht.

Auch das Staatstragende des Protestantismus schlägt bis heute durch und macht einige Entwicklungen und Haltungen verständlich. Denn wenn der Staat nach Luther es schon richten wird („gebt dem Kaiser, was des Kaisers ist"), denn wenn – so der Protestant und spätere preußische Staatsphilosoph Hegel – der Staat das Sittlich-Allgemeine repräsentiert, dann ist auch die Kultur bei ihm gut aufgehoben. Nicht nur die Idee einer Kulturnation als Sprachheimat der Deutschen, die also kulturell die viel später erfolgte politische Integration vorwegnahm: auch und gerade die Rede vom „Kulturstaat" geht auf diese Liaison von Theologie und Politik zurück.

Betrachten wir dieses Verhältnis ein wenig genauer.

Man erinnere sich zunächst an das grundsätzlich positive Verhältnis des Luthertum zum Staat (Lehre von den zwei Reichen). Auch die Kriege Preußens in der zweiten Hälfte des 19. Jahrhunderts werden konfessionell gedeutet: „Der Sieg Preußens (im Krieg 1866 gegen Österreich; M. F) galt vielen Protestanten als ein Zeichen der Überlegenheit der protestantischen Kultur über die Kulturen der vom Katholizismus geprägten Länder, die in Wirtschaft, Wissenschaft, Bildungssystem und politischer Organisation rückständig geblieben seien. Im Protestantismus geben vor allem die neuen bürgerlichen Beamteneliten und die nationalliberal eingestellten bildungsbürgerlichen Schichten diesem Glauben an die höhere Modernität Preußens eine konkrete politische Gestalt: in der Effizienz rationeller Verwaltung, in einem asketischen Pflichtethos, in einem sozial orientierten Reformgeist und in der Durchdringung des öffentlichen Lebens mit dem Geist protestantischer Sittlichkeit" (Graf 1992, S. 12).

Eine ebenso geschichtstheologische Deutung erfuhr der Krieg gegen Frankreich, dessen Bürgertum zum einen katholisch geprägt war (Groethuysen 1978), und das zudem „antichristliche Prinzipien" mit seiner Revolution 1789 befördert hat (Graf a. a. O., S. 14). Der Protestantismus ist traditionell sehr viel stärker intellektuell und theologisch geprägt als der Katholizismus, der doch über weite Strecken eine emotional „gefühlte" Volksreligion geblieben ist. Dies gilt insbesondere für den „liberalen Protestantismus", so wie er bereits bei Schleiermacher am Ende des 18. Jahrhunderts in seinen „Reden an die Gebildeten unter den Verächtern" der Religion akzentuiert wurde. Es war weniger das christliche Leben und der Kultus, sondern vielmehr eine religiös-sittliche, fortschrittsorientierte Grundhaltung (Graf, a. a. O., S. 16). Die „Kulturwerte" dieser Denk- und

Lebensausrichtung waren: Entklerikalisierung der Politik, Unabhängigkeit der akademischen Theologie, Autonomie der Wissenschaft, Säkularität des Bildungswesens, Hochschätzung der Familie. Die Kultursphären (Kunst, Moral, Politik, Wissenschaft, Religion) differenzieren sich nach der Reformation aus und sind jeweils autonom. Integriert wird diese Pluralität der Kultursphären nicht durch eine theologische oder philosophische Einheitslehre über die Gegenstände, sondern durch die autonome Persönlichkeit (ebd., S. 17). Dies ist gelebter Protestantismus als politisches Prinzip, das zu einer Einheit von

- religiös-sittlichem Individuum,
- neuhumanistischer Bildung,
- starkem Kulturstaat und
- deutscher Nation

führt. Gestützt wurde diese Vision durch den Historiker Heinrich von Treitschke (1834 – 1896), der die deutsche Geschichte folgerichtig erst mit der Reformation beginnen lässt. Dies gab zudem dem Kaiserreich eine historische Legitimation.

Hier taucht dann auch ein bis heute in der Kulturpolitik gerne verwendeter Begriff auf: der „Kulturstaat". Vor dem Hintergrund der protestantisch-deutschen positiven Bewertung des Staates seit der Reformation, die vom deutschen Idealismus unterfüttert wurde und die in der Staatslehre Hegels ihre stringenteste Ausformulierung fand, ist seit der Sozialpolitik des Kaiserreiches

- der Sozialstaat zuständig für eine gewisse Form von Gerechtigkeit,
- der Rechtsstaat normativ verankert und
- der Kulturstaat das sittlich geregelte Miteinander.

Der Staat selber ist nicht nur zuständig für Kultur/Kultus (Bildung, Wissenschaft, Künste: „Staatsschauspieler", Staatstheater etc.): er ist selber höchste Kulturleistung (vom Bruch: „Kulturstaat – Sinndeutungen von oben"; in Bruch/Graf/Hübinger 1989). Bis heute ist diese Tradition – auch und gerade unter Staats- und Verfassungsrechtlern – lebendig, auch wenn ihre Herkunft nicht immer mitgedacht wird. So findet sich der Topos des „Kulturstaates" nach dem zweiten Weltkrieg in einzelnen Länderverfassungen, und es gibt eine anhaltende Diskussion um die Verankerung des Staatszieles Kultur in der deutschen Verfassung (vor allem das Grundlagenwerk einer Verfassungslehre als Kulturwissenschaft Häberle 1998).

Die Trias Verfassungsstaat/Rechtsstaat/Sozialstaat gilt insgesamt als bürgerliche Kulturleistung des 19. Jahrhunderts, aus der sich auch die staatliche komplexe „Daseinsfürsorge" (in der Konzeption von Lorenz von Stein) ableitet. Der

"Kulturstaat" ist dann die höchste "sittliche Idee" für eine angemessene Organisationsform der bürgerlichen (Kultur-)Gesellschaft, die einzig angemessene Staatsform der Kulturnation. Damit ist zugleich eine enge Verbindung zwischen historischer Legitimation (s.o.), nationaler Identität und der Kulturbedeutung des Protestantismus hergestellt, die jedoch auch immer wieder dazu dient, imperialistisch und missionarisch eben diese deutsche Kulturidee nach draußen zu tragen: als Basis der auswärtigen Kulturpolitik, aber auch mit handfesteren Methoden. Diesen Bezug zur "Kultur" findet man auch in den völkischen Bewegungen, denn es ist das deutsche Wesen, an dem die Welt genesen solle. *Denken in Kategorien des Kulturstaates und der Kulturnation ist in großen Teilen also eine konservative Sinndeutung von oben* (ebd., S. 99).

Man kann sich nun leicht vorstellen, dass es weniger Konflikte zwischen dem "Sozial-" und dem "Kulturstaat" gibt, da beide auf einer sittlichen Fundierung des Staates und seiner Intervention beruhen. Die normativen Legitimationen des "Kulturstaates Deutschland" und des "Sozialstaates Deutschland" sind im Wilhelminischen Deutschland nicht kontrovers. Stärkere Spannungen bestehen jedoch zwischen einer "umfassenden Daseinsvorsorge" und einem *liberalen* Rechtsstaat, da letzterer das Engagement des Staates deutlich begrenzt und die Kraft des Individuums betont. Diese Spannungen sind bis heute aktuell und werden gerade in Zeiten virulent, in denen man unter dem Motto einer "Verschlankung des Staates" all zu viel Sozial- und Kulturstaatszuständigkeit als zu teuer loswerden möchte. In dieser Situation ist es daher durchaus relevant, an die Geschichte und Konnotationen des in der Kulturpolitik beliebten Kulturstaatsbegriffs zu verweisen. Die umfassendsten Arbeiten hierzu sind immer noch die juristischen Dissertationen von Otmar Jung (1976) und von Geis (1990). Diese Arbeiten zeigen zum einen die Begriffs-Geschichte von seinem wahrscheinlichen Urheber Fichte (seit 1806) über Bluntschli, Treitschke und den politischen Kontexten in Parteiprogrammen (z.B. Godesberger Programm der SPD) bis zum "Kunst-Urteil" des Bundesverfassungsgerichtes Anfang der sechziger Jahre. Bei Geis steht das Wirken des Verfassungsrechtlers E. Huber im Mittelpunkt.

In diesem Diskussionskontext, die Gesellschaft und den Staat normativ in solchen Grundwerten zu verankern, die zugleich eine Sinndeutung für den Einzelnen liefern und die daher pädagogisch zu vermitteln sind, spielt das erste Auftauchen einer "Kulturpädagogik" eine Rolle.

Die gesellschaftliche Aufgabe von "Kulturpädagogik"

Immer wieder ist die Kulturstaats-Rhetorik mit der hier im Mittelpunkt stehenden Bildungsproblematik verbunden. Die preußische Reform Anfang des 19.

Jahrhunderts mit der (Humboldtschen) Bildungsreform ist ein erster Höhepunkt, in der Kultur- und Bildungstheorie, staatliches Handeln und die Modernisierung der Verwaltung und der Gesellschaft in Einklang gebracht werden sollen. Auf einen weiteren historischen Prozess ist hierbei hinzuweisen. Ernst Troeltsch, „Kulturprotestant", liberaler Theologe, Freund von Max Weber und Kulturgeschichtler des Protestantismus, war viele Jahre politisch aktiv, zuletzt in der Deutschen Demokratischen Partei, einer sozial-liberalen Partei, die am Ende des Ersten Weltkrieges gegründet wurde.

Diese hat in ihrem Programm von 1919 dem Kulturstaatsbegriff für die Weimarer Republik zum Durchbruch verholfen (Jung 1976, S. 128 ff.). Die Erfahrungen des (ersten) Weltkrieges und seiner Ursachen führen zu einer klaren Ablehnung eines nationalistisch-aristokratischen Kulturbegriffs, für den etwa Treitschke stand, und zur Forderung eines demokratischen Kulturstaatsbegriffs, dem es um den Aufbau eines neuen Deutschlands geht, das „durch die Pflege der geistigen Wohlfahrt des Volkes, durch seine körperliche und sittliche Stählung und durch die Förderung seiner seelischen Kräfte (erfolgen) könne" (Programm der DDP; zitiert nach Jung 1976, S. 13).

Troeltsch ist vom März 1919 bis Juli 1920 parlamentarischer Unterstaatssekretär im preußischen Ministerium für Wirtschaft, Kunst und Volksbildung (vgl. Wright in Renz/Graf 1984, S. 175 ff.). Er beschäftigt sich hier vor allem mit der Novellierung der Verfassung der evangelischen Landeskirche in Preußen. In Bezug auf unser Thema wird er an einer entscheidenden Stelle bedeutsam: Der Berufung von Theodor Litt auf die pädagogische Professur in Leipzig mit dem expliziten Ziel, Kulturpädagogik – insbesondere für die zukünftigen Gymnasiallehrer – zu vermitteln. Als notwendig wurde dies deshalb angesehen, weil man den entmutigten jungen Männern, die aus dem Krieg zurückkehrten, eine „Weltanschauungsbildung" vermitteln wollte. „Kulturpädagogik" als angewandte Kulturphilosophie sollte die verschiedenen Schulfächer integrieren, den geistigen Gehalt der Fächer reflektieren, die Gymnasiallehrer – und nur diese – in einer bestimmten Weise professionalisieren und ihnen geistig-sittlichen Rückhalt geben (Schulz 1990). Spranger, der frühere Lehrstuhlinhaber, hatte einigen Einfluss sowohl auf diese Konzeption als auch auf die Besetzung. Nachdem der zunächst bevorzugte Kerschensteiner den Ruf abgelehnt hatte, entschied man sich für den Düsseldorfer Gymnasiallehrer Theodor Litt, der immerhin schon 1919 eine Kulturphilosophie vorgelegt hatte. Damit stellte man institutionell und personell die Verbindung her zu einer bedeutenden pädagogisch-philosophischen Strömung des Kaiserreiches, der Geisteswissenschaftlichen Pädagogik (Wilhelm Dilthey und seine Schüler). Denn in der Tat war „Kulturpädagogik" als spezifische, kulturphilosophisch inspirierte Ausrichtung von Pädagogik lange Zeit nur ein anderes Wort für „Geisteswissenschaftliche Pädagogik" (Tenorth in vom Bruch/Graf/Hübinger 1989, S. 144).

Kernbegriff dieser Konzeption war „Bildung". Bildungstheorie als reflektierter Zusammenhang des Einzelnen und der Kultur war zugleich Kern der Erziehungswissenschaft als Fachdisziplin. „Bildung" erhielt dadurch verschiedene Funktionen: bei der Konstituierung einer Wissenschaft, bei der Professionalisierung eines Berufsstandes, bei der theoretischen Fundierung einer institutionalisierten Praxis und in bezug auf die Entwicklungsvorstellungen bei Jugendlichen. Man erinnere sich an die erst kurze Geschichte der Pädagogik als Wissenschaft. Pädagogik als Wissenschaft wurde im 18. Jahrhundert von den Philanthropen und speziell von Ernst Christian Trapp begründet (Fuchs 1984b). Es war ein erfahrungswissenschaftliches Programm, das trotz einiger Schulreform-Erfolge gegen Ende des 18. Jahrhunderts von dem Neuhumanismus abgelöst wurde. Der Nachfolger von Trapp auf dem ersten pädagogischen Lehrstuhl an der Universität Halle war Friedrich Wolf, der auf einer Linie mit Humboldt antike Sprachen und Altertumswissenschaften in den Mittelpunkt stellte auf der Basis einer völlig anderen Kultur- und Bildungstheorie. Dies hat man als Übergang von einer „materialen" zu einer „formalen Bildungstheorie" beschrieben.

Erfahrungswissenschaftliche Tendenzen oder sogar Schulen blieben natürlich in der Erziehungswissenschaft trotz dieser Niederlage bestehen. Sie erhielten sogar durch den Triumphzug der Naturwissenschaften im 19. Jahrhundert kräftigen Rückenwind (Wilhelm Wundt, Ernst Meumann), allerdings eher bei der Volksschulpädagogik. Tenorth (a.a.O., S. 139) rechnet diesen Entwicklungs-Strang zu dem „szientifischen Flügel der Reformpädagogik".

Damit ist ein weiteres Stichwort genannt. Es gibt am Ende des 19. Jahrhunderts eine Reihe von Reformbewegungen: die Frauenbewegung, die Jugendbewegung, die Arbeiterbewegung, die Reformpädagogik, vielerlei Lebensreformbewegungen, die Kunsterziehungsbewegung etc. Diese Bewegungen sind politisch, von ihren sozialen Trägerstrukturen und ihren konzeptionellen Grundlagen her denkbar heterogen. Allerdings sind sie alle kritische Reaktionen auf Entwicklungen der Zeit.

Mittlerweile ist das Erziehungs- und Bildungssystem gut ausgebaut. Trotzdem beklagt Dilthey noch 1888 die Unreife der Pädagogik als Wissenschaft. Seine eigene Antwort gibt er mit der Entwicklung der „Geisteswissenschaft", einem sinnverstehenden Zugang zur Geschichte und zu den kulturellen Manifestationen in der Geschichte. Dilthey ist insofern nachhaltig schulbildend, als seine Schüler bis in die Zeit der Bundesrepublik wirksam sind und wichtige Lehrstühle der Pädagogik-Philosophie besetzen (u.a. Fischeisen-Köhler, W. Flitner, Spranger, Nohl, Litt). Seine Enkelschüler (Klafki, Blankertz, Mollenhauer), die sich kritisch mit dem Verhalten ihrer Lehrer in der Nazi-Zeit auseinandersetzen, prägen die Bildungsreform der siebziger Jahre und treten erst heute allmählich im wissenschaftlichen Diskurs in den Hintergrund.

Insbesondere ist es Hermann Nohl, der Anfang des 20. Jahrhunderts im Sinne von Dilthey die Geisteswissenschaften auf Bildungstheorie und Pädagogik fokussiert. Er versteht die Geisteswissenschaftliche Pädagogik – verstanden als „Kulturpädagogik" – als Theoretisierung und Konzeptionalisierung der gesamten Reformbewegungen und liefert auch literarisch hierzu die gültigen Deutungsmuster. Die griffigen Bestimmungen von „Kultur als objektiver Seite der Bildung und Bildung als subjektiver Seite von Kultur", von „Bildung als wechselseitiger Erschließung von Mensch und Welt", an die auch heute angeknüpft werden kann, gehen auf ihn zurück.

Beziehen wir abschließend diese Bildungsüberlegungen auf das AGIL-Schema (Abb. 12)

Abbildung 12: Bildung 1900

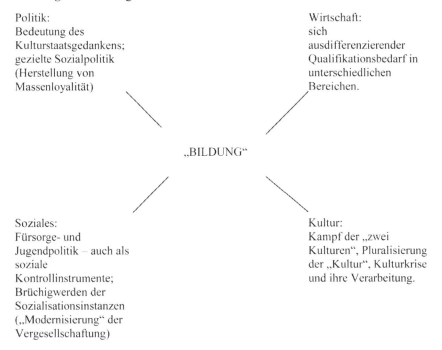

Politik:
Bedeutung des Kulturstaatsgedankens; gezielte Sozialpolitik (Herstellung von Massenloyalität)

Wirtschaft:
sich ausdifferenzierender Qualifikationsbedarf in unterschiedlichen Bereichen.

„BILDUNG"

Soziales:
Fürsorge- und Jugendpolitik – auch als soziale Kontrollinstrumente; Brüchigwerden der Sozialisationsinstanzen („Modernisierung" der Vergesellschaftung)

Kultur:
Kampf der „zwei Kulturen", Pluralisierung der „Kultur", Kulturkrise und ihre Verarbeitung.

6 „Kultur" in der politischen Philosophie und im Staatsrecht 131

Kulturstaat, Kulturpädagogik, die Idee einer „Leitkultur" und Kulturprotestantismus gehen eine rechtskonservative Liaison ein, die in der Weimarer Zeit fortwirkt und – etwa über die Staatsrechtler Carl Schmitt und seinen Schüler Ernst Forsthoff – fortwirkt bis in die Gegenwart. Einer der Schlüsselbegriffe, die hierbei eine Rolle spielen, ist „Daseinsvorsorge". Dieser Begriff spielt auch in der heutigen politischen Debatte eine große Rolle, nämlich dort, wo es um Leistungen der Öffentlichen Hand geht, die diese jenseits vom Marktgeschehen bereitstellen darf. Kultur sollte dazugehören, so wie es das bislang umfassendste Positionspapier des Deutschen Kulturrates formuliert: „Kultur als Daseinsvorsorge".

Der Begriff stammt aus dem gleichen staatstheoretischen Kontext und soll daher kurz erläutert werden.

Der Begriff der „Daseinsvorsorge" geht zurück auf den Staats- und Verfassungsrechtler Ernst Forsthoff, ein Schüler des berühmt-berüchtigten Carl Schmitt, der zur Zeit mit seinem Schüler Leo Strauss als möglicher Vordenker für die neokonservative und aggressive US-Aussen- und Kriegspolitik zu neuer Publizität gekommen ist. Nach Vorarbeiten ist es das Buch „Die Verwaltung als Leistungsträger", das 1938 (!) von Forsthoff publiziert wurde. Es gibt einige Hinweise darauf, dass Äußerungen sowohl von Karl Jaspers als auch die Arbeiten von Heidegger diese Wortwahl mit beeinflusst haben könnten. Das hat jedoch eher mit dem damaligen Zeitgeist zu tun, der ein solches Vokabular nahe legte. Eine inhaltliche Verwandtschaft in der Vorstellung der spezifischen Rolle des Staates und vor allem seiner Verwaltung gibt es allerdings mit dem Nationalsozialismus. Geistesgeschichtlich wird zum einen auf die hohe Bedeutung des Staates in der deutschen idealistischen Philosophie am Anfang des 19. Jahrhunderts (Hegel, Fichte) Bezug genommen. Realgeschichtlich ist es die Industrialisierung in der 2. Hälfte des 19. Jahrhunderts, die in ihren verheerenden sozialen Auswirkungen reflektiert wird. *Es handelt sich um eine Kapitalismus- (und Liberalismus-) Kritik von Rechts.* Auf den Zerfall sozialer Unterstützungsräume im Zuge der Industrialisierung muss nun der Staat und vor allem die Verwaltung reagieren, so dass der Staat seine genuine Aufgabe der Wahrung innerer Sicherheit und Ordnung („Polizey") ergänzen muss um die Aufgabe, Leistungen bereitzustellen. In dieser Hinsicht ordnet sich diese Behandlung der „sozialen Frage" durchaus in Tendenzen der katholischen Sozialauslehre, der Sozialdemokratie und der Aktivitäten Bismarcks ein. Wichtiger Bezugsautor ist der Sozialstaatstheoretiker Lorenz von Stein.

Forsthoff spricht dabei davon, dass die Grundrechte und überhaupt die politische Steuerung des Staates in den Hintergrund rücke und nunmehr die Verwaltung Hauptakteur wird. In den Hintergrund treten individuelle Freiheitsrechte zu Gunsten der Betonung der Gemeinschaft, des Allgemeinen. Der (liberalbürgerliche) Rechtsstaat, der das Individuum mit seinen Schutzrechten gegenüber dem Staat in den Mittelpunkt stellt, gerät in ein Spannungsverhältnis zu einem so verstandenen Sozialstaat, bei dem die Gemeinschaft zentral ist – ein Spannungsverhältnis, das bis heute die unterschiedlichen Staatszielbestimmungen im Grundgesetz beeinflusst.

Für die Kulturpolitik ist diese Spannung dort relevant, wo sie sich entscheiden muss, ob sie eher im Rechtsstaats- oder im Sozialstaatsgebot (oder in einem noch einzubringenden „Kulturstaatsgebot") ihren verfassungsmäßigen Grund findet. Als systematische Fragen an die konzeptionelle Grundlegung der Kulturpolitik ergeben sich hieraus, wie man mit dieser rechtskonservativen Aufladung des Begriffs der Daseinsvorsorge, dem damit verbundenen paternalistischen Bild von Staat, der geringen Relevanz des Einzelnen und seiner Grundrechte umgehen will angesichts des individuellen Charakters des Kunstumgangs.

Neben dem Einzelnen wird die Gesellschaft in einem Spannungsverhältnis zu Staat gesehen. Auch dieser Gedanke geht auf die Rechtsphilosophie von Hegel zurück. Angesichts der aktuellen Diskussion über die Bürgergesellschaft, über die Rolle der politischen Mitsteuerung durch die Zivilgesellschaft, über neue Konzepte staatlicher Steuerung insgesamt („good governance", New Public Management) scheint es nicht so leicht, gegen die historische, staatszentrierte Semantik eines zunächst sympathischen Begriffs ein zeitgemäßes Verständnis der Rolle von Staat, Markt und Drittem Sektor auf der Basis dieses Begriffs zu entwickeln. Doch zurück zum Kulturstaatsbegriff.

Eigentlich müsste der Begriff des „Kulturstaates" ebenso suspekt sein wie der der „Kulturhoheit". All dies erinnert doch fatal an eine Staatskultur, wie sie einer Demokratie wenig angemessen wäre. Trotzdem erfreuen sich beide Begriffe großer Beliebtheit. Unterstützung erfährt die Forderung nach einem neuen Staatsziel „Kultur" durch renommierte Staatsrechtler wie Peter Häberle (umfassend in Häberle 1998). Andere sehen zwar keine qualitative Veränderung bei Einfügung eines solchen Zieles in die Verfassung, da sich ein verfassungsrechtlicher Kulturauftrag bereits jetzt aus einschlägigen Artikeln (etwa Art. 5, aber auch Art. 1 – Menschenwürde) bzw. durch eine weite Deutung des Art. 20 unterstützt durch entsprechende Urteile des Bundesverfassungsgerichts herauslesen lasse, sprechen aber von einer durchaus positiv zu wertenden „appellativen Bedeutung" (Dieter Grimm).

Ein Höhepunkt in der Auseinandersetzung um eine Kulturstaatsklausel war die Tagung der Vereinigung der Deutschen Staatsrechtlehrer im Jahre 1983, an der nahezu alle einschlägigen Fachleute das Wort ergriffen. Bei der Lektüre der Diskussionsbeiträge wird schnell klar, dass die Befürworter einer solchen Klausel an eine normative Anreicherung der Verfassung im Sinne des idealistischen Kulturverständnisses denken: Kultur als Weltdeutung, als Sinnstiftung, als Wertbegründung zum Zwecke der Integration des Einzelnen und der Schaffung einer

6 „Kultur" in der politischen Philosophie und im Staatsrecht 133

gemeinsamen (nationalen) Identität. Historisch war genau dies der Weg zu Beginn des 19. Jahrhunderts, als eine nationale kulturelle Identität als Ersatz für eine fehlende politisch Integration herhalten musste. Damit wird aber deutlich, dass dieser – offenbar als einziger justiziable Kulturbegriff – sich nicht mit der lebendigen Kulturentwicklung in der Gesellschaft und auch nicht mit dem Kulturbegriff einer zeitgemäßen Kulturpolitik deckt. Die Staatsrechtlehrer waren sich daher zwar kaum einig über den Nutzen einer solchen Verfassungsergänzung, schienen aber alle Einvernehmen in der Ablehnung des für Verfassungszwecke untauglichen Kulturverständnis der Kulturpolitik zu haben (zu dynamisch und zu stark Moden unterworfen).

Als einen wichtigen Ertrag aus dieser Debatte will ich die Begriffsbestimmungen von Dieter Grimm zitieren, der eines der beiden Hauptreferate gehalten hat:

„Kultur ist als ein überpersonales System von Weltdeutungen, Sinnstiftungen, Wertbegründungen und -überlieferungen samt deren symbolischen Ausdrucksformen zu verstehen, dessen soziale Funktion in der ideellen Reproduktion der Gesellschaft liegt."
„Die Bedeutung der so verstandenen Kultur besteht für den Einzelnen in der Sicherung eines Grundvorrats an Wissen, Sinnerleben und Ausdrucksformen, den er mit anderen teilt und der intersubjektive Verständigung und sinnhaftes soziales Handeln erst ermöglicht."
„Für die Gesamtheit stellt die Kultur die Grundlagen kollektiver Identität und sozialer Integration bereit, auf der auch die Integrationsleistung des Staates basiert, dessen Institutionen und Aktivitäten selbst kulturell gegründet sind und kultureller Legitimation bedürfen."
„Im kulturellen Bereich liegen daher Funktionsvoraussetzungen für die Erfüllung der Staatsaufgaben. Insofern ist der Staat von der Kultur abhängig, die ihrerseits zur Sicherung und Einverleibung der grundlegenden identitätsverbürgenden Werte wieder auf den Staat angewiesen ist."
„Da der oberste verfassungsrechtliche Zielwert der Menschenwürde und die auf ihn bezogene demokratische Herrschaft nur unter bestimmten kulturellen Voraussetzungen realisierbar sind, erteilt das Grundgesetz dem Staat auch ohne ausdrückliche Kulturstaatsklausel einen Kulturauftrag." (in Steiner/Grimm 1984, S. 80f).

Diese Definition ist insofern tauglich, weil sie zum einen von einem Kulturbegriff mittlerer Reichweite ausgeht. Aus meiner Sicht ist für unsere Zwecke besonders der hervorgehobene Einschub relevant, der davon spricht, dass Werte und Normen auf symbolische Weise dargestellt werden. Denn hier sind es insbesondere die künstlerischen Ausdrucksformen, die abstrakte Werte und Normen in vergegenständlichter Form gesellschaftlich wirksam werden lassen. Man muss sich dabei vorstellen, dass Abstrakta wie Werte und Normen eben nicht unmittelbar, sondern eben nur vermittelt über ein entsprechendes Handeln, aber auch über Symbole Wirksamkeit entfalten können. Dieser Gedanke ist durchaus kompatibel mit den obigen Überlegungen zum „Betriebssystem Kultur". Denn wie anders sollen Künste (hier: als Symbolisierungen von Werten, Normen und Identitäten; so auch aktuell die UNESCO-Konvention zur kulturellen Vielfalt) in Erscheinung treten, wenn nicht über Künstlerinnen und Künstler, die produzieren, über ein Publikum, das daran partizipiert und über Institutionen, in denen sie einen Platz haben.

Etwas ernüchternd ist allerdings ein Resümee der Debatte der Staatsrechtler, insbesondere für Kulturpolitikerinnen und Kulturpolitiker. Ich gebe einige Hinweise:

1. Die Verfassungs- und Staatsrechtler sprechen sich ausdrücklich gegen die Aufnahme einer Kulturbegrifflichkeit aus, sowie sie in der Kulturpolitik eine Rolle gespielt hat. Diese ist in den Augen der Juristen eher einer bestimmten intellektuellen vorübergehenden Mode geschuldet und hat in einer Verfassung nichts zu suchen.
2. Der Kulturbegriff der Staats- und Verfassungsrechtler ist normativ und prinzipiell konservativ.
3. Es besteht daher die Gefahr einer Festschreibung eines bestimmten Entwicklungsstandes der „Kultur". Diese Gefahr wird auch noch dadurch vergrößert, wenn man sich die prominente Rolle des Bundesverfassungsgerichtes bei der Auslegung des Grundgesetzes ansieht.
4. In diesem Zusammenhang spielt dann die jeweilige Zusammensetzung des Bundesverfassungsgerichts eine Rolle. Man tritt den betreffenden Persönlichkeiten sicherlich nicht zu nahe, wenn man hier eine eher konservative Ausrichtung konstatiert. Man möge sich in diesem Zusammenhang einmal nur mit der neuen Publikation des Verfassungsrichters Udo Di Fabio (Die Kultur der Freiheit; 2005) auseinandersetzen, um ermessen zu können, wie eine mögliche Deutung von „Kultur" bei einem sicherlich irgendwann einmal stattfindenden Musterprozess aussehen würde.
5. Nach wie vor besteht gerade in Deutschland aufgrund einer gewissen Affinität zu einem Etatismus die Gefahr, dass sich das Hegelsche Staatsverständnis, so wie es in der Geschichte des Kulturstaatsgedankens eine Rolle gespielt hat, sich wiederum durchsetzt. Bereits heute kann man feststellen, dass trotz (bzw. wegen) des häufig beschworenen Machverlustes des Nationalstaates es einen erheblichen Ansturm von Repräsentanten des Staates in Gremien zivilgesellschaftlicher Organisationen gibt.

6 „Kultur" in der politischen Philosophie und im Staatsrecht

Man hat in den 90er Jahren immer wieder im kulturpolitik-theoretischen Diskurs (z.B. Albrecht Göschel) auf diesen Versuch einer normativen Ergänzung des Sozial- und Rechtsstaatsprinzips hingewiesen und gezeigt, welche Implikationen dies für ein dazu passendes Verständnis von Kunst hätte (Kunst als Transportmedium von Werten und Normen), das kaum dem aktuellen Nachdenken über Kunst entspricht. Aus diesem Grund war man eher skeptisch gegenüber solchen Versuchen einer Kulturpolitikbegründung.

Auch historisch findet man eher Gründe, skeptisch gegenüber dem Kulturstaatsziel zu sein. Denn es hat dieselben rechtskonservativen Hintergründe wie das Konzept der Daseinsvorsorge: Der Staat als das Sittlich-Allgemeine sorgt dafür, dass eine einheitliche Normenbasis („Kultur") – etwa über das Bildungssystem – in der Gesellschaft vorhanden ist. Es ist der starke Staat, der eine sittliche Vergemeinschaftung über Kultur von oben betreibt. Dieser Ansatz war übrigens – wie oben dargestellt – auch in den 20er Jahren des 20. Jahrhunderts Basis eines (schnell gescheiterten) Versuchs, eine entsprechende „Kulturpädagogik" als Sittenschulung der Lehrer verbindlich zu etablieren – ein Intermezzo, an dem bis heute das Arbeitsfeld „Kulturpädagogik" im akademischen Diskurs zu leiden hat.

Für die Kulturpolitik wird es daher unvermeidbar sein, ihre eigene Relevanz durch ihre spezifischen Leistungen für den Einzelnen und die Gesellschaft nachzuweisen. Dazu wird man sich zu gesellschaftlichen (sozialen, ökonomischen, politischen) Entwicklungen in Beziehung setzen müssen, dazu wird man mehr als bisher darüber nachdenken müssen, welches Kulturangebot für welche Gruppe welche Bedeutung haben kann, welche Vorstellungen von „Staat" und seiner unterstützenden Rolle man hat. Insbesondere sind Spannungen oder gar Widersprüche zur Kenntnis zu nehmen, wenn man all zu schnell Legitimationsformeln wie „Kultur als Wirtschaftsfaktor" oder „Daseinsvorsorge" und dies im Rahmen eines „Kulturstaates" verwendet. Gefragt ist also eine demokratie-theoretische Legitimation, bei der eine öffentliche Kulturförderung getragen wird von der Überzeugung der Menschen in den Wert der Künste und der Kultur. Damit dies aber geschehen kann, müssen alle Vereinnahmungen des Kulturellen durch die Ökonomie vermieden werden.

Über die Debatte der Staatsrechtlehrer aus dem Jahre 1984 hinaus liegt inzwischen als umfassendste Darstellung dieser Thematik die Dissertation von Max-Emanuel Geis: Kulturstaat und kulturelle Freiheit (1990), inzwischen Hochschullehrer und einer der Experten bei der Anhörung der Enquête-Kommission „Kultur in Deutschland" vor. Diese Dissertation befasst sich mit dem in der Frage des aktuellen Kulturstaatskonzeptes wichtigen Staatsrechtslehrer Ernst Rudolf Huber, der ebenfalls zu dem engeren Kreis um Schmitt und Forsthoff gehört. Geis zeigt, wie stark Huber der Hegelschen Kulturphilosophie und

Staatslehre verpflichtet ist, also einem vordemokratischen, autoritären Staatsverständnis. Anstatt diese profunde Arbeit zu referieren, gebe ich hier die „Zusammenfassenden Thesen" des Autors wieder.

Zusammenfassende Thesen

1. „Die neuere wissenschaftliche Beschäftigung mit dem Kulturstaatsbegriff ist bis heute in erheblichem Ausmaß vom Kulturstaatskonzept Ernst Rudolf Hubers beeinflusst.
2. Das Kulturstaatskonzept Ernst Rudolf Hubers ist das nahezu einmalige Beispiel der wissenschaftlichen Karriere einer Einzelmeinung zur Grundlage einer gefestigten „herrschenden Meinung", auf die sich die unterschiedlichsten inhaltlichen Konzeptionen stützen könnten.
3. Das Kulturstaatskonzept Ernst Rudolf Hubers ruht auf drei Säulen: einem idealistischen Kulturbegriff, einem etatistischen Staatsbegriff und dem Rückgriff auf die geisteswissenschaftliche dialektische Methode.
4. Die Staatsauffassung Ernst Rudolf Hubers beruht dezidiert auf der hegelianischen Konstruktion des Staates als überindividueller, organischer Einheit mit Eigenwertcharakter.
5. Kulturelle Freiheit ist bei Ernst Rudolf Huber konsequenterweise nur als „Freiheit im Staate" bzw. „Freiheit zum Staate" möglich. Sie trägt weniger individuellen als objektiv-institutionellen Charakter.
6. In der Nachfolge Hegels einerseits, Carl Schmitts andererseits ist für Ernst Rudolf Huber ein „starker" und „neutraler Staat" der einzige Hort zur Verwirklichung kultureller Freiheit.
7. Die Kulturgestaltungsmacht des Staates bedarf für Huber keiner gesonderten Legitimation; sie ist vielmehr aus dem Wesen des Staates als gleichzeitiger „Diener" und „Herr" der Kultur heraus begründet und berechtigt zur umfassenden inhaltlichen Einflussnahme.
8. Der idealistische Kulturbegriff Ernst Rudolf Hubers steht in der spezifisch deutschen Tradition einer Deutung als elitärem, „besserem" Bereich im Gegensatz zu Natur und Zivilisation. Er ist durch ein prozesshaftes Streben hin zu „höheren" bzw. „letzten" Werten gekennzeichnet.
9. Seine Legitimation erfährt der Kulturbegriff Ernst Rudolf Hubers in der tatsächlichen Dominanz idealistischer Anschauungen, die bis weit in die 60er Jahre unseres Jahrhunderts auf Philosophie, Bildungswesen und Rechtswissenschaft bestimmenden Einfluss ausübten.

10. Die Transformation des idealistischen Kulturbegriffs in einen Rechtsbegriff erfolgt bei Ernst Rudolf Huber mit Hilfe der in der Weimarer Zeit vornehmlich von Rudolf Smend entwickelten „geisteswissenschaftlichen Methode".
11. Die Richtigkeit seiner Kulturstaatssicht als Synthese von Kultur und Staat wird von Ernst Rudolf Huber unter Berufung auf eine bis zum Beginn des 19. Jahrhunderts zurückreichende Kulturstaatstradition gerechtfertigt.
12. Eine Analyse der einschlägigen Literatur seit dem 19. Jahrhundert zum Thema „Kulturstaat" zeigt, dass von einer durchgängigen, inhaltlich greifbaren und in sich schlüssigen Begriffsbedeutung nicht die Rede sein kann. Stattdessen verbirgt sich hinter dem Kulturstaatsbegriff von Anfang an ein Amalgam verschiedener Staatskonzeptionen und Weltanschauungen, dessen Inhalte häufig diametral gegensätzliche Positionen aufwiesen. Als inhaltlich einigermaßen konstante Elemente des Kulturstaatsbegriffs lassen sich seine Nähe zu etatistischen und nationalistischen Sichtweisen aufzeigen, die von der Tendenz getragen werden, die Einflussmöglichkeit des Staates auf die Kultur sicherzustellen. Zur Begründung traditioneller Legitimationszusammenhänge ist der jeweils erreichte Grad der Konkretisierung jedoch in jedem Falle untauglich.
13. Das hegelianisch geprägte Staatsverständnis Ernst Rudolf Hubers ist mit der anthropozentischen Staatskonzeption des Grundgesetzes unvereinbar; es kann daher nicht tauglicher Ausgangspunkt einer verfassungsrechtlichen Staatszielbestimmung „Kulturstaat" sein.
14. Das ebenfalls hegelianisch geprägte Freiheitsverständnis Ernst Rudolf Hubers widerspricht einem individualrechtlichen Verständnis kultureller Freiheit, wie es den einzelnen thematisch einschlägigen Grundrechten des Grundgesetztes zu entnehmen ist.
15. Ein idealistisch geprägter (verfassung-)rechtlicher Oberbegriff „Kultur" ist mit dem Grundgesetz nicht vereinbar. Eine sinnvolle Inhaltsbestimmung kultureller Gegebenheiten ist nur bereichsspezifisch, d.h. grundrechtsspezifisch möglich.
16. Die dialektische Methode ist als Methode der Verfassungsrechtsdogmatik unbrauchbar, da sie, statt rechtlich notwendige Differenzierungen zu treffen, geeignet ist, Aporien zu verdecken.
17. Die geisteswissenschaftliche Methode ist in der von Ernst Rudolf Huber verwendeten Form als juristische Methode unbrauchbar, da sie als Einfallstor subjektiver Beliebigkeiten objektive Werterkenntnis vortäuscht.
18. Kulturautonomie und Kulturgestaltungsmacht sind entgegen der Auffassung von Ernst Rudolf Huber unter den Bedingungen des Grundgesetzes nicht gleichrangige objektivrechtliche Größen. Während Kulturautonomie als

Ausfluss individueller Freiheit keiner Rechtfertigung bedarf, sind staatliche kulturgestaltende Eingriffe stets legitimationsbedürftig.
19. Die Legitimation des Staates zu Eingriffen in die Kultur ergibt sich weder staatstheoretisch abstrakt aus der „Kulturqualität" noch der „Kulturhoheit" des Staates, weder aus einer apriorischen Befugnis, Kulturpolitik zu treiben noch aus einem generellen Auftrag zum Schutz individueller Freiheit vor gesellschaftlichen Gefährdungen, schließlich auch nicht aus einem abstrakt verstandenen „Kulturauftrag" schlechthin.
20. Grundlage eines staatlichen Kulturauftrags ist die Menschenwürde des Art. 1 Abs. 1 GG und ihre Ausprägungen in den Einzelgrundrechten. Kulturgestaltungsmacht als Legitimation zu staatlichen Kultureingriffen ist daher aus den jeweiligen Normprogrammen der Einzelgrundrechte zu entwickeln.
21. Am Beispiel der Kunstfreiheitsgarantie des Art 5 Abs. 3 GG lässt sich zeigen, dass den Befürwortern eines Qualitätsmaßstabes im Eingriffs- wie Förderbereich bei Vermeidung argumentativer Zirkelschlüsse oder Inkonsequenzen letztlich nur der Weg zurück zu Huber offen steht.
22. Der Kulturstaatsbegriff hat verfassungstheoretisch lediglich heuristische Bedeutung. Inhaltlich stellt er wegen seiner Abhängigkeit vom Kulturbegriff eine Leerformel dar.
23. Das Kulturstaatskonzept Ernst Rudolf Hubers ist unter den Vorgaben des Grundgesetzes verfassungsrechtlich nicht haltbar.
24. Eine Ergänzung des Grundgesetzes durch eine „Kulturstaatsklausel" ist entweder als Tautologie überflüssig oder stellt den untauglichen Versuch eines dilatorischen Formelkompromisses dar, unvereinbare Inhalt in einem Begriff zu vereinbaren."
(Geis 1990, S. 266 – 269).

Max-Emanuel Geis, mittlerweile Lehrstuhlinhaber für Öffentliches Recht in Erlangen-Nürnberg, hat sich für eine Aufnahme der eingangs zitierten Formulierung („Der Staat schützt und fördert die Kultur") ausgesprochen, für die er sogar Urheberrechte geltend macht (vgl. seinen Artikel „Staatsziel Kultur" in Politik und Kultur 4/2005, S. 7). Wichtig ist ihm, dass aufgrund der oben dargestellten historischen Entwicklung der Begriff „Kulturstaat" vermieden wird. Er befürwortet die Verankerung von Kultur im Grundgesetz, „da sie die Verantwortung des Staates unterstreicht, das kulturelle Erbe zu bewahren, zu schützen und weiter zu entwickeln..." (ebd.). Dies ist zunächst einmal nur ein kleiner Bereich, mit dem sich Kulturpolitik befasst. Nimmt man jedoch die Rechtssprechung des Bundsverfassungsgerichtes zur Deutung von Art. 5 (Kunstfreiheit) hinzu, die eine aktive Förderung von Kunst fordert, dann wird das Bild schon runder. Geis selbst erläutert (a.a.O.), dass „Kultur untrennbar mit Menschenwürde verknüpft (ist), denn die Verwirklichung des Individuums in der Gesellschaft bringt die Inhalte hervor, die in ihrer Gesamtheit den Beriech der Kultur bilden: *Kultur ist der Inbegriff von Kommunikationsinhalten zwischen den Individuen* ..." (meine Hervorhebung; M.F.)

Man sieht, dass in Hinblick auf die Klärung des Kulturbegriffs diese Überlegungen nicht sonderlich weit führen, denn sie pendeln zwischen der Enge des Kulturerbes und der Weite aller Kommunikationsinhalte. Man wird also mit Spannung erwarten, wie – im Falle einer Aufnahme der Kulturklausel ins Grundgesetz – ein erstes präzisierendes Urteil des Bundesverfassungsgerichtes ausfallen wird.

Kulturpolitisches Fazit und ein Vorschlag

1. Kultur ist und bleibt ein komplexer Begriff. Anspruch auf Deutung dieses Begriffes haben viele Disziplinen. Die Kulturpolitik hat kein privilegiertes Deutungsrecht.
2. Trotz der großen Akzeptanz eines weiten Kulturbegriffs in der Kulturpolitik ist es aus meiner Sicht sinnvoll, von einem pragmatischen Kulturbegriff auszugehen, der auch der operativen Kulturpolitik zugrunde liegt. Dies bedeutet aber auch, dass der geschmähte „Kulturbetrieb", also die Institutionen und Personen des Kulturbereichs, es sind, die geschützt und gefördert werden müssen.
3. Der kulturelle Kernbereich der Künste ist behutsam auszudehnen (Kultur = Künste + X), wobei darauf zu achten ist, dass die Definition und Praktikabilität von Kultur umso schwerer fällt, je weiter man den Kulturbegriff fassen will. Dabei geht es nicht bloß um definitorische Fragen. Eine Entgrenzung des Kulturbegriffs führt dazu, dass er politisch und juristisch nicht mehr handhabbar ist.
4. Der weite (ethnologische) Kulturbegriff im Sinne einer Kultur als Lebensweise ist bereits geschützt.
5. Der weite Kulturbegriff im Sinne einer europäisch humanistischen Leitkultur ist ebenfalls geschützt.
6. Der oft von Staats- und Verfassungsrechtlern verwendete Kulturbegriff, der – ähnlich der Verwendungsweise in der struktur-funktionalen Soziologie – „Kultur" als Bereich der Künste, der Religion und der Wissenschaften versteht, ist mit dieser Sichtweise kompatibel, da die beiden kulturellen Felder Wissenschaft und Religion ihre eigenständige Absicherung im Grundgesetz haben. Allerdings halten sich die Verfassungsrechtler in ihren Ausführungen oft nicht an ihre eigene Begrifflichkeit und verwirren sich und andere

mitunter selbst, wenn sie diese in ihren Argumentationen klammheimlich verändern.
7. Auf die tragfähige Begriffsbestimmung von D. Grimm wird nachdrücklich hingewiesen.
8. Vor dem Hintergrund der Tatsache, dass höchstrangige völkerrechtliche Regelungen wie etwa die Allgemeine Erklärung der Menschenrechte, der Pakt zu den sozialen, ökonomischen und kulturellen Rechten oder die jetzt zur Ratifizierung anstehende Konvention zur kulturellen Vielfalt von ihrem Rang her unterhalb der Bedeutsamkeit des Grundgesetzes liegen, ist es empfehlenswert, in der internationalen Kulturpolitik eingeführte höchstrangig abgesicherte Leitbegriffe wie etwa „kulturellen Teilhabe" im Rahmen der Aufnahme eines Staatsziels Kultur mit zu berücksichtigen. Man hätte damit auch die Chance, eine hochreflektierte Begrifflichkeit, in unser wichtigstes politisches Dokument mit aufzunehmen. Der entsprechende Artikel 15 des Internationalen Paktes über wirtschaftliche, soziale und kulturelle Rechte (1976) lautet:
„Art. 15:
(1) Die Vertragsstaaten erkennen das Recht eines jeden an,
am kulturellen Leben teilzunehmen,
a) an den Errungenschaften des wissenschaftlichen Fortschritts und seiner Anwendung teilzuhaben,
b) den Schutz der geistigen und materiellen Interessen zu genießen, die ihm der Urheber von Werken der Wissenschaft, Literatur und Kunst erwachsen.
(2) Die von den Vertragsstaaten zu unternehmenden Schritte zur vollen Verwirklichung dieses Rechts umfassen die zur Erhaltung, Entwicklung und Verbreitung von Wissenschaft und Kultur erforderlichen Maßnahmen …"
(Bundeszentrale 2004, S. 65).

Der Vorteil dieser Aussagen liegt zudem darin, dass sowohl die Produzenten- als auch die Anbieterseite ebenso wie die Vermittlung und die Nutzerseite, die BürgerInnen also, gleichermaßen berücksichtigt sind.

7 „Kultur" in Kulturpolitik und Kulturpädagogik

Kulturpolitik und Kulturpädagogik sind zwei Disziplinen, in denen man – schon von der Bezeichnung her – damit rechnet, dass es einen lebhaften Kulturdiskurs geben muss, weil dort „Kultur" praktisch wird. Für die Kulturpolitik ist dabei auf Kap. 6 zu verweisen. Denn eine Thematisierung von Kulturpolitik im Kontext einer Staatsrechtsdebatte erfasst in der Tat ein weites Feld des gesamten Kulturdiskurses in der Kulturpolitik. Es ist dabei bis heute immer wieder notwendig daran zu erinnern, dass es nicht „der Staat" alleine ist, der Kulturpolitik betreibt, selbst wenn dort, wo es um gesetzliche Rahmenbedingungen und ihre Umsetzung geht, der Staat als Parlament (Legislative) und als Regierung (Exekutive) die alleinige Handlungsmöglichkeit hat und die Justiz als dritte Dimension des Staates zivil-, straf- oder verwaltungsrechtlich involviert werden kann, da sich auch alles kulturelle und kulturpolitische Handeln im Rahmen des Rechtsstaates abspielt.

Eine solche staatsbezogene Auffassung von Kulturpolitik bedeutete über eine lange Zeit hinweg – gemäß dem in Kap. 6 wiedergegebenen Zitat von W. Reinhard (vgl. S. 124) – eine Instrumentalisierung kultureller „Medien" (Bildung, Künste, Medien etc.) im Interesse des Machterhaltes. Selbst dort, wo dies nicht unmittelbar beabsichtigt war, blieb „Kultur", blieben vor allem die Künste eng verbunden mit der Aufgabe, in irgendeiner Weise die politische Struktur der jeweiligen Gesellschaft zu widerspiegeln. Architektur, die höfische Oper, das vom Hof finanzierte Theater, der beauftragte Dichter: In der Geschichte jeder Kunstsparte kann man dies belegen. Und selbst dort, wo dies nicht der Fall ist, diskutiert die Kunsttheorie bzw. Kunstphilosophie die Frage, inwieweit Kunstwerke als Ausdruck menschlicher Freiheit visionär Embleme einer (vielleicht noch nicht vorhandenen) demokratischen Grundordnung sein können. Doch jenseits dieser subtilen Vermutung dominiert über die Jahrhunderte hinweg eine eher selbstverständliche Vereinnahmung: Künste hatten eine (oft staatstragende) politische Funktion (vgl. den Abschnitt „Zur politischen Funktion von Kunst" in Busch 1987 sowie meinen Beitrag „Kulturfunktionen von Kunst" in Fuchs 2005, Bd. 2). Entsprechend war Kulturpolitik über weite Strecken eine Steuerung von Kunst im Dienste des (jeweiligen) Staates (v. Beyme 1998). Dies hat sich inzwischen auch deshalb geändert, weil die Auffassung von „Staat" eine andere geworden ist. In der Demokratie – zumindest in der Vision einer lebendigen Demokratie – ist der Staat nicht bloß eine öffentliche Angelegenheit, sondern eine Angelegenheit aller. Selbst bei einem staatsbezogenen Verständnis von Kulturpolitik, das bis heute noch in den Amtsstuben staatlicher Kulturbeamter in Bund und Ländern zu finden ist, führt das demokratische Verständnis des Staates zu einer Öffnung der engen machtpolitischen Funktionalisierung früherer Zeiten. Zudem gibt es neben dem Staat wichtige Akteure, die in der Gestaltung des kulturellen Lebens und speziell der Förderung von Künsten eine schon immer wichtige Rolle gespielt haben. So sind an erster Stelle die Kommunen zu nennen, die in einigen Staaten (wie in Deutschland) nicht selbst Staat sind, aber als relativ autonome politische Einheiten große Selbstverwaltungsrechte haben. Zu diesen gehört auch eine kommunale Verantwortung für Kulturpolitik. In Deutschland ist in Hinblick auf konkrete Kulturangebote diese Tradition insofern stark ausgeprägt, als die Kommune traditionsgemäß den (inzwischen zwar geschrumpften, aber noch) größten Anteil an der öffentlichen Kulturfinanzierung haben. Was „Kultur" hierbei heißt, legt dabei der Haushaltsplan des Kulturdezernates fest: Neben „Kultureinrichtungen" (Theater, Oper, Museen, Orchester etc.) gehören Einrichtungen der Kulturvermittlung (Bibliotheken, Musik- und Jugendkunstschulen etc.) ebenso dazu wie die Förderung der professionellen und der Laienkunst sowie ein gewisser Betrag für die Förderung der Soziokultur. Insgesamt ist bei solchen Fragen einer öffentlichen Förderung ein *additives Verständnis* dessen zu erwarten, was „Kultur" jeweils bedeutet. Hierbei bereitet es erhebliche Probleme, die jeweils politisch und pragmatisch zustande gekommene Aufgabenfestlegung mit einem konzisen Kulturbegriff zu verbinden. Dies bestätigt auch ein Blick in ein (älteres) Handbuch „Kulturarbeit in der kommunalen Praxis" (Pappermann u. a. 1984), das die folgenden Aktivitäten auflistet: Theater, Oper, Festival; Musikpflege; Museen und Ausstellungen; Wissenschaftspflege; Denkmalschutz; Geschichte; Archive; Bibliotheken; Volkshochschulen; Neue Medien; Kunst im öffentlichen Raum; Künstler- und Autorenförderung; freie Gruppen; Vereine; Stadtteilkulturarbeit; Zielgruppenarbeit. Neben der Kommune gibt es über die Jahrhunderte hinweg die Kirchen als Kultur(politik)mächte. Zum einen sind sie als Sachwalterinnen von „Religion" unmittelbar mit einer Kuturmacht (der Sinndebatte) verbunden. Zum anderen gestalten sie über ihre Bauten, über die sinnlich-ästhetische Gestaltung der Gottesdienste und die Festlegung des (Kirchen-)Jahres sowohl gegenständlich-räumlich als auch zeitlich den Alltag der Menschen. Dies geht bis hin zum Tagesablauf, der von der Kirchenuhr und -glocke als – neben der Sonne – einziger allgemeiner zeitlicher Orientierung im Dorf gestaltet wird. Kirchen beschäftigen Architekten, Maler und Bildhauer, sie beschäftigen Musiker, haben bis tief ins 19. Jahrhundert das Bildungswesen in der Hand und verfügen über den Großteil der schreibenden Intelligenz. Kulturpolitik ist daher zu einem wesentlichen Teil Kulturpolitik der Kirchen, was bis zu Fragen der Zensur, der Indizierung, der Druck- und Veröffentlichungsgenehmigung geht. Es war sogar ein bedeutender politischer Erfolg der entstehenden

7 „Kultur" in Kulturpolitik und Kulturpädagogik 143

bürgerlichen Gesellschaft, den Kirchen das kulturelle Deutungsrecht streitig zu machen („Kulturkampf"). Heute gibt es eine Vielzahl kulturpolitischer Akteure, die sich in einer „kulturellen Öffentlichkeit" mit Zielen und Inhalten des kulturellen Lebens befassen: Parteien, Gewerkschaften, Verbände, Vereine, Medien aller Art, Wirtschaft etc. Bei all diesen lässt sich sinnvoll nach dem jeweiligen Verständnis von „Kultur" (und Kulturpolitik) fragen. In vielen Fällen liegen sogar programmatische Aussagen zu dieser Frage vor. All dies kann natürlich hier nicht dargestellt werden. Es ist hier auf die kulturpolitische Bibliographien zu verweisen, so wie sie die Kulturpolitische Gesellschaft regelmäßig publiziert.

Trotz der dort zu findenden Fülle von Publikationshinweisen gibt es zu dem Kernthema dieses Kapitels nur wenig. Dies liegt u.a. daran, dass es Kulturpolitik – etwa als Teildisziplin und Spezialbereich der Politikwissenschaft – als wissenschaftliche Disziplin nicht gibt. Ich will mich daher auf Hinweise auf einige wenige Publikationen beschränken. Einige Beiträge zum „Kulturbegriff in der öffentlichen Kulturarbeit" bzw. zum „Kulturbegriff demokratischer Kulturupolitik" finden sich bei Dieter Kramer (1996) bzw. bei D. Kramer und H. Hoffmann (in Brackert/Wefelmeyer 1990). Hoffmann/Kramer (a.a.O., S. 421) formulieren als Anforderung an einen Kulturbegriff der Kulturpolitik: Er hat den Anforderungen unterschiedlicher Interessen gerecht zu werden. „Er darf nicht unverbunden neben der gleichzeitigen ideengeschichtlichen und wissenschaftlichen Reflexion über Kultur fluktuieren, soll aber eine Beziehung zu den aktuellen Bewegungen des kulturellen Lebens herstellen und die entsprechenden Diskurse abdecken; schließlich müsste er sich als politikfähig qualifizieren, d.h. er darf die Tatsache nicht verschleiern, dass auch in der Kultur unterschiedliche Zukunftsoptionen miteinander rivalisieren. Daneben soll er dazu befähigen, Kultur und Künste begrifflich auseinander zu halten und die Kultur nicht zu einem allumfassenden konturlosen Sammel-Begriff werden zu lassen; er hätte die Kulturproduzenten und die Kulturpolitiker in die Lage zu versetzen, die Spannung auszuhalten zwischen dem „Eigensinn" z. B. der Künste .... und der Aufgabe der Kulturpolitik, gestaltender Faktor im Kulturprozess zu sein.". Ein anspruchsvolles Programm! Die beiden Verfasser referieren im Anschluss an diese Aufgabenbeschreibung neuere kulturtheoretische Ansätze (v.a. britische Kulturtheorie in Anschluss an Thompson und materialistische Kulturdebatten in Deutschland). Es gibt Hinweise auf Herder – und das war es dann. Es folgen Aussagen und Kommentare über kulturpolitische, eher programmatische Debatten rund um die „Nebennutzer" von Kulturpolitik, um die „Investition in den Faktor Mensch" – also alles Themen, die in der Zeit der Abfassung des Artikels Ende der 80er Jahre eine gewisse Konjunktur hatten.

Auch in Kramer (1996) sind es vor allem die „Nebennutzen von Kultur", an denen sich der Autor abarbeitet (S. 32 ff.).

Es werden „autonome Kulturelle Kräfte" erwähnt (Wissenschaft, Künste, Medien, Religion, „multifunktionale Basisbewegungen", Sport; 39f.), Kultur hat „Sparten" (von den Künsten bis zur Körperkultur") und es wird eine Funktion von Kultur benannt: Nämlich die Frage zu stellen, wie wir leben wollen (ebd.), Kultur ist ein Kommunikationsprozess (51).

Aus soziologischer Sicht liegen zwei Untersuchungen vor, die eine Periodisierung von Kulturpolitik bzw. von vorherrschenden Kulturkonzepten vorschlagen. Albrecht Göschel (1991) legt als Ergebnis einer empirischen Untersuchung eine Typologie vor, die im Zehnjahresabstand einen Wechsel des Kulturbegriffs konstatiert und so zu einem Generationenmodell gelangt. Er unterscheidet in seinen Kapitelüberschriften

- die 1930er Jahrgänge: Kunst und Kultur als zeitloser Wert
- die 1940er Jahrgänge (die 68er): Analytische Distanz und Aufklärung
- die 1950er Jahrgänge: Ganzheitliche Lebenswelt
- die 1960er Jahrgänge: Konsumentensouveränität als spielerische Ästhetisierung

Im Ergebnis konstatiert er „Ungleichzeitigkeiten".

Man kann auf dieser Grundlage nicht bloß eine Pluralität von Kulturbegriffen in der Gesellschaft belegen, sondern „Politik" auch als Wettbewerb zwischen Generationen verstehen, die jeweils ihrem Kulturbegriff (was jeweils auch einen spezifischen Kulturpolitikbegriff zur Folge hat) zur Geltung verhelfen wollen. Solche Generationsmodelle sind hilfreich und wurden auch schon in anderen Disziplinen, etwa der Jugendforschung, angewandt. Die folgende Übersicht (Abb. 13) stellt einige dieser Typologien zusammen

Eine zweite ergiebige Typologie und Periodisierung hat G. Schulze (1992; Kap. 11) entwickelt. Er sieht in einer zeitlichen Abfolge als kulturpolitische Paradigmen

- das Hochkulturmotiv, 1945 bis in die sechziger Jahre; Ziel: Bestandssicherung der Hochkultur; „kulturelles Erbe des Abendlandes"
Das bedeutet auf der institutionellen Ebene den Aufbau von Hochkultureinrichtungen: Theater, Konzerte, Museen, Denkmalpflege, Archive; und auf der individuellen Ebene das pädagogische Ziel eines (hoch-)kulturfähigen Menschen, das Ideal eines ästhetisch kompetenten Menschen.

7 „Kultur" in Kulturpolitik und Kulturpädagogik

Abbildung 13: Sozialer Wandel – kultureller Wandel

betrachtete Zeit	politikeinflußreicher (Geburts-)Jahrgang	Jahrgang der Jugendgeneration	Charakterisierung der Zeit (Schulze)	Sozialstrukturanalyse	Bildungskonzept	politische Bildung	vorherrschende Rationalitätsform (Fend)	Motive der Kulturpolitik (Schulze)	Kunst- und Kulturbegriff (Göschel)	Trägergruppe	kulturpolitische Handlungsrationalität	Persönlichkeitstyp
50er Jahre	1900/1910		Restauration der Industriegesellschaft	Schichtenmodell					Wertekonzept (kontemplative Kunstreligion)	traditionelles Bildungsbürgertum	Kulturpflege, Bewahren der Tradition Hochkultur	Verkörperung der instrumentellen Vernunft: homo faber homo economicus
60er Jahre	1930	Jg. 1940		nivellierte Mittelstandsges. (Schelsky)	musische Bildung	partnerschaftliche Bildung		Hochkulturmotiv				
70er Jahre	1940	1950	Kulturkonflikt	formierte Gesellschaft (Erhardt)	sozialkulturelle Bildung		Rationalismus (instrumentelle Weltbeherrschung)	Demokratisierungsmotiv	Arbeits- und Aufklärungskonzept (rational-analytisch)	'Flakhelfergeneration'	Verteilungsgerechtigkeit Emanzipation	Verkörperung der praktischen Vernunft (Moral und Politik)
80er Jahre	1950	1960	Erlebnisgesellschaft	Klassengesellschaft	ästhetische Bildung	Konfliktdidaktik	Sozialprinzip (Ethik der Brüderlichkeit)	Soziokulturmotiv	Lebensweltkonzept - Gefühl - erw. Kulturbegriff	kritische Intelligenz	Distinktion durch Kunst	Verkörperung der ästh. Vernunft
90er Jahre	1960	1980		Lebensstile und Milieus	kulturelle Bildung		Personalitätsprinzip	Erlebnismotiv	Ästhetisierungskonzept	Humandienstleister	neue Dienstleister	betriebswirtschaftliches Paradigma NSTM	Neuer Sozialisationstyp

- Es folgt das Demokratisierungsmotiv, das sich locker an alle sozialdemokratischen Vorstellungen einer kompensatorischen Kulturpolitik für die Ungebildeten anschließt und als „Kultur für alle" neuen Schwung erhält. In den Blick geraten Jugendliche, Alte, Frauen, Ausländer, Behinderte etc., so dass sich der Eindruck einer sozialpolitischen und sozialpädagogischen Ausrichtung aufdrängt.
- Es folgt das Soziokulturmotiv, das weniger an dem Kunstwerk interessiert ist, sondern den Alltag in den Blick nimmt und sich eher für soziale Prozesse – auch für die Prozesse der Entstehung von Kunst – interessiert. Das Menschenbild ist das des autonomen, sich selbst verwirklichenden Menschen.
- Das letzte, zur Zeit virulente Motiv ist das Ökonomiemotiv, das sich unterschiedlich zeigt: als Sensibilisierung für den Arbeitsmarkt Kulturarbeit, als Interesse an der volkswirtschaftlichen Bedeutung von Kultur, als Qualifizierung des Kulturmanagements und schließlich als betriebswirtschaftlich orientierte Reform der öffentlichen Verwaltung im Rahmen des „Neuen Steuerungsmodells". Slogans sind „Kultur als Standortfaktor" oder „Umweltrentabilität".

Schulze gliedert die Nachkriegszeit (ebd., Kapitel 12) grob in drei Etappen:

- die Restauration der Industriegesellschaft,
- die Zeit des Kulturkonfliktes,
- die Erlebnisgesellschaft,

die mit seinen zentralen „Motiven" korrelieren, wobei sich natürlich keine trennscharfen Abgrenzungen ergeben, sondern vielfach Überlappungen festgestellt werden können.

Sinn machen solche riskanten Typisierungen also nur dann, wenn man die Grenzen ihrer Aussagefähigkeit respektiert. Und diese bestehen u.a. darin, dass sich zwar möglicherweise dominante Kultur- und Kulturpolitikkonzepte rekonstruieren lassen, sich jedoch zu jeder Zeit auch Strömungen finden, die andere Konzepte durchsetzen wollen.

7 „Kultur" in Kulturpolitik und Kulturpädagogik 147

Ein letzter Blick gilt der *internationalen Diskussion.*

Die internationale Diskussion wird hier in zwei Abläufen dargestellt:

- als Diskussion über Kultur, kulturelle Entwicklung und Kulturpolitik im Rahmen des Europa-Rates und der UNESCO,
- in einer Vorstellung einer – allerdings älteren – Vergleichsstudie Japan-USA.

Auf die Diskussion von Kultur- und Kulturpolitikkonzepten im Rahmen der UNO/UNESCO bin ich bereits in Kapitel sieben eingegangen. Ich schließe an die dortigen Ausführungen an.

Eine langjährige internationale kulturpolitische Diskussion lässt sich wie folgt zusammenfassen (vgl. Fuchs/Liebald 1995; S. 50 ff.):

- es ist ein Kulturbegriff eingeführt, der sozial und politisch sensibel ist, der demokratische Akzente setzt, der künstlerische Kreativität mit Alltagskulturen integrieren will;
- ein solches Kulturkonzept wird mit kultureller und neuerdings mit „menschlicher Entwicklung" in Beziehung gesetzt;
- wichtiger Begriff ist „kulturelle Identität", der kulturelles Erbe zwar einbezieht, aber offen ist für zukünftige Entwicklungen.

Diese begriffliche Einigung hat Auswirkungen auf das Verständnis von Kulturpolitik, so wie es bereits in einem wichtigen internationalen (hier: europäischen) Dokument formuliert wurde, der Abschlusserklärung der Konferenz von Arc et Senans im Jahre 1972, das wesentlich die kulturpolitische Programmatik des Europa-Rates und auf nationaler Ebene die (v.a.) kommunale Neue Kulturpolitik beeinflusste. Man mag dies als eine Art Gründungsdokument für das Konzept einer „Kulturpolitik als Gesellschaftspolitik" verstehen, so dass ich es – auch zur Konkretisierung dieses Topos – hier in einigen Passagen referiere beziehungsweise wiedergebe (hier zitiert nach Röbke 1993, S. 72 - 80):

„Sich selbst überlassen erschöpft industrielles Wachstum die natürlichen Reserven der Erde und wendet sich schließlich gegen den Menschen." (Ebd., S. 77).
Allerdings sei Wirtschaftswachstum weiterhin nötig, nur: „Es müssen sich aber kulturelle Maßstäbe stärker durchsetzen, damit quantitatives Wachstum in verbesserte Lebensqualität überführt werden kann." (Ebd., S. 78).

Die zentrale Aufgabe für Kulturarbeit/Kulturpolitik:

„Die Aufgabe von Kulturarbeit ist es daher, alternative gesellschaftliche Entwicklungsrichtungen vorstellbar zu machen und in jedem Individuum den Sinn für das Mögliche zu wecken, das heißt, ihn zu befähigen, Krisen nicht auszuweichen und nicht der Sklave, sondern Herr seiner Geschichte zu werden. Kulturpolitik kommt ohne ethische Begründungen nicht aus." (Ebd.).

Es wird auf die (kulturpolitisch nicht gesteuerte) profitorientierte Kulturindustrie hingewiesen und die weitgehende Irrelevanz und Unentschlossenheit der klassischen Kulturangebote insbesondere im Hinblick auf Jugendliche, Arbeitsemigranten etc.:

„Die Kulturkrise ist symptomatisch für allgemeinere gesellschaftliche Krisenerscheinungen. Obwohl die Bewältigung dieser generellen Krisensituation natürlich nicht durch isolierte kulturpolitische Maßnahmen erreicht werden kann, soll und muss die Kulturarbeit doch jeden Einzelnen wie die Gesellschaft in die Lage versetzen, damit fertig zu werden." (Ebd., S. 79).

Es folgt eine Aufgabenbestimmung von Kulturpolitik:

„Zentrale Aufgabe jeder Kulturpolitik muss es sein, die Bedingungen für Ausdrucksvielfalt und ihre freizügige Nutzung zu garantieren und weiterzuentwickeln. Es muss das Recht des Menschen wieder anerkannt werden, sein Leben eigenständig als sinnvolles zu bestimmen und in Gemeinschaft mit anderen entsprechend zu gestalten. Es sind daher auch alle Umstände zu fördern, die Kreativität und soziokulturelle Phantasie begünstigen; kulturelle Unterschiede müssen anerkannt und insbesondere dort unterstützt werden, wo sie bisher die geringsten Entwicklungschancen hatten." (Ebd.).

Das Papier bleibt nicht bei dieser allgemeinen Bestimmung stehen, sondern konkretisiert sie durch folgende „Programmpunkte":

- „Das Schulsystem ist beschleunigt in ein System lebenslanger Bildung umzuwandeln, das den Interessen und Bedürfnissen der verschiedenen Bevölkerungsgruppen angepasst ist;
- die Massenmedien sind von dominierenden politischen und wirtschaftlichen Fremdeinflüssen (Staat, Großkonzerne, Gewerkschaften u.a.) zu befreien;
- die privatwirtschaftliche Kulturindustrie ist in den politischen Programmen besser zu berücksichtigen;
- es sind Bedingungen für eine dezentralisierte und pluralistische „kulturelle Demokratie" zu schaffen, an der der Einzelne aktiv Anteil nehmen kann.

7 „Kultur" in Kulturpolitik und Kulturpädagogik 149

Zur Verwirklichung dieser Programmpunkte ist es notwendig:

- ein differenziertes Geflecht von soziokulturellen Zentren und Werkstätten sowie andere Einrichtungen bereitzustellen, in denen man auch alle neuen Formen und Techniken zwischenmenschlicher Kommunikation lernen beziehungsweise erproben kann;
- die Isolierung kultureller Institutionen von anderen gesellschaftlichen Bereichen zu verringern;
- in das Bildungssystem den Grundsatz der selbstverantwortlichen Erziehung einzuführen und Kritikfähigkeit zu fördern, statt sie durch erstarrte Strukturen (zentralisiertes Bildungswesen, Bürokratismus, totalitäre Bestrebungen) zu behindern,
- nationale und internationale kulturpolitische Grundsatz- und Aktionsprogramme zu vereinbaren und die Mittel für ihre Verwirklichung bereitzustellen.

Zusammenfassung

Unsere Verantwortung für die Zukunft und die technischen Möglichkeiten, die der Gesellschaft heute zur Verfügung stehen, machen es notwendig, aber auch möglich, Alternativen zur herrschenden Politik unter neuen Vorzeichen herbeizuführen:

- Passive Konsumhaltungen sollen durch vielfältige kreative Aktivitäten ersetzt werden;
- technologische Sachzwänge sind zugunsten menschlicher Freiheit und Verantwortung zu durchbrechen;
- neben die Demokratisierung herkömmlicher, zum Teil elitärer Kulturinstitutionen muss verstärkt die kulturelle Breitenarbeit, d.h. die Vielfalt kultureller Aktivitäten auf der Basis sozialen Pluralismus treten;
- Mensch und Umwelt sind wieder in ein tragbares Gleichgewichtsverhältnis zu bringen;
- ein kulturelles System, das nur die gegenwärtigen Verhältnisse reproduziert, muss abgelöst werden durch Schutzmaßnahmen und Programme, in denen die Förderung kreativer Möglichkeiten von Einzelnen und Gruppen oberste Priorität hat. Wenn diese Ablösung schnell und umfassend geschieht, können auch die wesentlichen Zukunftsprobleme unserer Zeit besser gemeistert werden." (Ebd., S. 80 f.).

Wir haben in diesem Dokument die klassischen Formulierungen

- einer Kulturpolitik als Gesellschaftspolitik, die auf der Basis einer kritischen Bestandsaufnahme der industriegesellschaftlichen Lebensweise (Wachstumszwang, Sinnverlust) „Kultur" als Mittel der Anerkennung und Demokratisierung befördern will;
- daher ist ein zentrales Konzept die „Kulturelle Demokratie", das sich vor allem gegen Profitorientierung und Marktzwänge richtet.

Komplementärer Begriff zur „Kultur" ist „Bildung", so dass ein wichtiges Umsetzungsprogramm ein Programm „kultureller Breitenarbeit" wird:

- Kulturpolitik wird sehr stark zu kultureller Bildungspolitik.

Diese Programmatik findet sich – nahezu wörtlich – sowohl in Gründungsdokumenten der Kulturpolitischen Gesellschaft, die 1976 gegründet wurde (Röbke 1993, S. 183 - 190), als auch in der Programmatik des Deutschen Städtetages (ebd., S. 117ff., v.a. in 4.1).

Die Europäische Union – als zweite wichtige Organisation der europäischen Integration – wird bis heute stark davon geprägt, dass sie als Wirtschaftsgemeinschaft gegründet wurde, obwohl sich inzwischen einige „Generaldirektionen" der Kommission mit kulturellen Fragen befassen. Heute zeigt sich auf der einen Seite ein vielfaches Bedauern über die Vernachlässigung der sozialen und kulturellen Dimensionen in der EU, allerdings bei vielen auch eine Erleichterung, da die Makro-Organisation in Brüssel mit ihrem Hang zu bürokratischer Reglementierung kaum als geeignete Sachwalterin kultureller Belange gesehen wird.

Die oben vorgestellte Programmatik findet sich auch in Dokumenten der UNESCO, insbesondere in Dokumenten zu der seinerzeitigen „Weltdekade für kulturelle Entwicklung". (Deutsche UNESCO-Kommission 1983, 1996, abschließend 1998). Das Ringen um konsensfähige Konzepte ist auf dieser Ebene weitaus schwieriger als auf europäischer Ebene, da hier neben den reichen (Nord-)Ländern auch der arme Süden der Welt vertreten ist.

Ich gebe die Zusammenstellung der wichtigsten Begriffe aus dem Bericht der Weltkommission „Kultur und Entwicklung" (Deutsche UNESCO-Kommission 1996), der quasi eine Art systematischer Ertrag aus den Projekten der Weltdekade darstellt, wieder und der das heute einflussreiche Konzept der kulturellen Vielfalt prominent – auf die Tagesordnung gesetzt hat.

7 „Kultur" in Kulturpolitik und Kulturpädagogik 151

„Kulturelle Entwicklung

Kultur ist die Gesamtheit der Formen menschlichen Zusammenlebens. ... Entwicklung ist ein Prozess der Erweiterung von Entscheidungsmöglichkeiten. ... Kultur beeinflusst in ihrer engeren Bedeutung als Gesamtheit der Werte, Symbole, Rituale und Institutionen einer Gesellschaft wirtschaftliche Entscheidungen und deren Ergebnisse. Wirtschaftliche Entwicklung unter den Bedingungen einer dekadenten, verkümmerten, repressiven und grausamen Kultur muss zwangsläufig scheitern. Das letztliche Ziel von Entwicklung ist das allgemeine körperliche, geistige und soziale Wohlergehen eines jeden Menschen.

Kultureller Pluralismus

Kultureller Pluralismus ist ein durchgängiges und überdauerndes Merkmal von Gesellschaften; Identifikation mit ethnischer Zugehörigkeit ist eine normale gesunde Antwort auf den Globalisierungsdruck. Sie wird nur dann zum Auslöser gewalttätiger Konflikte, wenn sie dazu benutzt und mobilisiert wird. Die Herausbildung einer Nation durch verordnete Angleichung aller Gruppen ist weder wünschenswert noch machbar. Der sicherste Weg zur Bewältigung ethnischer Unterschiede ist die Schaffung einer Nation als Bürgergemeinschaft, gegründet auf Werte, die allen ethnischen Teilgruppen der Gesellschaft einer Nation gemeinsam sind. Solch ein Gemeinschaftsbewusstsein lässt sich am besten erzeugen, wenn der Begriff Nation befreit wird von allen Bindungen an ethnische Exklusivität.

Meinungsvielfalt

Die Kommission empfiehlt eine aktive Politik der Wettbewerbsförderung, der Öffnung des Zugangs und der Meinungsvielfalt auf globaler Ebene, analog zur Medienpolitik auf nationaler Ebene. Uns geht es darum, dass viele Stimmen Gehör finden, dass viele Ansichten geäußert und dass die Interessen der Minderheiten nicht vernachlässigt werden. Moderne Technologie erlaubt uns größere Wahlfreiheit, eine Ausweitung der Zahl von Nachrichtenquellen, der Information und der Interpretation sowie mehr Wechselseitigkeit und kulturellen Austausch.

Globale Ethik

Der kulturellen Vielfalt liegt als verbindendes Element eine globale Ethik zugrunde. Sie definiert Mindeststandards, die für alle Gemeinschaften gelten. ... Internationale Standards für Menschenrechte, Demokratie und Minderheitenschutz sind wichtige Prinzipien einer globalen Ethik. Armut, Arbeitslosigkeit, Hunger, Unwissenheit, Krankheit, Elend und Ausgrenzung sind Übel, die noch nicht eingedämmt sind. Sie werden noch genährt durch kulturelle Traditionen einer engstirnigen Selbstsucht, von Vorurteilen und irrationalem Hass. (Ebd., S. 47 f).

Kulturpolitik

Politiker können Respekt weder verordnen noch können sie Menschen zu respektvollem Verhalten zwingen. Aber sie können kulturelle Freiheit würdigen als einen Grundpfeiler des modernen Staates. ... Dazu gehört eine positive Einstellung zu anderen Menschen und zu ihren unterschiedlichen Lebensweisen, ihrer kreativen Vielfalt. ... Kulturpolitik sollte sich wandeln und sich die Förderung multi-kultureller Aktivitäten zur Aufgabe machen." (Ebd., S. 47).

Der aktuelle Stand der UNESCO-Debatte ist das Begriffsgerüst, das in der Konvention zur kulturellen Vielfalt (verabschiedet im Jahre 2004; im Mai 2007 in Kraft gesetzt; siehe www.unesco.de, Stichwort Konvention. Dort findet sich eine Textfassung) entwickelt wird. Dieses neue völkerrechtliche Instrument könnte zu dem zentralen Referenzpapier auch für die nationale Kulturpolitik werden. Daher gebe ich einige Hinweise zu seiner Erschließung. Diese Konvention wurde als Gegengewicht gegen den GATS-Vertrag (General Agreement on Trade with Services) der Welthandelsorganisation WTO erarbeitet und bei der Hauptversammlung der UNESCO im Jahre 2004 gegen die Stimmen der USA und Israels verabschiedet. Da weitaus mehr als 30 Mitgliedsstaaten die Konvention ratifiziert haben, trat sie 2007 in Kraft. Sie ist nunmehr das wichtigste kulturpolitische Instrument des Völkerrechts. Hier interessieren vor allem die kulturtheoretischen Aspekte.

Ein Problem bei dem Verständnis der Konvention besteht darin, dass eine Hauptbotschaft, so wie sie in Artikel 1 (Ziele) unter der Ziffer h formuliert wird (Kulturpolitische Souveränität jedes Staates, d. h. das Recht auf eine eigenständige Kulturpolitik), verstanden wird, dass man sich nunmehr in Ruhe zurücklehnen kann. Denn – so die Annahme – weil es die Konvention gibt, bleibt alles beim bewährten Alten. Selbst die zweite wichtige Botschaft, dass Kulturwaren und -dienstleistungen einen Doppelcharakter, nämlich neben einem ökonomischen noch einen kulturellen Wert (Ziffer 18 der Präambel) haben, tut man vor dem Hintergrund der traditionellen deutschen Kulturdebatte eher als selbstverständlich ab.

Es ist nämlich gerade das gut ausgebaute System der Kulturpolitik in Deutschland, das die größte Rezeptionsschwierigkeit bereitet. Denn kaum ein

Mensch hat dieses System als gefährdet angesehen. Zwar diskutiert man seit einigen Jahren (in vermutlich ziemlich kleinen Kreisen) die Gefahr, die von Welthandelsverträgen wie GATS ausgeht. Doch könnte nunmehr nach der Verabschiedung der Konvention der Eindruck entstehen, dass eine vertiefte Auseinandersetzung mit dieser recht komplizierten Problematik nicht mehr lohnt, weil die Gefahr jetzt abgewendet worden ist. Natürlich ist dies nicht der Fall. Weder wird die Welthandelsorganisation, noch werden etliche ihrer Mitglieder aufhören, Druck zu machen in Hinblick auf „Liberalisierungen" im Bereich der Medien und der kulturellen und sozialen Dienstleistungen, so dass uns diese Auseinandersetzungen erhalten bleiben. Und es ist die Konvention mit ihren Schutzmechanismen keineswegs zum Nulltarif zu haben. Doch um herauszubekommen, welches der Preis ist, der für den neuerlichen Schutz der nationalen Kulturpolitik zu zahlen ist, muss man sich intensiver mit der Konvention auseinandersetzen.

Gerade völkerrechtlich wirksame Konventionen im Bereich Bildung und Kultur haben für Kultur- und Humanwissenschaftler das Problem, dass ihre Sprache auf den ersten Blick so vertraut erscheint. Doch „gehört" eine solche Konvention nicht den Kulturleuten, sie haben möglicherweise noch nicht einmal ein privilegiertes Deutungsrecht. Denn diese Regelungen und Instrumente sind ein Teil des Völkerrechtes. Es werden zudem ökonomische Fragen – zumindest im Subtext – angesprochen, so dass Juristen und Ökonomen ganz selbstverständlich von einem Anspruch auf Deutungshoheit ausgehen.

Betrachten wir die Konvention aus einer kulturwissenschaftlichen Sicht etwas näher. Ihre korrekte Bezeichnung ist „Convention on the Protection and Promotion of the Diversity of Cultural Expressions". Es geht also um Schutz und Förderung, das heißt um Bestehendes (Schutz) und zu Entwickelndes (Förderung). Dies ist nicht unwichtig, da in der Kulturpolitik ein permanenter Verteilungskonflikt zwischen Kulturerbe und der Produktion neuer Ausdrucksformen besteht – konkret: fördert man Museen oder Künstler? Dabei hilft der salomonische Spruch, das eine zu tun, ohne das andere zu lassen, in der konkreten Umverteilungssituation nicht weiter. Es geht zudem um „Cultural Expressions" – sicherlich kein leichter Begriff. Das haben die AutorInnen wohl auch so gesehen und liefern daher in Abschnitt III der Konvention eine Liste von acht Definitionen. Zusätzlich wird ein Bedeutungsfeld rund um „Culture" in den 21 Punkten der Präambel aufgespannt, wobei auf schon vorhandene Deklarationen, Konventionen und andere völkerrechtlich gültige Instrumente als verbindliche Referenzgrößen hingewiesen wird. Insbesondere sind dabei die Allgemeine Erklärung der Menschenrechte (insbes. Artikel 27: Recht auf kulturelle Teilhabe sowie Schutz des geistigen Eigentums; letzteres noch einmal in Ziffer 27 der Präambel hervorgehoben), der Internationale Pakt über ökonomische, soziale und kulturelle Rechte aus dem Jahr 1966, in Kraft gesetzt 1976 (geht in kultureller Hinsicht kaum weiter als der genannte Artikel 27 der Menschenrechtserklärung) und die – völkerrechtlich niederrangigere – „Allgemeine Erklärung zur kulturellen Vielfalt" aus dem Jahr 2001 zu nennen. Wichtig sind allerdings auch die Bezüge zu nicht primär kulturell orientierten Instrumenten (etwa zur Bekämpfung von Armut; Nr. 6 der Präambel). Die widerspruchsfreie Eingliederung dieser Konvention in das System bereits vorhandener völkerrechtlicher Instrumente wird zudem eigens in Artikel 20 hervorgehoben, wobei – ohne dass dies explizit erwähnt wird – insbesondere die WTO-Verträge (GATT, GATS und TRIPS) – gemeint sind.

Mit dem Hinweis auf die anderen völkerrechtlichen Instrumente, speziell auf die „Allgemeine Erklärung" vom November 2001, die über weite Strecken wörtlich im Präambelteil der Konvention aufgenommen wurde, bewegt man sich zumindest auf einem gut eingeführten Begriffsgerüst. „Kultur", so definiert die UNESCO spätestens seit der legendären Mexiko-Konferenz 1982, bekräftigt von der Weltkommission über Kultur und Entwicklung und wiederholt in der Stockholm-Konferenz 1998, ist die „Gesamtheit der unverwechselbaren geistigen, materiellen, intellektuellen und emotionalen Eigenschaften, die eine Gesellschaft oder eine soziale Gruppe kennzeichnen" und umfasst „über Kunst und Literatur hinaus auch Lebensformen, Formen des Zusammenlebens, Wertesysteme, Traditionen und Überzeugungen..." (Fünfter Punkt der Präambel der „Allgemeinen Erklärung").

Dieses dichte Begriffsnetz, das – wie erwähnt – im 3. Teil der Konvention noch erweitert wird, kann schon alleine aufgrund der Tatsache, dass es seit Jahrzehnten eingeführt ist, zumindest in politischer Hinsicht mit einem weitgehenden Konsens rechnen. Allerdings stellt sich aufgrund der zunehmenden Komplexität der Verknotungen und wechselseitigen Bezüge die Frage der seriösen (empirischen oder theoretischen) Fundierung. Konkret: Es liegt zumindest nahe, die Begriffsarchitektur auf Zirkelhaftigkeit zu überprüfen. Nun mag man einwenden, dass Präambel und Teil I der Konvention, wo die Begrifflichkeit entfaltet wird, keine philosophische Grundlagenforschung sein will. Es handelt sich letztlich um ein politisches Instrument. Dem ist jedoch entgegen zu halten, dass mit der Konvention die Kulturpolitik international eine höchstrangige Verankerung erhält und eventuelle Widersprüche auf Dauer in der Praxis, spätestens jedoch dann, wenn vor den Schieds- oder sonstigen Gerichten Meinungsunterschiede und Deutungsdifferenzen ausgetragen werden, Folgen haben werden. Zudem verdient es die traditionell hohe Reflexionsqualität der UNESCO, dass strenge Maßstäbe angelegt werden. Es wäre also notwendig und durchaus reizvoll, die wechselseitigen Bezüge der Begriffe auch graphisch darzustellen, um eventuellen Zirkeln auf die Spur zu kommen.

7 „Kultur" in Kulturpolitik und Kulturpädagogik 155

An dieser Stelle will ich zumindest auf folgendes hinweisen: Einige Begriffe werden definiert (etwa der Kulturbegriff: „sollte angesehen werden als ..."), einiges wird politisch-mehrheitlich per Konsens verabredet („es wird bestätigt, dass..."; „man ist sich bewusst, dass ..."), einiges ist eine politische Zielformulierung (etwa die Einbeziehung von Kultur als strategischem Element). Die Präambel nutzt ein ganzes Spektrum derartiger Formeln, die streng genommen lediglich aussagen, dass es sich um Konventionen, Verabredungen, politische Entscheidungen etc. handelt. Einige der Positionen beanspruchen jedoch eine empirische Gültigkeit (z. B. Nr. 8 der Präambel: der unterstellte Zusammenhang zwischen Wissenssystemen indigener Gruppen und nachhaltiger Entwicklung; Nr. 4: Der Zusammenhang zwischen Vielfalt und Frieden etc.), für die man gerne solidere Belege kennen lernen würde. Wissenschaftstheoretisch, so muss man feststellen, ist das begriffliche Fundament eine recht wilde Mixtur normativer, empirischer, von anderen Normenkatalogen wie etwa der Menschenrechtserklärung abgeleiteter, politischer oder konsensueller Setzungen, die eine vertiefte Analyse verdienten. Dies um so mehr, als es auch bei der Wahl von Leitbegriffen („kulturelle Identität", „Vielfalt", „Nachhaltigkeit") Konjunkturen gibt, so dass eine gewisse Zeit- und Modeabhängigkeit nicht auszuschließen ist (vgl. meinen Artikel „Kulturelle Vielfalt" in UNESCO heute 1/2005).

Man studiere vor diesem Hintergrund einmal die Ableitungszusammenhänge in Teil III: „Definitionen". „Kulturelle Vielfalt" wird auf „die verschiedenen Wege" zurückgeführt, in denen Kulturen von Gruppen und Gesellschaften ihren Ausdruck finden. „Kultureller Ausdruck" ist ein Ausdruck mit kulturellem Inhalt. Ein „kultureller Inhalt" bezieht sich auf die symbolische Bedeutung, die künstlerische Dimension und kulturellen Werte, die abgeleitet werden von kulturellen Identitäten oder solche ausdrücken. „Kulturelle Aktivitäten, Güter und Dienstleistungen" haben wiederum etwas mit dem kulturellen Ausdruck zu tun, Kulturindustrie produziert selbige. Kulturpolitik schließlich ist eine solche, die sich auf Kultur bzw. kulturellen Ausdruck bezieht. Genauso wird in Teil 3 in einem systematisch wirkenden Ableitungszusammenhang die verwendete Begrifflichkeit eingeführt. Wem hiervon nicht der Kopf schwirrt, dem ist herzlich zu gratulieren!

Man liegt vermutlich nicht völlig falsch, wenn man die Crux dieser Begriffsakrobatik in der Problematik des Kulturbegriffs sieht. Notwendig ist dieser Begriffsaufwand sicherlich, um die zentrale These von dem Doppelcharakter zu begründen, der sich auch schon in der Stockholm-Erklärung (1998) und in der Allgemeinen Erklärung (Art. 8) findet. In der Kunsttheorie ist diese Aussage übrigens nicht unstrittig, Kunstwerke als „Träger von Identitäten, Wertvorstellung und Sinn" (Ziffer 18 der Präambel) zu sehen. Die hier skizzierte Crux ist m.E. unvermeidbar. Man möchte nämlich die (europäisch-westliche) Fokussierung von Kultur bloß auf die ästhetische Kultur und die Künste vermeiden. Man spürt dabei deutlich, dass in der Geschichte der UNESCO Ethnologen und Kulturanthropologen (etwa Levy-Strauss) eine wichtige Rolle spielten: Kultur ist demzufolge (auch) die gesamte Lebensweise der unterschiedlichen Gruppen und Gesellschaften. Für Ethnologen ist dies Grundbedingung ihrer Tätigkeit. Insgesamt kann man die Konjunktur der Idee der kulturellen Vielfalt, des Respekts vor der Mannigfaltigkeit der je gleichwertigen Formen menschlicher Lebensgestaltung als späten Triumph der Ethnologen und Kulturanthropologen im UNO/ UNESCO-Kontext werten. Denn bekanntlich hat am Vorabend der Verabschiedung der Allgemeinen Erklärung der Menschenrechte der Sprecher der Amerikanischen Anthropologenvereinigung Herkovits – vergeblich! – diese noch verhindern wollen mit der Argumentation, dass die Allgemeine Erklärung kulturuniversalistisch sei, aufgrund ihrer westlichen Prägungen zudem kulturimperialistisch und daher ignorant gegenüber der Vielzahl der gleichwertigen Kulturen (als Lebensweisen).

Doch ist es nicht so leicht, eine Kulturpolitik mit einer naturgemäß begrenzten Aufgabenstellung zu beschreiben, die zugleich „Kultur als Lebensweise" als Arbeitsbegriff hat. Denn „Lebensweise" ist – wenn überhaupt – bestenfalls der Gegenstand aller politischen Gestaltungen. Engt man jedoch den Kulturbegriff pragmatisch auf das ein, was Kulturpolitik real zu leisten vermag, dann grenzt man zu vieles aus, was einer borniertenen „Kunst"-Perspektive erst gar nicht in den Blick kommt. Daher hantiert man in der kulturpolitischen Debatte – auch in der UNESCO – gleichzeitig mit einem anthropologisch-philosophischen, einem ethnologischen und einem ästhetischen Kulturbegriff. Dieses Problem ist aus meiner Sicht auch gar nicht anders zu lösen. Es zeigte sich in der Konvention etwa dort, wo der Anwendungsbereich definiert wird: Nur die Künste sollten es eben nicht sein, gegen die Einbeziehung der gesamten Industrie rund um das Kunstgewerbe erhoben sich jedoch viele Gegenstimmen. Dem ersten Entwurf vom Juli 2004 waren daher zwei Anhänge beigefügt, von denen der eine eine (unvollständige) Auflistung infrage kommender kultureller Güter und Dienstleistungen enthält und der zweite eine Beschreibung möglicher kulturpolitischer Maßnahmen und Felder. Aus guten Gründen wurden beide Anhänge in der Folgezeit weggelassen, sind jedoch auch weiterhin hilfreich bei der Implementierung der Konvention..

Wo man begrifflich keine saubere Lösung erreicht, wird man auf ein pragmatisches Vorgehen zurückgreifen. Dieses besteht ganz einfach darin, jeweils auf nationaler (und EU-)Ebene die jeweilige Praxis der Kulturpolitik unter Einbeziehung der Kulturwirtschaft in den Blick zu nehmen. Unsere Aufgabe besteht daher darin: Eine pragmatische, aber möglichst vollständige Erfassung und Beschreibung des nationalen Anwendungsbereichs der Konvention zu erarbeiten.

7 „Kultur" in Kulturpolitik und Kulturpädagogik 157

Gemäß Art. 4.6 („cultural policies and measures") ist dies für die lokale, regionale, nationale und internationale Ebene zu leisten. Zu ermutigen sind jedoch auch all jene, die die Begriffsarbeit ernst nehmen und die hier bloß angedeutete Analyse der Ableitungs- und Begründungszusammenhänge der Begriffe vornehmen. Nur nachrichtlich ist hier darauf hinzuweisen, dass Teil I „8 Prinzipien" enthält, die z.t. Feststellungen der Präambel wiederholen, die jedoch ebenfalls weitreichende empirische Behauptungen enthalten und deren logischer Status einer strengen Analyse daher viel Kopfzerbrechen bereiten wird.

Kulturpädagogik

So viel Kultur(diskurs) wie heute gab es schon lange nicht mehr. Dies gilt auch für die Pädagogik. Vermutlich wird man 80 bis 100 Jahre zurückgehen müssen, um eine ähnliche Relevanz des Kulturdiskurses in der (deutschen) Gesellschaft zu finden. Damals waren es W. Dilthey, E. Spranger, H. Nohl, G. Kerschensteiner und Theodor Litt, die die Pädagogik sogar als Kulturpädagogik konstituieren wollten. Ihr Unterfangen war in einen Diskurs der Philosophie als Kulturphilosophie (vgl. Kap. 2) eingelagert, so wie er sehr stark von Neukantianern wie E. Cassirer oder J. Cohn, aber auch von M. Weber, G. Simmel, S. Freud getragen wurde. Gleichzeitig wurde – wie die genannten Namen zeigen – Soziologie als Kultursoziologie begründet (vgl. Kap. 3), was so selbstverständlich war, dass man dies noch nicht einmal explizit benennen musste. Auch die kulturkritische Kulturtheorie, die bis auf Nietzsche zurückgeht, ist Beleg für eine Konjunktur des Kulturellen. Die Gesellschaft war allerdings auch erheblich in Bewegung gekommen und hatte größte Probleme mit ihrem Selbstverständnis.

Rund 100 Jahre später scheint es – sowohl im Hinblick auf ein gesellschaftliches Krisenbewusstsein, als auch im Hinblick auf eine Konjunktur des Kulturellen viele Parallelen zu geben. Wir haben mit der Postmoderne zumindest eine Verfallstheorie der Moderne, die stark ästhetisch und kulturell argumentiert. Die ehemaligen traditionsreichen Geisteswissenschaften benennen sich um in Kulturwissenschaften (vgl. Kap. 7) und entwickeln sogar profunde Theorien auf der Basis einer eigenen „Theorie der kulturellen Bildung" (Steenblock 1999). Nahezu alle Wissenschaften haben einen cultural turn hinter sich und entdecken Wertestrukturen, Sinnzusammenhänge und Symbolschichten mit ihren individuums- oder gruppenbezogenen Bedeutungsdimensionen als höchst relevant für ihr Arbeitsfeld. Doch wo bleibt die Kulturpädagogik, die von einer solchen Kultur-Konjunktur doch profitieren könnte? Immerhin publiziert ein anerkannter und namhafter Erziehungswissenschaftler wie Jürgen Oelkers einige seiner Aufsätze in einem Band mit dem Untertitel „Beiträge zur Kulturpädagogik". Hat sich die Zeit geändert seit der Textsammlung von S. Müller-Rolli (1988), wo dieser in seiner Einführung ausführliche Gründe dafür benennt, warum die Erziehungswissenschaft das sich schon damals zu beachtlicher Reife entwickelte spezialisierte Arbeitsfeld, das sich selbst als „Kulturpädagogik" bezeichnete, geflissentlich ignoriert? Vier Gründe nennt er für diese Zurückhaltung: die Konzentration der Erziehungswissenschaft auf die öffentliche schulische Erziehung, das Gefühl einer Nichtzuständigkeit, weil „Kulturpädagogik" als angewandte Kunstpraxis begriffen wird, ein allgemeiner Abschwung von Bildungsfragen in der öffentlichen Diskussion und letztlich die Erinnerung daran, dass „Kulturpädagogik" in der eingangs erwähnten ersten „Blütezeit" nicht als spezialisiertes Handlungsfeld, sondern als übergreifendes Paradigma für die Grundlegung von Pädagogik insgesamt betrachtet wurde. Und dieses wäre heute nicht mehr zeitgemäß.

Nun ist in der Zwischenzeit Pädagogik und sind Bildungsfragen auf der gesellschaftlichen Agenda durch PISA erheblich nach oben gerückt. Ein allgemeiner Grundlegungsanspruch für die Pädagogik insgesamt wird in der heutigen Kulturpädagogik eher selten erhoben. Im Gegenteil: Die Fachwelt hat das Selbstverständnis der „Neuen Kulturpädagogik", die sich seit den siebziger Jahren des 20. Jahrhunderts aus unterschiedlichen Quellen (der traditionellen Jugendarbeit, der Musischen Bildung, aber auch aus der Neuen (Sozio-)Kulturpolitik heraus (vgl. Teil 1 dieses Kapitels), aus alternativen Ansätzen einer ästhetischen Bildung etc.; vgl. Zacharias 2001) entwickelt hat, bloß ein spezialisierter Teilbereich nicht nur der praktischen Pädagogik, sondern auch der (reflektierenden) Erziehungswissenschaft zu sein, sehr wohl zur Kenntnis genommen. Doch geht diese Kenntnisnahme der neuen Bescheidenheit eben nicht mit Anerkennung einher. Im Gegenteil. Ich will zwei bemerkenswerte Fundstellen angeben: Karl Helmer zeichnet in seinem Beitrag „Kultur" im Historischen Wörterbuch der Pädagogik (Benner/Oelkers 2004, S. 527 ff.) sorgsam die pädagogische Reflexion auf dem Höhepunkt des Kulturdiskurses Anfang des 20. Jahrhundert nach und macht deutlich, welche Begründungsfunktion „Kultur" im damaligen (kulturphilosophisch-anthropologischen) Verständnis für die gesamte Pädagogik hatte. Er verfolgt diese Diskussion über die Etappe der Kritischen Theorie, für die „Kultur" nahezu mit „Konservativismus" gleichgesetzt wurde, bis hin zur Entstehung der Interkulturellen Pädagogik, die den Gedanken der Pluralität und Fremdheit in den erziehungswissenschaftlichen Diskurs – wenngleich „völlig unbefriedigend in Hinblick auf eine Klärung des Kulturbegriffs" (S. 546) – gebracht habe. Der Beitrag endet mit der kritisch gemeinten Feststellung: „Zumeist wird Kultur denominativ als das Feld von Kunst, Musik und Literatur, Tanz, Gymnastik, Film und Theater, Medien und Computer verstanden, Kulturpädagogik entsprechend auf eine politische, praktische, organisatorische, methodisch-didaktische Pragmatik beschränkt, die weithin in den Spuren kreativer und kommunikativer Orientierungen verbleibt. Die Kulturtheorie ... findet derzeit in der Pädagogik

7 „Kultur" in Kulturpolitik und Kulturpädagogik

kaum Beachtung; eine dezidiert theoretische kulturpädagogische Reflexion, die sich an der eigenen Tradition messen ließe, steht noch aus." (ebd.). Es wird also gerade die neue Bescheidenheit kritisiert, ebenso wie dies K. Meyer-Drawe in ihrem Beitrag „Kulturwissenschaftliche Pädagogik" im neuen „Handbuch der Kulturwissenschaften" (Jaeger/Straub 2004, Bd. 2, S. 602 ff.) tut: Die Autorin beklagt zum einen die Entgrenzung des Kulturbegriffs (auf Streit-, Wohn-, Ess- etc. -kultur), zum anderen beklagt sie eine „erhebliche Reduktion des Bedeutungsumfanges von Kultur, der sich oft auf spezialisierte Aufgabengebiete bezieht", eben die pädagogische Arbeit in Theatern, Museen, Musikschulen etc.

So sehr man sich für heutige Professionalisierungsbestrebungen Standards vergangener Zeiten zum Vorbild nehmen mag, so wie es insbesondere Helmer empfiehlt, so scheint doch gelegentlich eine Überschätzung der seinerzeitigen Aktivitäten nicht auszuschließen zu sein. So ist zwar das philosophische Reflexionsniveau der Inhaber von Pädagogiklehrstühlen – oft in Verbindung mit philosophischen Lehrstühlen – durchaus zu bewundern, doch wurde dies durch eine erhebliche Distanz zur pädagogischen Praxis und zur Erziehungs- und Bildungswirklichkeit erkauft. Es dominierte eine hochspekulative Zugangsweise zu pädagogischen Fragen, die sich mit empirischen Belegen wenig aufhielt. Diese Lehrstuhlbesetzungen hatten dabei nicht nur mit Professionalisierungstendenzen vor allem der Gymnasialpädagogik (in Abgrenzung von Volksschulen und ihrer Pädagogik) zu tun, sondern auch mit hochschulpolitischen Strategien, nämlich im Zuge einer Abwehr der Soziologie in einer entsprechend weit angelegten philosophischen Pädagogik eine neue Integrationsdisziplin schaffen zu wollen (Tenorth in Langewiesche/Tenorth 1989, S. 117 ff.). Innerhalb dieser philosophischen Pädagogik gab es allerdings erhebliche Differenzen, je nachdem, welcher Richtung (Dilthey/Hegel/Nohl oder Kant/Marburger Schule) man sich zuordnete. Auch der Bezug auf die Kulturphilosophie brachte keine Einigkeit, da schon „die Frage, wie die „Kultur", auf die eine Pädagogik ausgerichtet wurde, zu bestimmen sei..." (ebd., S. 119), sehr unterschiedlich beantwortet wurde. Man kann daher bloß aufgrund der Verwendung gemeinsamer (allerdings unterschiedlich gedeuteter) Begriffe wie „Kultur" oder „Bildung" nicht gleich einen Ertrag für die Praxis oder die Verortung pädagogischen Reflexions- bzw. Handlungswissens erwarten, sondern man muss vielmehr hierin eine Art Begriffspolitik sehen, die eher Prozessen der Vergemeinschaftung der beteiligten Akteure dienten – immerhin ging es erstmals in größerem Maßstab um die Etablierung der Pädagogik als akademische Disziplin.

Wieder einmal – wie bereits bei der Ablösung der Philanthropen durch die Neuhumanisten am Ende des 18. Jahrhunderts (Fuchs 1984) – war es nicht die praktische Verwertbarkeit des akademisch produzierten Wissens, sondern seine gemeinschaftskonstituierende und hochschulpolitisch brauchbarere Verwendbarkeit. Die Soziologie der Wissenschaft liefert also sehr viel eher Erkenntnisse über die Gründe für Akzeptanz oder Ablehnung wissenschaftlicher Paradigmen als der fachimmanente Diskurs oder sogar anwendungserprobte Brauchbarkeit pädagogischer Theorien. Vor diesem Hintergrund wird es dann verständlich, wenn Tenorth der damaligen „Kulturpädagogik" attestiert, „dass sie fast nur damit beschäftigt war, ihren eigenen theoretischen Anspruch und die behauptete Eigengesetzlichkeit der Erziehung in langwierigen Kontroversen zu explizieren und zu verteidigen" (ebd., S. 123). Zudem sollte es nicht ganz unwichtig sein, die politischen Implikationen der seinerzeitigen Kulturpädagogik zu beachten. Sehr viele der damaligen Autoren gehören zu denjenigen, an die man bei der Lektüre von Fritz Sterns „Kulturpessimismus als politische Gefahr" zu denken hat. Bis auf Litt hat sich kaum einer gegen die heraufziehende Gefahr gewehrt, mehr noch: Wer die demokratiekritischen bzw. sogar antidemokratischen Texte eines Spranger liest, wird zu härteren Urteilen kommen müssen. Möglicherweise ist jedoch das Gravierendste für eine heutige Bewertung der damaligen Initiativen, in welcher Weise viele der Autoren – ebenfalls ist hier Spranger zu nennen – nach dem Krieg fugenlos an ihre Abendland-Rhetorik früherer Jahre angeknüpft haben, wenngleich das Gerede über „Führerpersönlichkeiten" und explizite Ausfälle gegen die parlamentarische Demokratie nachgelassen haben. Es spricht einiges für die These, dass dieses politische Versagen von Menschen, die ständig die „sittliche Erziehung" im Munde führten, auch etwas mit der Art und Weise zu tun hatten, wie über „Kultur" verhandelt wurde. Hieran ist jedenfalls kaum positiv anzuknüpfen.

Man kann aus diesen – hier nur angedeuteten – Positionen einige Schlüsse ziehen:

1. Offenbar ändert sich zur Zeit das akademische Klima in der Erziehungswissenschaft, das zu Zeiten der Schrift von Müller-Rolli noch nicht bereit war, „Kultur" als grundlegendes Paradigma der Pädagogik insgesamt und erneut zu akzeptieren.
2. Es klingen – auch in den beiden vorgestellten historischen Aufarbeitungstexten – die Schulstreitigkeiten vergangener Jahrzehnte nach, wo sich Lebensphilosophie, Neukantianismus, Existenzphilosophie etc. um das Deutungsrecht – auch und gerade in Hinblick auf Leben, Kultur und Bildung/ Erziehung – stritten und durchaus umfassende Weltanschauungslehren (z. B. Spengler) verwenden wollten.
3. Theorieleistungen außerhalb des akademischen Diskurses werden nach wie vor auch dann nicht zur Kenntnis genommen, wenn dieser solche zwar nicht selbst leistet, aber einklagt.

7 „Kultur" in Kulturpolitik und Kulturpädagogik 161

4. Der „Neuen Kulturpädagogik" wird zurecht eine Selbstbescheidung und Selbstbeschränkung vorgeworfen, die sich zudem stark auf die Entwicklung einer engeren Fachlichkeit in einem begrenzten Arbeitsfeld konzentriert und zu wenig die Chancen nutzt, im Anschluss an den verbreiteten cultural turn ihre Reflexionskompetenz in Sachen Kultur in andere Diskursfelder einzubringen. Es könnte sein, dass daraus eine mangelnde Legitimation des Arbeitsfeldes entsteht, was angesichts der gravierenden Verschlechterung der Rahmenbedingungen von Jugend- und Kulturarbeit von Nachteil sein könnte.
5. Inzwischen muss man feststellen, dass selbst das Kernkonzept „kulturelle Bildung" quasi der Kulturpädagogik enteignet wurde und als Legitimationskonzept für die traditionellen (Geistes- bzw.) Kunstwissenschaften genutzt wird (Steenblock 1999).

Neben diesen eher legitimatorischen Überlegungen und Feststellungen ist allerdings in der Tat anzumerken, dass es einen Nachholbedarf in dieser (Neuen) Kulturpädagogik in Sachen „Kultur" gibt. Der kulturtheoretische Diskurs hat in den letzten 20 Jahren an Lebendigkeit gewonnen, die nicht immer in den Spezialdiskursen registriert wird. Allerdings ist dies weniger in der Spezialdisziplin Kulturphilosophie (trotz deutlicher Aufschwungtendenzen) der Fall, als vielmehr in der Soziologie bzw. der neuen Mischdisziplin cultural studies. Gleichzeitig gibt es eine eher „konservative" Konzentration einzelner kulturpädagogischer Bereiche auf ihre künstlerische Bezugsdisziplin. Dies ist traditionell verbreitet in der Musik der Fall, es ist zur Zeit allerdings auch stark eine Wiederkehr der „künstlerischen Bildung" und eine entsprechende fachimmanente Konzentration in der Kunsterziehung festzustellen. So wichtig die Erarbeitung einer konzentrierten Fachtheorie auch ist, so darf doch die Berücksichtigung des gesellschaftlichen Wandels gerade dann nicht zu kurz kommen, wenn die Gesellschaft mit selbstproduzierten Krisen wieder einmal nicht zurecht kommt und erwartungsvoll auch auf das Erziehungssystem schaut, damit bestimmte Deutungs- und Reparaturleistungen erbracht werden.

Daneben ist es geradezu eine Verpflichtung einer Kulturpädagogik, die sich einem engagierten und zeitgemäßen Konzept von Bildung und Kultur verpflichtet fühlt, diese neuen Herausforderungen anzunehmen.

Zumindest gibt es in den beiden Einführungstexten zur Kulturpädagogik (Fuchs 1994 und Zacharias 2001) jeweils längere Kapitel zum Kultur- und Bildungsbegriff in der Kulturpädagogik. Zudem liegt seit 2001 die Sammlung „Kulturpädagogische Schlüsseltexte 1980 – 2000" vor (BKJ 2001), die für einzelne Etappen jeweils einen guten Überblick über Paradigmen, Paradigmenwechsel und wichtige (Real- und Theorie-)Ereignisse enthält. Im Ergebnis gilt auch hierbei: Es gibt eine Pluralität von Kulturkonzepten, die (generationenbezogenen) Typologien von Göschel und Schulze haben auch hier einen zumindest heuristischen Wert, Kulturpädagogik ist nämlich eng – auch bei den Grundbegriffen – mit der Kulturpolitik verbunden. Primäres Bezugsfeld für die Kulturpädagogik müssen allerdings das Bildungswesen sowie die erziehungswissenschaftlichen Diskurse sein.

Erziehung und Bildung als öffentliche Aufgabe

Wer vor dem Hintergrund des deutschen Bildungswesens über die Notwendigkeit einer öffentlich verantworteten und weitgehend öffentlich finanzierten Bildung und Erziehung spricht, wird zwar viele Gründe zum Klagen finden, hat jedoch möglicherweise trotzdem einige Erkenntnisschwierigkeiten. Diese liegen in der Selbstverständlichkeit eines gut ausgestatteten Systems mit hohen Rechtsansprüchen des Einzelnen auf eine pädagogische Grundversorgung. Es lohnt sich daher – auch um dieses Gefühls scheinbar unzerstörbarer Selbstverständlichkeit zu zerstören –, einen Blick in die Geschichte zu riskieren. Eine Faustregel bei der Suche nach Gründen dafür, dass es Schulen und sogar eine Schulpflicht (zuerst seit Mitte des 18. Jahrhunderts in Preußen), dass es eine staatliche Verantwortung in der (außerschulischen) Jugendpolitik (zweite Hälfte des 19. Jahrhunderts) und es eine Regelungsnotwendigkeit für die berufliche Bildung gibt, besteht in der Suche nach gesellschaftlichen Defiziten: Immer dann, wenn bestimmte Kompetenzen und Qualifikationen von dem Einzelnen gefordert wurden, die seine Lebenswelt – etwa die Familie – nicht mehr im Selbstlauf erbrachte, hat man institutionalisierte Formen von Bildung und Erziehung (und auch von Fürsorge) eingerichtet. In Deutschland war es dabei – für uns selbstverständlich – stets der Staat, von dem man dies erwartet hat.

Ein Blick über Grenzen lässt einen mit Verwunderung feststellen: Es muss nicht immer der Staat sein. Möglich sind auch andere gesellschaftliche Kräfte: Gruppen, soziale Zusammenschlüsse, private Träger, Kommunen, so wie man es in angelsächsischer oder in niederländischer Tradition, also unmittelbar vor der Haustür, findet. Allerdings hat man hier schon gleich ein deutsches Spezifikum ausgemacht, das gerade bei der aktuellen Schulreform ein entscheidendes Hindernis ist: Einen zutiefst etatistischen Grundzug bei öffentlichen Angelegenheiten. Dieser ist in unserer Geschichte – auch und gerade in der Geschichte des Bildungswesens – tief verankert. Denn sofort mit der Erkenntnis, dass eine bessere und systematische Grundbildung der Kinder und Jugendlichen notwendig ist (Lesen, Schreiben, Rechnen), stellte sich die Frage nach der Loyalität zum Staat und den zugrunde liegenden (auch: religiösen) Werten. Es stellte sich sofort das

7 „Kultur" in Kulturpolitik und Kulturpädagogik

Problem, will man den Citoyen, den Bourgeois oder den Untertan? Und: In welchem Verhältnis stehen die äußeren Anforderungen von Staat und Wirtschaft gegenüber dem Recht des Einzelnen auf Persönlichkeitsentwicklung jenseits seiner Standeszugehörigkeit, seiner Klasse oder seines Milieus. Oft genug waren es zudem Krisen in Teilbereichen der Gesellschaft, die zu einer neuen Anforderung an das Bildungssystem führten und die auch Einfluss auf das Verständnis von Pädagogik hatten:

- Krise von Staat und Politik, Probleme mit der Loyalität der Untertanen/Bürger: Staatspädagogik, politische Erziehung, Nationalerziehung
- Krise in der Wirtschaft: Leitziel Industrieosität, Wirtschafts- und Berufspädagogik, Dominanz des Qualifikationsaspektes, Utilitarismus
- Krise im Sozialen, Desintegrationserscheinungen: Sozialpädagogik, der Mensch in der (zerrütteten) Gemeinschaft
- Kulturelle Krisen, Kulturpessimismus: Kulturpädagogik (im klassischen Sinne), Werteerziehung.

Man kann – wie gesehen – dieses grobe Raster, das die vier gesellschaftlichen Subsysteme Politik, Wirtschaft, Soziales, Kultur unterscheidet, sehr gut für ein Sortieren von Paradigmen in der Pädagogik verwenden, diese also darin unterscheiden, wo der zentrale Krisenherd gesehen wird und wo die besondere Leistungs- (= Reparatur-)fähigkeit der Pädagogik daher ansetzen soll. Auch können Spannungen zwischen Pädagogik-Konzeptionen neu verdeutlicht werden: Citoyen oder Bourgeois, der Einzelne oder die Gemeinschaft, Gesellschaft oder Staat als zentrale Akteure und Bezugspunkte, Kultur oder Soziales, und innerhalb der Kultur: Welches Verständnis von Kultur wird zugrunde gelegt?

Wenn Humboldt als kurzzeitiger Staatssekretär im Kultusministerium über die „Grenzen der Wirksamkeit des Staates" nachdenkt und Schulen eine weitgehende Autonomie zugestehen will, dann diskutiert er ein höchst aktuelles Thema. Denn niemals hat der deutsche Staat von seiner Überregulation der Schule losgelassen. Insbesondere ist die Parallelität zwischen Sozial- und Kulturpädagogik frappierend. Auch die Sozialpädagogik entstand nicht als spezialisiertes Arbeitsfeld für bedürftige Menschen, sondern als allgemeines Paradigma für Pädagogik schlechthin: Der Mensch sollte durch das Soziale für das Soziale erzogen werden. Die Gemeinschaft ist Grundlage und Ziel der Erziehung. Natürlich spielte insofern eine Krise des Sozialen eine Rolle bei diesem Ansatz (P. Natorp u.a.), als die soziale Frage im 19. Jahrhundert eine Folge der kapitalistischen Industrialisierung war und in allen (wissenschaftlichen, künstlerischen etc.) Diskursen daher präsent war.

Man deutet heute die Entwicklung der (heutigen) Sozialpädagogik zu einem pädagogischen Teilbereich durchaus als erfolgreiche Abwehrstrategie gegen das „Soziale" als Grundlagenparadigma von Pädagogik schlechthin (u.a. durch H. Nohl) und kann die damalige Kulturpädagogik daher als wissenschaftliches Konkurrenzprogramm zu diesem dann gescheiterten Paradigma deuten. Damit werden zugleich Vorbehalte und Ablehnungen deutlich. Denn Natorp, ein wichtiger Autor einer umfassenden Pädagogik als Sozialpädagogik, gehörte zu den „ethischen Sozialisten" der Marburger Schule, wohingegen die damaligen „Kulturpädagogen" sich eher aus dem konservativen Kreis der Schüler des preußischen Staatspädagogen W. Dilthey rekrutierten (Nohl, Spranger; weniger Th. Litt, der allerdings auch eine Notlösung bei der Besetzung des wichtigen Leipziger Lehrstuhls von Spranger war: Kerschensteiner hatte abgelehnt). Es werden durchaus auch antisemitische Tendenzen spürbar. Denn immerhin war H. Cohen als Haupt der Marburger Schule überzeugter Zionist, was selbst dem von allen anerkannten Cohen-Schüler Ernst Cassirer erhebliche Karriereprobleme bereitete.

Diese Erinnerung an einige Entwicklungszüge der Pädagogik ist durchaus fruchtbar für unsere heutige Debatte:

Es sind nach wie vor Krisenerscheinungen, die Erwartungen an das Bildungssystem produzieren: Soziale Zerrüttungen (Erosion sozialer Milieus, konflikthafte Auseinandersetzungen von Lebensstilen und Milieus, Pluralisierung der Lebensstile, Verlust von einvernehmlich akzeptierten Werten etc.). Soziale Integration und Kohäsion ist also wichtig, wobei Interkulturarbeit, Migration, Asyl und Innere Sicherheit zu den damit verbundenen Problemen gehören.

Delegitimationserscheinungen unseres politischen Systems, Rechtsradikalität und Rassismus, Vertrauensverlust gegenüber der politischen Klasse und Korruption sind Krisenerscheinungen im Subsystem Politik. Die Wirtschaft ist wiederum ein entscheidender Motor der derzeitigen Bildungsdiskussion, was nicht zuletzt daran abgelesen werden kann, dass PISA von der Wirtschaftsorganisation OECD verantwortet wird. Und natürlich ist die Relevanz des Kulturellen auch damit zu erklären, dass hier die Ursachen für viele gesellschaftliche Krisenerscheinungen gesehen werden. Eine „Kultur"-Pädagogik als übergreifendes Paradigma gerät daher automatisch in eine Konkurrenzsituation mit Befunden, die eine größere Virulenz der anderen Subsysteme (Wirtschaft, Politik und Soziales) behaupten und die daher Konzepten aus diesen Bereichen den Vorrang geben würden. Und in der Tat ist es ständiges Problem des Kulturdiskurses, sofort aus politischen, ökonomischen und sozialen Problemen kulturelle Probleme machen zu wollen: „Kulturalisierung"). Es kommt also in der Tat darauf an, den Entwicklungsstand der aktuellen Kulturdebatte für eine Modernisierung der (Neuen) Kulturpädagogik nutzbar zu machen.

7 „Kultur" in Kulturpolitik und Kulturpädagogik

Zur Reformulierung der Kulturpädagogik

Aktuelle Aufgaben für die Kulturpädagogik als spezialisiertem Teilbereich der Erziehungswissenschaft gibt es genug. Auf die legitimen Aufgaben der Konzeptentwicklung und Politikberatung, die das Bundesjugendministerium den Zuwendungsempfängern mit auf den Weg gibt und die sich auch im Kinder- und Jugendhilfegesetz als bundeszentrale Aufgaben der Jugendhilfe wiederfinden, will ich hier nur pauschal hinweisen. Ähnliche Aufgaben werden in der Kultur- und Bildungspolitik nicht durch Gesetz oder den Staat formuliert. Hier ist es Aufgabe der Träger, selbst eine bundesangemessene Aufgabenstellung zu finden und den unterschiedlichen Akteuren plausibel zu machen. An dieser Stelle will ich mich vielmehr den Aufgaben widmen, die sich dem Bildungs- und Erziehungssystem insgesamt und damit auch dem Teilbereich Kulturpädagogik stellen.

Zunächst ist hierbei an die Bewältigung der Zukunftsaufgaben zu denken, die sich insgesamt (der Menschheit generell, Europa, Deutschland und vielleicht sogar spezifisch für jedes Bundesland und jede Stadt) stellen. Die großen Probleme des Dritten Jahrtausends, Krieg, Armut, Analphabetismus, ökologische Krise, Hunger, Ungerechtigkeiten der verschiedensten Art etc. gehen natürlich alle Politikfelder an. Doch auch die Pädagogik hat ihren Beitrag zu leisten, indem sie die Menschen mit solchen Dispositionen und Kompetenzen versieht, mit diesen Problemlagen sowohl individuell als auch als Mitglied verschiedener Gemeinschaften umzugehen. Welche Aufgaben hier die Pädagogik zwischen Unter- und Überforderung, zwischen Machtlosigkeit und Allmachtphantasien annehmen kann, ist sicherlich im einzelnen zu diskutieren.

Kulturpädagogik ist zudem Teil des Bildungs- und Erziehungssystems und wird ihren Anteil an der gesellschaftlichen Funktion des gesamten Bildungssystems bedenken müssen. In den letzten Jahrzehnten hat es sich eingebürgert, von den Funktionen der Sozialisation, Enkulturation und Legitimation, der Qualifikation, Selektion und Allokation zu sprechen, die das Bildungs- und Erziehungswesen hat. Th. Baullauf hat seinerzeit sogar 39 derartige Funktionen ermittelt, die alleine die Schule als Teilbereich des Erziehungssystems hat. Vor dem Hintergrund der einfachen Aufteilung der Gesellschaft in die Subsysteme Politik, Wirtschaft, Soziales und Kultur kann man die gesellschaftlichen Funktionen diesen Subsystemen zuordnen

Abbildung 14: Gesellschaftliche Funktionen von Bildung und Erziehung

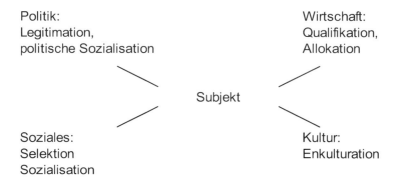

So eingeführt dieses Schema gesellschaftlicher Funktionen auch in der Schulpädagogik ist, so muss man feststellen, dass hinreichende Reflexionen dieser Funktionen in Hinblick auf kulturpädagogische Einrichtungen und Praxisfelder noch nicht unternommen wurden. Einige Hinweise will ich geben. Der Kompetenznachweis Kultur der Bundesvereinigung Kulturelle Jugendbildung hat zunächst einmal mit dem Sichtbarmachen von Entwicklungsfortschritten bei der Persönlichkeitsentwicklung zu tun. Gleichzeitig ist er ein Instrument der Anerkennung (Soziales), aber auch der Qualifikation (Wirtschaft). Durch den Kompetenznachweis Kultur verbessert man Prozesse der Allokation in Hinblick auf die Zuordnung zu gesellschaftlichen Positionen und kann möglicherweise Prozessen der Selektion, die das Schulsystem vornimmt, ein Stück weit entgegenwirken. Nun weiß man es spätestens seit den Studien von Bourdieu („Die feinen Unterschiede"), dass Kunst, Kultur und ästhetische Praxis sehr viel mit sozialer Segmentierung und mit der Erhaltung des politischen Systems zu tun haben (Legitimation). Künste suchen sich ihre Zielgruppen, und diese haben als Geschmacksgemeinschaften nicht bloß den Geschmack gemeinsam.

Nutzerstudien bei Kultureinrichtungen bestätigen immer wieder dieses „eherne Gesetz". Vor diesem Hintergrund gerät der allgemeine Wunsch, alle Kinder und Jugendlichen mögen an kultur- und kulturpädagogischen Angeboten partizipieren, in Kollision zu den Erkenntnissen der Kultursoziologie. Zielgruppenarbeit ist also nicht nur nötig, sie muss auch entschieden die Bourdieuschen Erkenntnisse berücksichtigen. „Kultur" ist hierbei ein – in der Praxis oft genug unterschätzter – sozialer und politischer Wirkungsfaktor. Hier besteht in der Tat ein Nachholbedarf der Kulturpädagogik, soziologische Theorien der Kultur angemessener zu berücksichtigen als bisher.

7 „Kultur" in Kulturpolitik und Kulturpädagogik

Der oben zitierte zentrale Vorwurf von Helmer bzw. Meyer-Drawe besteht nunmehr darin, die Komplexität des Kulturbegriffs in seinem aktuellen Reflexionsstand nicht zu nutzen. Dabei sollte die erste Phase einer Kulturpädagogik am Anfang des 20. Jahrhunderts zwar nicht in ihren inhaltlichen Aussagen und ihrer weltanschaulichen Ausrichtung, wohl aber im intellektuellen Anspruchsniveau eine Messlatte sein, an der sich diese heutige Debatte messen lassen müsste. Sicherlich kann es heute nicht mehr darum gehen, in der damaligen Selbstgewissheit eines einheitlichen, von allen akzeptierten Konzeptes von Kultur eine „ideologische Vergesellschaftung von oben" zu praktizieren, so wie es durchaus Intention in den frühen zwanziger Jahren war (und wie es Spranger auch nach dem 2. Weltkrieg noch vorschwebte; vgl. Spranger (1969). Auch wird man heute „Kultur" nicht mehr so leicht und in konservativer Absicht gegen „Soziales" (und damit „Kulturpädagogik" gegen eine entsprechende „Sozialpädagogik") in Stellung bringen können. Ebenfalls wird man sich nicht ausreden lassen dürfen, dass natürlich bereichsspezifische Fragen einer Methodik und Didaktik, die sich auf Musik, Tanz, Literatur konzentrieren, obsolet seien. Eine Beschränkung des Arbeitsbereiches ist durchaus notwendig, schützt er doch vor Allmachtsphantasien, die ein zu weiter Begriff von Kultur mit sich bringen kann. Es ist also der Unterschied im Auge zu behalten zwischen der weiterhin notwendigen präzisen Einschränkung auf eine unmittelbare Berufswissenschaft spezieller Kulturpädagogiken (Musik-, Tanz- etc. -pädagogik) und einem weiten Reflexionshorizont, der sicherstellt, dass der Wald trotz vieler schöner Bäume auch noch gesehen wird.

Man wird zudem sicherlich der erwähnten Kritik von Helmer und Meyer-Drawe entgegenhalten können, dass eine sehr ausschnitthafte Wahrnehmung vorhandener Reflexionen diese Kritik erleichtert hat. Doch gibt es in der Tat in den speziellen Kulturpädagogiken eine gewisse Abwehr der Komplexität einer notwendigen Selbst-Vergewisserung, und gelegentlich stehen durchaus im Feld vorhandene Kulturreflexionen unvermittelt einer fast autark erscheinenden spezialisierten Konzentration auf die Praxis gegenüber. Einige Hinweise will ich daher für eine neu herzustellende Synthese von allgemeiner Kulturreflexion und spezialisierter Fachlichkeit geben.

Dass „Kultur" mehr ist als Kunst, dass Tanz, Musik etc. zwar Teilbereiche von Kultur, aber eben auch nur dies sind, ist durchaus immer wieder in Erinnerung zu rufen. Wenn der größte Fachverband im Theaterbereich sich aktuell zu der Formulierung versteigt, Theater sei Kunst und sonst nichts und der weite Kulturbegriff höhle möglicherweise die Kunst aus, so wird hiermit ein höchst defizitärer Reflexionsstand in Sachen Kulturtheorie dokumentiert, der jede weitere Kritik am derzeitigen Kulturbetrieb (auch: an der dazugehörigen Kulturpädagogik und Kulturpolitik) rechtfertigt.

„Kultur" wird heute – auch in politischen Kontexten der Unesco – nicht nur als Pluralitätsbegriff diskutiert (gegen alle Vorstellungen einer als stabil und homogen angenommenen „Leitkultur"), sondern auch in seiner Dynamik begriffen. „Kultur" ist kein Container-, sondern – wie alle substantiellen wissenschaftlichen Konzepte – ein Beziehungsbegriff, was man spätestens mit Ernst Cassirer (1923) wissen könnte. „Kultur" funktioniert insbesondere nur im Modus des Interkulturellen, eine Erkenntnis, die der alten Kulturpädagogik der Weimarer Zeit schwergefallen ist. Man mag sich einmal die Aufsätze im oben angeführten kulturphilosophischen Buch von Spranger durchlesen, die sich mit der Begegnung und der (Angst vor der) Vermischung von Kulturen befassen – alle von der Sorge getragen, die kraftvolle germanische Kultur könnte im Zuge einer Theorie von Kulturzyklen ebenso verfallen wie die großen Hochkulturen der Vergangenheit. Was diese dynamische, relationale und plurale Konzeption von Kultur jedoch konkret bedeutet für einen pädagogischen Umgang mit Kulturen, welche Inhalte, Dispositionen, Schwerpunkte etc. somit Gegenstand einer kulturpädagogischen Arbeit in einem multiethnischen Land sind, ist nach wie vor ein Desiderat, das auch nicht in ein Teilgebiet „interkulturelle Kulturarbeit" abgeschoben werden kann. Grundlegend sind vielmehr ganz alltägliche Prozesse des Umgangs mit Fremdheit, so wie sie Treptow als „kulturell-emanzipatorische Zumutung der Moderne" zurecht an den Beginn der Moderne – vielleicht sogar als eines ihrer Antriebsmomente – gestellt hat (vgl. meinen Text zu „Europa", jetzt auch als Kapitel 2.3 in Fuchs 2005, Bd. 4).

Die Kulturphilosophie am Anfang des 20. Jahrhunderts hatte mit erheblichen Wandlungs-, ja sogar Krisenprozessen der Gesellschaft zu tun. Es ist kein Zufall, dass die erste Soziologengeneration über Anomie und Selbstmord, über soziale Integration und Werte (als Medien sozialer Integration) nachdachte, während gleichzeitig, und mit großem öffentlichem Anklang, Verfallsdiagnosen (Nietzsche, Spengler) gestellt wurden. Kulturphilosophie war geradezu ein Konkurrenzunternehmen zur jungen Soziologie, die Selbstdeutung der Gesellschaft vorzunehmen. Die Wiedergewinnung der kulturellen Dimension der alten Kulturpädagogik durch die Neue Kulturpädagogik ist in dieser Hinsicht also als Wiedergewinnung der Selbstreflexion der Gesellschaft zu verstehen (vgl. Fuchs 2005, Bd. 4). Vermutlich ist Kulturpädagogik hier sogar in einer besonderen Verantwortung, da zur Geschichte der alten Kulturpädagogik auch gehörte, in ihren führenden Vertretern dem Nationalsozialismus vielleicht nicht den Boden bereitet, aber immerhin mehrheitlich überhaupt keinen Widerstand entgegengesetzt zu haben. Auch hierzu lese man in Sprangers Buch die Texte zur politischen Organisation der Gesellschaft, wobei der häufige Bezug auf den rechtskonservativen Staatstheoretiker und Demokratiekritiker Carl Schmitt auffällt. Die Gefahr des Kulturkonzeptes, gegen ein aufklärerisches Konzept des Sozialen

7 „Kultur" in Kulturpolitik und Kulturpädagogik 169

für konservative oder sogar reaktionäre Ziele leicht nutzbar zu sein, muss auch heute gesehen werden. Bereits die Annahme, „Kultur" böte einen Fluchtbereich aus der Komplexität aktueller gesellschaftlicher Anforderungen, kann in eine solche Richtung führen. Schützen könnte man sich hierbei durch solche Strömungen wie den cultural studies oder dem Postcolonialismus, in denen man insbesondere Mechanismen der Machtentfaltung und Unterdrückung durch und in Kulturen thematisiert.

Abbildung 15: Grundlegung der Kulturpädagogik

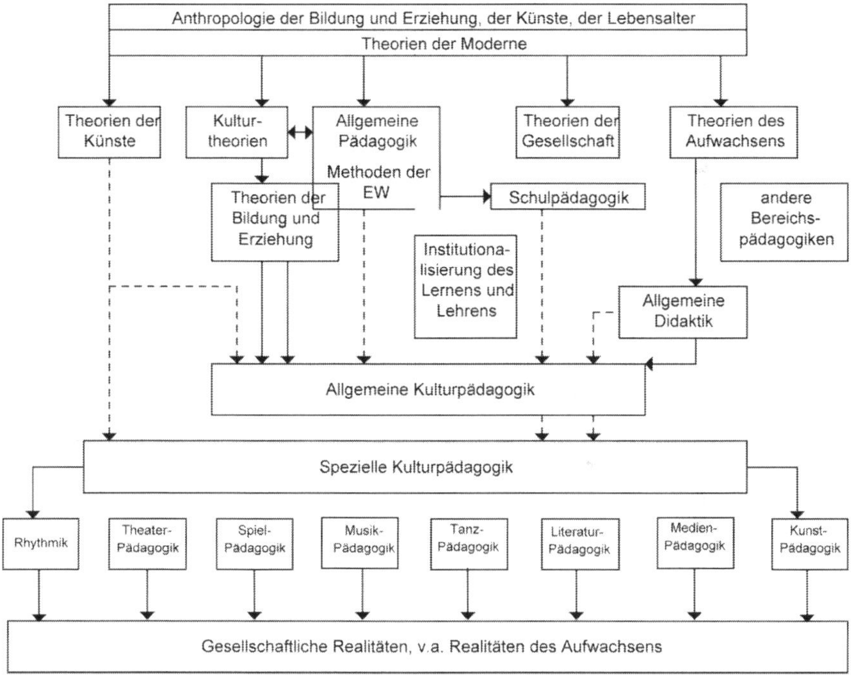

```
┌─────────────────────────────────────────────────────────────────┐
│ Anthropologie der Bildung und Erziehung, der Künste, der Lebensalter │
│                    Theorien der Moderne                          │
└─────────────────────────────────────────────────────────────────┘

 Theorien der    Kultur-      Allgemeine      Theorien der    Theorien des
 Künste         theorien     Pädagogik       Gesellschaft    Aufwachsens
                             Methoden der
                Theorien der     EW          Schulpädagogik    andere
                Bildung und                                    Bereichs-
                Erziehung                                      pädagogiken
                             Institutiona-
                             lisierung des
                             Lernens und
                             Lehrens           Allgemeine
                                               Didaktik

           Allgemeine Kulturpädagogik

           Spezielle Kulturpädagogik

 Rhythmik  Theater-  Spiel-   Musik-  Tanz-   Literatur-  Medien-  Kunst-
           Pädagogik Pädagogik Pädagogik Pädagogik Pädagogik Pädagogik Pädagogik

 Gesellschaftliche Realitäten, v.a. Realitäten des Aufwachsens
```

Immer wieder stellt sich hierbei die Frage der Wirksamkeit kultureller Einflussnahme, und dies in zwei Richtungen: in Hinblick auf die „Bildungswirkungen" des Einzelnen und in Hinblick auf soziale und politische Wirkungen. Das Verdikt über die deutsche Schule, eine Überregulation der Schule als Institution durch den Staat mit einer Totalverweigerung einer Evaluation des Unterrichts durch LehrerInnen zu verbinden, gilt zumindest im zweiten Teil auch für die Kulturpädagogik und den Kulturbetrieb generell. Auch hier wird sehr schnell die Frage nach Wirkungen eines Kunstgebrauchs als „Instrumentalisierung" denunziert. Die Ideologie von Kunst als „Unfassbarem", dem völlig Anderen, verbunden mit der These ihrer Autonomie ist die größte Denk- und Erkenntnisblockade gerade in Deutschland. Die Rezeption eines angemessenen Kulturbegriffs könnte hier in der Tat Abhilfe schaffen, so dass der „weite Kulturbegriff" zwar nicht die Kunst aushöhlt, aber eine verfehlte Kunstideologie ad absurdum führen könnte.

8 „Kultur" und die Kulturwissenschaften

Was als Wissenschaft auf sich hält, befindet sich immer in einer existentiellen Krise, so könnte man salopp ein Qualitätskriterium für Wissenschaftlichkeit formulieren. Denn jede lebendige Wissenschaft hat und braucht ihren Streit unterschiedlicher Schulen und Ansätze, befindet sich also immer in einem gewollten oder zu verhindern gesuchten Paradigmenwechsel, was eben nicht bloß heißt, dass es um einen Streit um Methoden oder Untersuchungsgegenstände geht: Es geht immer auch um Stellen und Forschungsgelder, die Institute oder Lehrstühle bekommen – oder eben auch nicht. Zu jedem „Schuloberhaupt" gehört daher nicht bloß die kreative Kraft, ein neues Forschungsparadigma zu entwickeln, man erwartet zudem, dass er wissenschaftspolitisch dieses Paradigma – also seinen Anhängern und Schülern – zum Durchbruch verhilft: Durch Publikationsmöglichkeiten, durch Auftritte bei Kongressen, durch Stellen, durch eigene Zeitschriften und Buchreihen und zunehmend auch: durch Medienresonanz. Die Geisteswissenschaften sind so gesehen typische Wissenschaften: Als Kampfbegriff wendet sich ihre Bezeichnung bereits *gegen* etwas, nämlich gegen die Naturwissenschaften. Ihr wichtigster „Chefideologe" im 19. Jahrhundert (nach Humboldt, Schleiermacher und anderen) war Wilhelm Dilthey. Er entwickelte seine hermeneutische Methode als Methode des Sinnverstehens kultureller Akte gegen das (bloß) erklärende Verfahren der Naturwissenschaften, die sich damals – ebenfalls auf der Höhe ihrer wissenschaftlichen Durchschlagskraft – anheischig machten, mit ihren Methoden *alle* Bereiche menschlicher Existenz erfassen zu können und so den Maßstab von „Wissenschaftlichkeit" zu definieren. Dieser Ansatz lebt bis heute weiter und hat in einigen Disziplinen zu großen Grundsatzstreitigkeiten geführt (etwa zum Positivismusstreit in der Soziologie oder zum Streit über den Behaviorismus in der Psychologie). Doch haben sich die Geisteswissenschaften etabliert, u. a. auch deshalb, weil Wilhelm Dilthey die oben angeführten Aufgaben eines Schuloberhauptes gut erfüllt hat. Geisteswissenschaftler besetzten zudem nicht nur in den Wissenschaften und der Wissenschaftspolitik wichtige Funktionsstellen, sie konnten sich auch in staatlichen Instanzen so etablieren, dass weite Gesellschaftsfelder – etwa das Bildungswesen – von ihnen besetzt wurden. Dagegen hat sich immer wieder Widerstand erhoben: sei es, dass die Kybernetik als seinerzeit neue Leitdisziplin den Aufstand probte, dass Soziologen das Deutungsrecht beanspruchten oder heute Bio- oder Lebenswissenschaften den ersten Rang einnehmen wollen. Der „Kampf der Kulturen" tobte also immer schon, lange bevor Huntington das ehrwürdige Kulturkreismodell, dem auch Spengler anhing, zur Erklärung der neuen politischen Lage nach dem Ende des Ost-West-Konfliktes aktualisierte. Die „Krise der Geisteswissenschaften" wurde durch die Angriffe der Natur- und der Sozialwissenschaften deutlich. In dieser Situation geschah eine Wiederentdeckung der Kulturwissenschaften. Seit etwa 15 Jahren definieren sich zunehmend mehr Disziplinen zu Kulturwissenschaften um: Die verschiedenen Philologien und Literaturwissenschaften, die jeweiligen „Landeskunden", die Disziplinen, die sich wissenschaftlich mit Musik, Theater oder Tanz befassen. Es wollen aber auch dazugehören: eine spezifisch verstandene Soziologie, die Ethnologie, die Geographie, die Geschichte. Der schon mehrfach erwähnte cultural turn erfasste inzwischen auch die Wirtschaftswissenschaften, die Politologie, die Psychologie und die Pädagogik. Es gibt die ersten Einführungsbände (z. B. Hansen 2000 oder Böhme u.a. 2000), die ersten Handbücher (mit dem dreibändigen Fundamentalwerk aus dem Essener Kulturwissenschaftlichen Institut an der Spitze (Jaeger/ Rüsen), aber auch einige kleinere Überblickswerke (List 2004, Appelsmeyer/ Billmann-Mahecha 2001 oder Stiersdorfer/Volkmann 2005). „Die Kulturwissenschaften" – ein Begriff, der sich offenbar gegenüber dem Singular durchzusetzen scheint – befassen sich auch schon mit ihrer eigenen Geschichte (Wunberg/Lutter 2001), sichern „ihre" Heroen der Frühzeit (von Herder bis zu den zwanziger Jahren des letzten Jahrhunderts), gründen ihre Diskursforen, ihre Zeitschriften und Kongresse und benennen ehemals geisteswissenschaftliche Institute und Fakultäten um in kulturwissenschaftliche. Es gibt sogar Versuche einer einheitlichen Theorienbildung.

Es konnte die vermutlich erste große „Schlacht" zugunsten der Geisteswissenschaften gewonnen werden, als die Philanthropen (hier: E. Chr. Trapp) nach kurzer Zeit den ersten Pädagogik-Lehrstuhl (in Halle) einem Neuhumanisten (F. Wolf) überlassen mussten (vgl. Fuchs 1984). Der endgültige Sieg konnte mit der Humboldtschen Bildungsreform verzeichnet werden: Humaniora wurden zu dem zentralen Bildungsgut, sie bestimmten die Inhalte der Gymnasien als Zulieferer für die Hochschulen, sie sorgten dadurch für eine genügend große Scientific Community (über die Aufgabe der Lehrerbildung) und erwarben sich – etwa in den einzelnen Philologien – sogar Weltruhm. Das Verständnis der Geisteswissenschaften als „Bildungswissenschaften" war also ein Erfolgsweg, so dass es nachvollziehbar ist, wenn heute in einer „Theorie der kulturellen Bildung" die Grundlage einer „Philosophie und Didaktik der Geisteswissenschaften" (Steenblock 1999) gesehen wird.

Die von dem Einzelnen angeeignete kulturwissenschaftliche Kompetenz zur Reflexion und Deutung der zivilisatorischen Prozesse nennt Steenblock „kulturelle Bildung". Es geht um Sinndeutung, um Kohärenz, also genau um die Funktionen, die das Subsystem „Kultur" als symbolische Verhandlung des „Welt"-

8 „Kultur" und die Kulturwissenschaften 173

Geschehens (in Wirtschaft, Politik und Sozialem) leisten soll. Es ist also ein durchaus bekanntes Programm, das der Autor jedoch deshalb erneut für notwendig hält, weil das alte Programm der Geisteswissenschaften des späten 19. Jahrhunderts, das sich eine vergleichbare Aufgabe stellte, dem Legitimationsdruck von Geschichte und Gesellschaft offenbar nicht standgehalten hat. Diese Linie will ich hier nicht verfolgen (vgl. Fuchs 1998a/2001), sondern lediglich das bildungstheoretische Konzept dieses Textes vorstellen. Acht systematische Aspekte von „Bildung" als Grundbegriff einer Philosophie der Geisteswissenschaften stellt Steenblock zusammen (S. 217 ff.):

1. Das Subjekt entwickelt seine Identität in der Auseinandersetzung mit den Geisteswissenschaften. Das meint die Rede von Bildung als subjektiver Seite von Kultur in selbstgesteuerten Prozessen, die immer auch die Beziehungen des Ichs zu der Welt zum Gegenstand machen.
2. Bildung ist immer auch sozialer Bezug in Verantwortung. „Bildung" meint also nicht bloß Wissen um das Richtige, sondern zeigt sich im Handeln.
3. Bildung ist historische Bildung, was insbesondere bedeutet, Geschichte als kontingentes Produkt menschlichen Handelns zu verstehen.
4. Bildung ist Bildung für alle und bezieht sich auf die „Kultivierung des Alltags" (Liebau). Dies bedeutet auch, die Bildungsorte und die sozialen Prozesse, die im Umgang mit Bildung geschehen, im Auge zu behalten.
5. Bildung hat eine „materiale" Seite, die die Kultur in den Blick nimmt.
6. Bildung ist Reflexionsbereitschaft und -kompetenz gegenüber der Welt.
7. Bildung zielt auf Kohärenz.
8. „Bildung" enthält – allen realgeschichtlichen Katastrophen zum Trotz – die Hoffnung auf eine Bildung nicht bloß des Einzelnen, sondern auch der Gattung zum Besseren. Dies meint, dass – in säkularer Form – die Erlösungshoffnung (als theologische Imprägnierung) aufrecht erhalten wird.

Allerdings eine Hoffnung bestätigt diese Auffassung von Bildung nicht:

„Menschen müssen sich ihre Humanität selbst erarbeiten in ihrer Welt, die von vielen schwerlich kalkulierbaren natürlichen, gesellschaftlichen und kulturellen Faktoren und Gesetzmäßigkeiten nicht eben nur günstig geprägt ist" (ebd., S. 256).

Offensichtlich gibt es viele Übereinstimmungen zwischen dieser Konzeption kultureller Bildung und eigenen Analysen und Thesen (Fuchs 1994, 2000 und 2005; vgl. auch Zacharias 2001). Es gibt allerdings auch einige aus meiner Sicht unterbelichtete Punkte, die mit der Konzentration Steenblocks auf das (bloß) Geistige zu tun haben. Dies betrifft etwa die Unterbelichtung politischer und ökonomischer Prozesse, obwohl Heydorn und Marx ausführlich in ihrer Kritik an der „idealistischen Beschränkung" des Humboldtschen Bildungsbegriffs gewürdigt werden (ebd., S. 185 ff.). Die dargestellte Konzeption eines umfassenden und durchaus auch für eine Orientierung des praktischen Handelns tauglichen Bildungsbegriffs wird zudem durch diese bewusste Begrenzung und Konzentration auf einen Umgang mit Geistes- und Kulturwissenschaften – was also stets heißt: auf eine besondere Form der bloß geistigen Auseinandersetzung mit Ergebnissen dieser Disziplinen – überhaupt nicht in ihren Möglichkeiten ausgelotet. Selbst der Umgang mit den Künsten wird bei Steenblock bloß eine Auseinandersetzung mit schon vorhandener Kunst (mittelalterliche Kathedralen, Jackson Pollock, Walter Felsenstein; S. 238 f.), so dass auch hierbei die Chancen nicht genutzt werden, in eigenem gegenständlichen künstlerischen Handeln neue oder bislang unentdeckte Potenzen der Person auszuloten, um so auch auf praktische Weise an einer konkreten Utopie möglicher Entwicklungsperspektiven zu arbeiten bzw. Kritik an der je vorhandenen Gesellschaft auch sinnlich erleben zu können.

Felder einer im Sinne Steenblocks verstandenen kulturellen Bildung sind (I-II. Teil seines Buches):

- die Auseinandersetzung mit dem Computer,
- Fremdes und Eigenes,
- Geist und Natur.

Es kann und soll hier nun nicht weiter untersucht werden, wie jede Einzeldisziplin ihren cultural turn bewerkstelligt hat, wie sie ihre theoretische Grundlegungsaufgabe löst und wie sie sich in Beziehung setzt zur allgemeinen Tradition kulturtheoretischer Reflexionen (vgl. Abb. 16).

Man sollte bei jedem Buch, das in seinem Titel „Kulturwissenschaften" trägt, den fachlichen Kontext erkunden. So stellt man schnell fest, dass Hansen (2000) von der Amerikanistik herkommt, Böhme (in Böhme u. a. 2000) Literaturwissenschaftler ist, ebenso wie die meisten englischen Autoren (Eagleton, Thompson, Williams), Scharfe (2002) und Müller (2003) sind Ethnologen. Nicht dass diese Fachzuordnung die Bücher oder Autoren diskreditieren würde. Es wird nur das Erkenntnisinteresse und die fachliche Tradition deutlich. Damit kann der jeweilige Beitrag zum Kulturdiskurs bewertet werden. Denn natürlich gehören sowohl die reale Kultur als auch die dazugehörige Begrifflichkeit, also „Kultur", uns allen.

8 „Kultur" und die Kulturwissenschaften

Abbildung 16: Von den Geistes- zu den Kulturwissenschaften

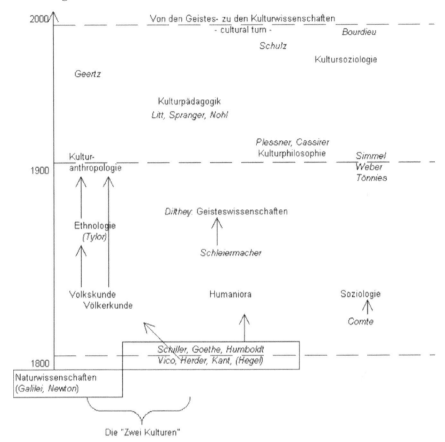

Konzepte der Kulturwissenschaften und Methodenfragen

Der Zugang zur Kulturtheorie über (traditionelle) Disziplinen, die sich heute weitgehend unter dem unspezifischen Dach der „Kulturwissenschaften" versammeln, passt am ehesten zu der Praxis der Kulturpolitik und Kulturpädagogik, da die meisten Beschäftigten in diesen Feldern ein Studium in einer dieser Disziplinen absolviert haben dürften. Doch lohnt es sich, zwei weitere Sortierhilfen anzubieten, die z. T. quer zu diesen klassischen Disziplinen liegen.

Der erste Ansatz besteht darin, einen Blick auf die Forschungsmethoden (und die Methodenstreitigkeiten) zu werfen. Ein anderer Blick richtet sich auf das in dieser Arbeit ständig genutzte Handbuch der Kulturwissenschaften, hier: auf seine Gliederung. Man kann nämlich davon ausgehen, dass es erhebliche Denkanstrengungen und Debatten quer durch alle beteiligten Disziplinen gegeben hat, um dieses Werk als zur Zeit aktuellem Hauptnenner quer durch alle Kulturwissenschaften zu konzipieren.

Ohne Anspruch auf Vollständigkeit will ich einige Aspekte herausgreifen, die bereits in den Kapiteln zu den einzelnen Kulturwissenschaften angesprochen worden sind.

Die Kulturphilosophie bietet in diesem Zusammenhang am wenigsten die Möglichkeit einer spezifischen strukturierenden Typologie. Denn Kulturphilosophie ist insgesamt eine Art Mikrokosmos des Makrokosmos Philosophie, was heißt: Jede philosophische Schule, jeder philosophische Autor kann auf der Grundlage seiner allgemeinen philosophischen Ansätze auch eine spezifische Kulturphilosophie entwickeln – und hat es auch oft genug getan. Das heißt aber auch, dass in Hinblick auf Denkmethoden die Kulturphilosophie ebenso unübersichtlich ist wie die Philosophie insgesamt. Zwar führt die Unterscheidung von „Schulen" (Kritische Theorie, Kritischer Rationalismus, Pragmatismus etc.) zu einer gewissen groben Ordnung. Doch liegt es eher in der Natur der Philosophie und der Philosophen, sperrig zu sein gegenüber der Zuordnung zu Ismen. Diese werden oft von außen und im Nachhinein von Philosophiehistorikern als Etikette verwendet. Bei näherem Hinsehen liegt letztlich selbst der hartnäckigste Vertreter eine Schule Wert auf seinen ureigensten Ansatz. Dies gilt bisweilen sogar für die Schuloberhäupter selbst, die sich der Zuordnung zu dem nach ihnen benannten Ismus verweigern (Marx: Ich bin kein Marxist!).

Im Hinblick auf die Möglichkeit, über die verwendeten Methoden eine gewisse Ordnung und Typologie zu gewinnen, sind Ethnologie und Kultursoziologie geeigneter. Gerade die Erstgenannte dürfte sogar eine gewisse Vorbildfunktion haben. Denn insofern etwa in den Literaturwissenschaften bestimmte Topoi aufgegriffen wurden (z. B. einflussreich die Rede von „Kultur als Text"), so lassen sich diese Paradigmen letztlich auf Methodendebatten in der Ethnologie (hier: Cl. Geertz) zurückführen. Dies gilt ebenso für den Strukturalismus (zuerst Levi-Strauss), der über Anhänger in die Soziologie – natürlich entsprechend verändert oder sogar in bewusstem Gegensatz formuliert (wie etwa bei Bourdieu) – überführt wurde.

Auch bei der Entdeckung des Alltags – etwa in der Kulturgeschichte, der „historischen Anthropologie" (Reinhard 2004, Wulf 1997) – hat die Ethnologie bzw. haben die alten Volks- und Völkerkunde einen Vorrang, denn diese haben sich von Anfang an mit diesem befasst. Insgesamt wird es gelegentlich durchaus

8 „Kultur" und die Kulturwissenschaften 177

schwer, Kulturanthropologie von Kultursoziologie zu unterscheiden. Auch in Hinblick auf eine (wenn überhaupt vorhandene) wissenschaftliche Kulturpolitik weisen Hoffmann/Kramer (in Brackert/Wefelsmeier 1990, S. 437) auf Arbeiten aus der Ethnologie in Tübingen, Marburg und Frankfurt/M. hin, die sich mit Kulturinitiativen, mit der „Kulturpolitik in einer Mittelstadt" oder Ähnlichem befassen.

Für die Kultursoziologie gibt es inzwischen gute Überblicke und Analysen. Reckwitz (2000) zeichnet diese Geschichte – unter Einbeziehung der ethnologischen Fachdiskurse (Levi-Strauss und früher Bourdieu sowie Geertz) – detailliert nach und unterscheidet (vgl. Kap. 3) die semiotisch-strukturalistische von der interpretativ-phänomenologischen Linie als den zur Zeit wichtigsten. Zudem gibt es Ansätze unter Bezug auf Wittgenstein, die jedoch noch keine maßgebliche Rolle spielen. Seine These: Beide Hauptlinien konvergieren zwanglos in einer „Theorie sozialer Praktiken" und bieten so die Möglichkeiten, zentrale Fragen und Probleme aktueller Kulturentwicklung zu lösen, etwa das Problem der Überwindung von Homogenitätsvorstellungen.

Ähnlich ist der Überblick von Winfried Gebhardt (in Fröhlich 2000, S. 185 f.), der die folgenden Theorierechtungen unterscheidet:

1. Eine „handlungstheoretische", weitgehend an der soziologischen Forschungsprogrammatik M. Webers orientierte Kultursoziologie. Zu ihr gehören neben den oben genannten noch Johannes Weiß (Kassel), Karl-Siegbert Rehberg (Dresden), Eckhart Pankoke (Essen) und einige Jüngere, zu denen sich der Verfasser auch rechnen würde. Diese Gruppe dominiert bis heute die „Sektion Kultursoziologie" in der Deutschen Gesellschaft für Soziologie, verfügt über ein eigenes Publikationsorgan („Sociologia Internationalis", teilweise auch noch die deutsch-italienische Zeitschrift „Annali di Sociologia/Soziologisches Jahrbuch") und eine eigene, von Stagl herausgegebene Schriftenreihe („Schriften zur Kultursoziologie" im Dietrich Reimer-Verlag Berlin).
2. Eine „phänomenologisch orientierte", strikt an die theoretischen Konzeptionen von A. Schütz und T. Luckmann gebundene „Kultursoziologie". Dazu gehören neben T. Luckmann selbst vor allem Hans-Georg Soeffner (Konstanz), Walter L. Sprondel (Tübingen), Jörg R. Bergmann (Gießen), Jo Reichertz (Essen), Hubert Knoblauch (Konstanz), Anne Honer (St. Gallen), Ronald Hitzler (Dortmund), und – als Schweizer Flügel – Thomas S. Eberle und Christoph Maeder. Diese Gruppe hat innerhalb der Deutschen Gesellschaft für Soziologie keinen festen Ort, sondern vagabundiert zwischen einzelnen Sektionen. Höchstens die Sektion „Sprachsoziologie" lässt sich als Heimathafen bezeichnen. Die von T. Luckmann, H.-G. Soeffner und J. R.

Bergmann herausgegebene Schriftenreihe „Materiale Soziologie" kann als ein publizistisches Zentrum angesehen werden. Die von Michael N. Ebertz im Universitätsverlag Konstanz herausgegebene Schriftenreihe „Passagen und Transzendenzen" steht sozusagen vermittelnd zwischen diesen beiden theoretisch und thematisch eng verbundenen Schulen.

3. Eine ebenfalls dem phänomenologischen Umfeld entwachsene, durch Aufnahme strukturalistischer Theorieelemente (von Michel Foucault, Pierre Bourdieu, teilweise sogar von Niklas Luhmann) aber eher „konstruktivistisch" ausgerichtete Kultursoziologie. Diese Richtung hat ihr Zentrum an der Universität Bielefeld. Zu ihr gehören als Hauptvertreter Karin Knorr-Cetina, Richard Grathoff, Klaus Amann und Stefan Hirschauer.

4. Eine deutsche „Bourdieu-Schule", die inzwischen einen starken Einfluss auf die Sozialstruktur- und Gender-Forschung ausübt. Obwohl hier durchaus versucht wird, handlungstheoretische und wissenssoziologische Ansätze zu berücksichtigen, bleibt der Bourdieusche Grundgedanke, Kultur als Ausdruck von Machtlagen und Machtinteressen zu interprefieren, dominant. Zu dieser Schule rechnet Verfasser neben Gerhard Schulze (Bamberg), Michael Vester (Hannover) und Thomas Müller-Schneider (Bamberg) vor allem Hans-Peter Müller (Berlin), Sieghard Necke] (Siegen) und Herbert Willems (München).

5. Eine „zivilisationstheoretische", an N. Elias angelehnte Kultursoziologie, die versucht, neben gewissen psychoanalytischen und mentalitätshistorischen Theorieelementen auch Theoriefragmente der Kultursoziologie P. Bourdieus in ihre Konzeption aufzunehmen. Zu dieser Gruppe gehören in engerem Sinne Hermann Korte (Hamburg), Gabriele Klein (Hamburg) und Peter Gleichmann (Hannover), im weiteren Sinne auch Ingo Mörth und vor allem Gerhard Fröhlich, die als Köpfe der Sektion „Kulturtheorie und Kulturforschung" in der Österreichischen Gesellschaft für Soziologie von Linz aus – auch mit Hilfe einer von ihnen herausgegebenen Schriftenreihe (den Ergebnissen der Linzer Kultur-Symposien) – diese Richtung protegieren, auch wenn ihre Interessen darüber hinaus – in Richtung einer Synthese unterschiedlicher kultursoziologischer Ansätze – reichen.

6. Eine noch diffuse, weil noch nicht strukturierte Gruppe jüngerer Soziologen um Rainer Winter (Aachen) und Udo Göttlich (Duisburg), die versuchen, das von Stuart Hall entwickelte cultural studies-Programm in Deutschland bekannt zu machen und auch institutionell zu verankern.

Offensichtlich ist die Hauptstreitfrage der Allgemeinen Soziologie, nämlich der Frage nach der Priorität jeweils von „Struktur bzw. System" oder „Handlung", in diese Ansätze integriert.

8 „Kultur" und die Kulturwissenschaften 179

Einen ähnlichen integrativen Ansatz verfolgt das Essener Handbuch der Kulturwissenschaften. Die drei Bände behandeln in Band 1 „Grundlagen und Schlüsselbegriffe" (Jaeger/Liebsch 2004) die Konzepte Erfahrung, Sprache, Handlung, Geltung, Identität und Geschichte.

In Band 2: Paradigmen und Disziplinen (Jaeger/Straub, 2004): Kulturwissenschaft und Lebenspraxis, grundlegende wissenschaftliche Probleme (darunter: Kulturrelativismus, postmoderner Historismus, „Kultur als Programm", Erklären und Verstehen, qualitative oder quantitative Methoden), Handlungstheorie, das Paradigma der Sprache und sie listen schließlich die Einzelwissenschaften auf, die zu den Kulturwissenschaften gerechnet werden.

Band 3: „Themen und Tendenzen" (Jaeger/Rüsen 2004) benennt Brennpunkte einer Kulturanalyse (Kunst, Religion, Holocaust, das Unbewusste, Fremdheit), er befasst sich mit Wirtschaft, mit kultureller Vergesellschaftung und mit Politik und Recht.

Auf diese Weise wird kaum etwas ausgelassen, was im Kontext von Kultur Relevanz haben könnte, so dass dieses Handbuch in jedem Fall bei einer Fortsetzung des Studiums von Kultur(theorien) zur Hand genommen werden sollte, doch wirkt die Aufteilung der Themen in die drei Bände gelegentlich arg bemüht und die Einzeldarstellungen eher additiv als integrativ. Dies wird im Vorwort auch nicht verschwiegen. Man weist vielmehr auf die „unübersichtliche Diskussionslage" hin und auf das Selbstverständnis dieses Publikationsprojektes, „Ordnung in die Debatte" bringen zu wollen.

„Interdisziplinarität" bleibt also weiterhin eine Kampfaufgabe und bedeutet bis auf weiteres nicht, dass es ein einheitliches Verständnis über Probleme, Methoden oder Grundbegriffe geben könnte. Die Vielfalt der Kulturtheorien spiegelt so die Vielfalt der Kulturen wieder, was vermutlich nicht bloß ohne Alternative, sondern vielmehr ausdrücklich zu begrüßen ist. Es kommt daher darauf an, den jeweils eigenen professionellen Zugang zu finden, sich dabei aber nicht die Deutung anderer Fachdisziplinen als Maßstab vorschreiben zu lassen. Dies klingt etwa dort an, wo etwa aus der Kultursoziologie der eigene Kulturbegriff (etwa der der Alltags- und populären Kultur) unvermittelt als Arbeitsbegriff der Kulturpolitik unterstellt wird und so eine Messlatte angelegt wird, die aus pragmatischen und systematischen Gründen für diesen Zweck nicht angemessen ist (etwa in verschiedenen Publikationen von W. Gebhardt). Verschuldet wird dies allerdings z. T. durch den Kulturbereich selbst, der sich über seine eigene Debatte über den weiten (UNESCO-)Kulturbegriff selbst in diese prekäre Situation gebracht hat.

In der angedeuteten Pluralität von Grundbegriffen, Methoden und Erkenntnisinteressen spielt seit etwa 20 Jahren die „Postmoderne" eine gewisse Rolle. Auch dies ist ein schillernder Begriff, unter dem vieles verstanden wird und der hier als eher lockerer Oberbegriff verwendet wird. Für unsere Zwecke ist dabei etwa auf einige Publikationen des Kultur- (hier: Literatur)-Wissenschaftlers Peter Zima zu verweisen (Zima 1997, 2000). Es geht in diesem postmodernen Diskurs – sofern man dies pauschal so sagen darf – um eine Fundamentalkritik an Forschungsinteresse, an den Methoden und Grundbegrifflichkeiten des Diskurses der Moderne, etwa dort, wo es um das Subjekt, um Kohärenz, um objektive Erkennbarkeit geht. Dagegen werden nicht nur die Begriffe destruiert, sondern auch neu rekonstruiert (Dekonstruktion), was etwa auch dazu geführt hat, die individuellen Konstruktionsleistungen des Einzelnen bei Wahrnehmungs- und Erkenntnisprozessen hervorzuheben. Sozialer und kultureller Konstruktivismus ist daher eine Linie quer durch alle Sozial- und Kulturwissenschaften. Nation, Identität, Geschichte etc. – all dies sind weniger oder gar nicht Wiedergaben von objektiv vorhandenen Gegebenheiten, sondern vielmehr Ergebnisse von subjektiven Konstruktionsprozessen. Da diese Konstruktionsprozesse stark kulturell determiniert waren, kam es in vielen Disziplinen zu einem Fundamentalangriff auf bisherige Forschungstraditionen, was traditionsorientierte Wissenschaftler – hier: in der Germanistik – zu dem Ausruf veranlasste, ob man sich denn nunmehr gar nicht mehr mit der Literatur als solcher befassen dürfe. In der Tat ist vielen Disziplinen ein erbitterter Grundlagenstreit um die Legitimität bislang praktizierter Ansätze bzw. die Tragfähigkeit neuer (kulturalistischer) Ansätze entstanden. Insbesondere wurde die Frage der Verallgemeinerbarkeit etwa der in Mode gekommenen „mikrohistorischen Analysen" gestellt: „Damit sind wir beim Grundproblem aller mikrohistorischen Arbeiten. Sie alle sind Fallstudien von unterschiedlicher Dimension. Sie alle stehen vor dem Problem, ob und wie ihre Ergebnisse sich verallgemeinern lassen, obwohl sie nicht als typisch gelten können und auch gar nicht wollen." (Reinhard 2004, S. 27).

Ein weiteres Problem ist die Unterscheidung zwischen U und E, zwischen Hoch- und Volkskultur. Für manche Kultursoziologen ist diese Unterscheidung längst obsolet. Betrachtet man jedoch eine aktuelle und umfangreiche „Kulturgeschichte des 20. Jahrhunderts" (von der Dunk 2004), so findet man zwar Beschreibungen der Entwicklung der Wissenschaften, der sozialen Bewegungen (Frauen-, Jugend- etc. -bewegung), des Umgangs mit Sexualität etc., also „alltagskultureller" Prozesse und Ereignisse. Trotzdem schreibt der Autor in seiner Einleitung: „Und dass ich trotz der heutigen Ausweitung des Kulturbegriffs den Pionieren des Denkens und dem, was ich unter großer Kunst verstehe, in der Regel mehr Aufmerksamkeit gewidmet habe als der populären Kultur, verrät natürlich meine Überzeugung, dass es in der Tat gewaltige ästhetische und geistige Rangunterschiede gibt." (Bd. 1, S. 12).

Natürlich gibt es auch in der Kulturgeschichte eine heftige Auseinandersetzung um Konzepte und Methoden (Daniel 2002), die sich – man wird sich nunmehr kaum noch wundern – so wesentlich von den hier vorgestellten Debatten nicht unterscheidet.

9 Kultur als Tätigkeit – Eine Skizze

Dass der Mensch handelnd sein Leben bewältigen muss, weiß eigentlich jeder: Die Philosophen, die in der Anthropologie die tätige Lebensbewältigung studieren, die über die Dialektik von Aneignung und Vergegenständlichung nachdenken, die die Dialektik von Gestaltungsmöglichkeiten und den Freiheitsentzug dadurch, dass alles schon gestaltet ist, beschreiben, die die Rolle des Werkzeuggebrauchs und vor allem der Werkzeugherstellung bei der Anthropogenese betonen. Und selbst dann, wenn man nicht Arbeit und Werkzeugumgang als Motor der Entwicklung versteht, sondern vielmehr eine künstlerische, religiöse oder sprachliche Praxis im Mittelpunkt sieht, so sind dies doch alles Handlungen. Der Handlungs- oder Tätigkeitsbegriff ist also denkbar weit: Er umfasst Produktion und Reproduktion, soziale, künstlerische und spirituelle Aktivitäten. Auch die (christlichen) Theologen wissen, dass mit Arbeit die eigentliche Menschheitsgeschichte begann: Denn die paradiesischen Zustände waren in dem Augenblick vorüber, als Adam dem von der Schlange seiner Partnerin Eva eingeflüsterten Angebot nicht widerstehen konnte und vom Apfel aß. Nun war Arbeiten angesagt. Mit der Arbeit kam das Verbrechen, kam der Brudermord. „Kultur", so mag man sagen, entsteht dadurch, dass ein zorniger Gott ständig den Menschen für seinen Ungehorsam bestraft und ihm neue Bürden aufhalst, die er *tätig* bewältigen muss.

Handeln ist dabei auch und vor allem soziales Handeln. Wer sich in der Soziologie umschaut, wird eine Fülle von Handlungstheorien finden: Arbeit als spezifische Handlung bei Marx, Max Weber und seine Handlungstheorie bis hin zu den zahlreichen handlungstheoretischen, akteursbezogenen oder praxeologischen Ansätzen der Gegenwart. Sprache wird als Sprachhandeln verstanden, Handeln ist kreativ, schafft Neues (Joas 1992), zerstört allerdings oft auch Errungenschaften (Thurn 1990). Handelnd entwickelt sich der Mensch, so die vielleicht ausgearbeitetsten psychologischen Handlungstheorien von Jean Piaget oder der kulturhistorischen (russischen) Schule von Wygotzki über Lurija und Leontiew bis zu den deutschen Ablegern der Kritischen Psychologie (Holzkamp).

Diese kurzen Hinweise mögen genügen, um zu zeigen, dass ein handlungs- oder tätigkeitstheoretischer Ansatz – und dies auch noch interdisziplinär – vor einem nicht zu bewältigenden Berg von Fachauseinandersetzungen steht. Wie ist dieser zu bewältigen? In keinem Fall – und schon gar nicht hier – in einem noch so reduzierten Anspruch auf Vollständigkeit. Es gelänge vermutlich noch nicht einmal eine vollständige Aufzählung aller relevanten Diskurskontexte, selbst wenn man sich nicht auf eine Detaildarstellung der jeweiligen Ansätze und Theorien einließe. Es kann sich hier daher nur um einen skizzenhaften Versuch handeln, der großzügig über Diskurse und Debatten hinweg geht und ausgesprochen selektiv Passendes zusammensucht.

Einen Beginn habe ich in Kapitel 1 bereits gemacht: Die Unterscheidung der „einfachen Strukturmomente" von Arbeit (so Marx in seiner Analyse), die ich auf Tätigkeit schlechthin übertrage

Subjekt – Tätigkeit – Objekt

Diese „einfachen Strukturmomente" lenken bereits die Aufmerksamkeit auf die Komponenten.

Was geschieht mit dem *Subjekt*? Erkenntnisfähigkeiten braucht es jedenfalls. Doch wie spürt es seine Bedürfnisse, wie werden diese artikuliert und in Handeln umgesetzt? Wie entwickeln sich während des Handelns sein mentalen Strukturen? Ist es zudem kein singuläres, sondern ein kollektives Subjekt, kann man nach Organisationsformen – etwa der Arbeitsteilung – fragen. Man fragt nach sozialer und politischer Gestaltung, man blendet Machtfragen ein.

Die „*Tätigkeit*" vermittelt zwischen Subjekt und Objekt. „Vermitteln" heißt: Trennen und Verbinden. Es gibt die profunde These, die sagt, die (kognitive oder machtbezogene) Reichweite der Menschen wird bestimmt durch die Formen und Qualitäten seiner Tätigkeitsformen. Der Mensch kann sich auf sehr verschiedene Weise der Welt tätig nähern: spielend, lernend, produzierend, erkennend, bewertend etc. Das Welt- und Selbstverhältnis, vor allem der Zusammenhang von Weltaneignung und Selbstgestaltung wird durch Tätigkeiten hergestellt. Die „Kunst des Handelns" nennt Michel de Certeau sein einflussreiches Buch (1988) und beschreibt alltägliche Praktiken des Umgangs des Menschen mit Sprache, Dingen und anderen Menschen.

Das „*Objekt*" kann – wie oben skizziert – drei geteilt gesehen werden: Als zunächst zu erkennendes Ausgangsobjekt, als Bearbeitungsgegenstand und als Endprodukt. Im Produkt vergegenständlichen sich die Kompetenzen der Menschen. Es hat eine Bedeutungsschicht, die nur im Gebrauch der Menschen erkennbar wird. Es wird so zum Speicher dessen, was der Mensch an Natur- und Selbstbeherrschung entwickelt hat. Archäologie und Frühgeschichte bleiben gar nichts anderes übrig, als Artefakte (also gemachte Dinge) auf ihre Bedeutung hin, also ihre Rolle im alltäglichen Gebrauch, zu untersuchen. Andere Überlieferungen gibt es in vorschriftlicher Zeit bestenfalls noch in Höhlenbildern. Doch auch diese müssen gedeutet werden und sind „gemacht". Der „Umgang mit den schönen Dingen" (Selle/Boehe 1986) lenkt so den Blick sowohl auf die Gestal-

9 Kultur als Tätigkeit – Eine Skizze

tung der täglich benutzen Dinge, weist aber auch darauf hin, dass Alltag vor allem Umgang mit Dingen und Menschen heißt. Die Gegenständlichkeit nicht bloß der handzuhabenden Dinge, sondern auch der Räume, in denen der Umgang stattfindet, ist längst Gegenstand von Kulturgeschichte und Kulturanthropologie geworden. Nur hierüber lässt sich alltägliche Lebensweise rekonstruieren. Die ‚Industrie als aufgeschlagenes Buch menschlicher Wesenskräfte', so beschrieb Marx diese Erkenntnis. Der Mensch studiert sich selbst, indem er seine Sachen studiert.

Die bislang noch sehr abstrakte Konzeptionalisierung von Tätigkeit kann und muss präzisiert, was heißt: näher an die Praxis herangeführt werden. Denn jede Tätigkeit findet konkret statt: Von konkreten Menschen, mit konkreten Dingen, in konkreten Räumen, zu einer bestimmten Zeit, in bestimmten Kontexten. Kontexte sind gerade in den letzten Jahren wichtig geworden, und dies nicht nur in den cultural studies. Diese haben z. T. die Kontextabhängigkeit auf die Spitze getrieben. Ein bekanntes Beispiel ist die These, dass man die Analyse eines Filmes durchaus mit dem Rücken zur Leinwand durchführen könne: Das Rezeptionsverhalten der Menschen, ihre – sich wechselseitig beeinflussende – subjektive Bedeutungskonstruktion macht letztlich den Inhalt und die Bedeutung des erzeugten Filmes aus. Dabei ist es (fast) gleichgültig, was sich die Filmemacher dabei gedacht haben. Menschen gestalten also, aber sie gestalten – ebenfalls einem Diktum von Marx' zufolge – im Rahmen gegebener Möglichkeiten.

All dies, was bislang beschrieben wurde, kann als Explikation dessen verstanden werden, was man als „Kultur als Tätigkeit" verstehen kann: *Kulturanalyse ist Tätigkeitsanalyse.* Kulturanalyse ist dann insbesondere Subjektanalyse („Bildung"), ist Tätigkeitsstrukturanalyse, ist Analyse der Dingwelt (materielle Kultur).

> „Kultur" ist in diesem Sinne Verschiedenes: die gegenständlichen Handlungen, die Kontexte, die ideellen Tätigkeitsvoraussetzungen („geistige Kultur"), die entstandenen Artefakte und – performativ – die Akte des Handelns selbst. „Kultur" ist tätige Gestaltung des Alltags in seiner gegenständlichen Seite: Wie sahen Städte und Dörfer zu einer bestimmten Zeit aus? Kulturforschung ist (historische) Bildungsforschung in Hinblick auf das Subjekt. Wolfgang Reinhard (2004) beschreibt in seiner „historischen Kulturanthropologie" den Körper, die Mitmenschen, die Umwelten. Fragt man danach, woher die Dinge kommen, die wir brauchen, so kann man entweder eine Anthropologie der Arbeit schreiben oder – bei Konzentration auf Distribution und Nutzung – eine Geschichte des Konsums (Siegrist/Kaelble/Kocha 1997).

Damit drängt sich ein Begriff auf, der auch schon bei Definitionen von Kultur eine Rolle spielte: die Gestaltung des eigenen Lebens, die Lebensweise bzw. – formen. Anthropologisch ist die Aufgabe der eigenständigen Lebensgestaltung von Helmut Plessner herausgearbeitet worden. Inzwischen haben Soziologie, Geschichte oder Psychologie ebenfalls diese Begrifflichkeit entdeckt. Im Hinblick auf die Gegenwartsgesellschaft zeigt die folgende Graphik (Abb. 17) die Komplexität möglicher Bezüge bzw. Zugänge:

Abbildung 17: Lebensweisen im Kontext

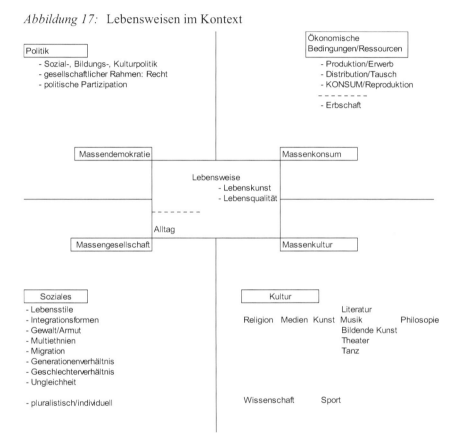

Abb. 18 zeigt genauer, welche Untersuchungsmöglichkeiten von Einflussfaktoren auf Persönlichkeitsdimensionen es gibt.

9 Kultur als Tätigkeit – Eine Skizze 187

Abbildung 18: Konstitution von Lebensweisen

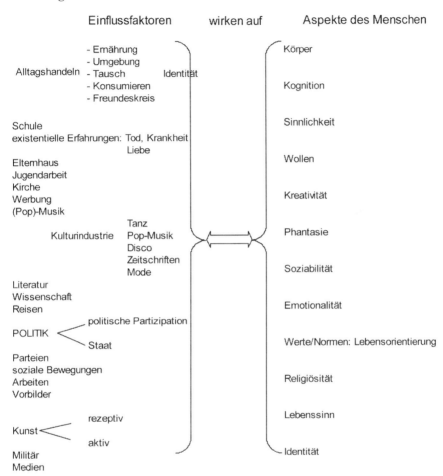

Im Hinblick auf den engeren Bereich von Kultur, so wie es dem AGIL-Schema (Abb. 7, 8) zugrunde liegt, kann man folgende Kulturleistungen bzw. -funktionen in Hinblick auf die Gestaltung von Lebensweisen nennen (also den Einfluss eines engeren Kulturkonzeptes auf das weite Verständnis von Kultur als Lebensweise aufzeigen):

1. Aufzeigen von Handlungsmöglichkeiten, Ausdehnung des Entscheidungsraumes, Ermutigung zu Handlungen, Moral-Erziehung.
2. Herausarbeiten/Aufzeigen von Normen und Werten, Herstellung von Öffentlichkeit.
3. Wertespeicher; kulturelles Gedächtnis, auch als Gedächtnis an frühere Lebensweisen.
4. Motor für soziale und kulturelle Entwicklungen zu sein (z. B. Wertewandel).

Man kann sich diesen Prozess durchaus als Kreislauf vorstellen, der von dem Individuum und seiner Grundhaltung seinen Ausgang nimmt:

Abbildung 19: Der Einzelne und sein Projekt des guten Lebens

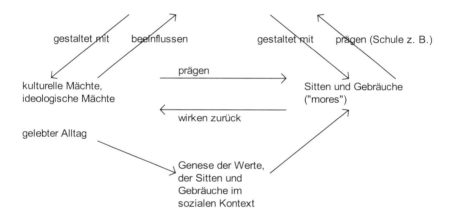

Kultur als Tätigkeit, dies ist die These dieses Kapitels, gestattet, verschiedene relevante Kulturkonzepte, so wie sie in den anderen Kapiteln vorgestellt wurden, einzubinden, zu integrieren. Zwanglos ist der Bogen geschlagen worden zu dem weiten kulturanthropologischen bzw. ethnologischen Begriff von „Kultur" als Lebensweise. An anderer Stelle (Fuchs 2005, Bd. 2) konnte gezeigt werden, dass eine tätigkeitstheoretische Betrachtung von Kunst ebenfalls einen Ordnungsrahmen für ganz unterschiedliche Kunsttheorien liefert.

Der Ansatz „Kultur als Tätigkeit" führt noch weiter. Ein zentrales Problem ist die Frage, wie kultureller Wandel zustande kommt. Ein interessanter Ansatz bezieht sich auf Piaget. Schon vor einigen Jahren hat man versucht (Wolfgang

9 Kultur als Tätigkeit – Eine Skizze

Krohn), das Piagetsche Entwicklungsschema als Erklärungsmuster für die Entwicklung von Wissenschaften anzuwenden. Demzufolge lassen sich die folgenden Phasen im Entwicklungsprozess unterscheiden:

- Phase der relativen Stabilität der Handlungsschemata; Auftauchen von Widersprüchen in Grenzbereichen,
- Akkomodation der kognitiven Instrumente; Entstehen neuer Schemata,
- Sammeln neuer Objekterfahrungen mit Hilfe der neuen Schemata.

Das zentrale Konzept hierbei ist das der „reflexiven Abstraktion", die eine Abstraktion nicht von Dingen, sondern von Handlungen im Umgang mit Dingen ist. Krohn fand seinerzeit die folgende zeitliche Zuordnung

- Spätmittelalter: Ausweitung der Objekterfahrung,
- Renaissance: Umstrukturierung der Erkenntnisschemata,
- neuzeitliche Wissenschaft: Gewinnung neuer Objekterfahrungen.

In der Renaissance entstehen dabei auf der Grundlage der Reflexion bislang praktizierter Verfahren reflexive Deutungsformen (Fortschritt, experimentelle Methode etc.).

Dux (2000) greift ebenfalls die genetische Theorie von Piaget auf, um seine „historisch-genetische Theorie" der Kultur zu entwickeln. Sein Anliegen ist es, die Kluft zwischen Natur- und Kulturgeschichte zu überwinden. Kultur hat es – wie in vielen anderen Ansätzen – mit Sinnhaftigkeit und Bedeutung zu tun; menschliches Leben und Handeln ist demzufolge symbolisch vermittelt. Die Welt des Menschen entsteht dabei durch konstruktives Handeln. Die Menschheit als Gattung entwickelt sich dabei notwendig über die Ontogenese jedes Einzelnen. „Kultur", so Dux, „im engeren Sinn ist die Befassung mit der Konstruktion der Welt und den konstruktiven Praxisformen des Daseins des Menschen in der Welt auf einer Metaebene der Deutungen und Bedeutungen. Zu ihnen rechnen wir auch die erst medial eröffneten Ausdrucksformen der Kunst". (S. 74).

Die Kopplung von Phylogenese bzw. Geschichte mit der Ontogenese heißt, dass letztere ins Zentrum rückt. Insbesondere geht es um die Aneignung dreier Welten (vgl. Kap. 1, Drei-Welten-Theorie von Popper):

- die handlungsrelevant organisierte Natur,
- die Sozialwelt,
- die Innenwelt (75).

Dux rekonstruiert dann analog zu dem Stufenmodell der Entwicklung mathematischer Strukturen die Kulturgeschichte der Menschheit:

- von den archaischen Zivilisationen
- über die Entwicklung von Reflexivität
- zu neuen Stufen kultureller Entwicklung.

Was in der Ontogenese die reflektierende Abstraktion ist, die die kognitive Entwicklung vorantreibt, ist in der Geschichte die praktische Reflexion der historischen Akteure (461).

Ein solcher Ansatz ist kompatibel mit internationalen Studien zum Kulturvergleich in Hinblick darauf, ob das Piagetsche Entwicklungsmodell nur für seine beiden Enkelkinder in Genf (mit denen er experimentell seine Theorien erprobte) Gültigkeit oder ob es einen universelleren Erklärungswert hat. Diese Aufgabe hat sich u.a. Osterdiekhoff (2000, 1992) gestellt. Der Autor sichtet eine Vielzahl von Studien innerhalb der Cross-Cultural-Psychology und kommt zu dem Ergebnis, dass die beiden ersten Stufen im Entwicklungsschema von Piaget (sensomotorisches Stadium und präoperationales Stadium, symbolisches oder vorbegriffliches Stadium und anschauliches Denken) von allen gesunden Menschen aller Kulturen ausgebildet werden. Die Entwicklung der beiden höheren Stufen (Stadium der konkreten und der formalen Operationen) hängt jedoch von kulturellen Kontextbedingungen ab, wobei auch in Industriestaaten die Stufen der formalen Operationen nicht von allen erreicht wird. Insbesondere scheint die Stufe des Formalen an das Vorhandensein von Alphabetisierung gebunden zu sein. In dem letzten der genannten Bücher nutzt der Autor die Piagetsche Theorie zur Rekonstruktion der Zivilisationstheorie von Norbert Elias. Diese Rekonstruktion gelingt nicht nur, er sieht in dieser Psychologie auch einen tragfähigeren Ansatz als in dem von Elias selbst verwendeten (Elias nutzt psychoanalytische Erklärungsmodelle): „Unter Heranziehung der Theorie von Piaget ist es in zuvor unerreichter Weise möglich geworden, wesentliche Bereiche und Elemente der Kulturgeschichte zu erklären." (351). Es ist allerdings darauf hinzuweisen, dass auch dieser Ansatz dem Vorwurf ausgesetzt ist, eine (falsche) Universalisierung wertlicher Vorstellungen zu betreiben.

10 Zur praktischen Relevanz des Kulturbegriffs

Welchen Kulturbegriff brauchen Kulturpädagogik und Kulturpolitik?

Spielt es wirklich eine Rolle, ob man einem engen oder weiten Kulturbegriff anhängt? Zweifellos bestehen zwischen Konzepten und programmatischen Texten deutliche Unterschiede, je nachdem, ob sie „Kultur" als Hoch- und Alltagskultur verstehen. Doch lassen sich auch Unterschiede in der jeweiligen Praxis ausmachen?

Es gibt Studien, die zu dem Ergebnis kommen, dass auf lokaler Ebene trotz deutlicher Unterschiede im politischen Selbstverständnis letztlich doch eine weitgehend übereinstimmende Praxis festgestellt werden konnte. Theoretischer Überbau und Praxis, so kann man schlussfolgern, sind zwei relativ autonome Bereiche. Wozu also dann der Aufwand mit den Kulturbegriffen? Bei dem Verständnis ihrer Relevanz ist ein Gedanke hilfreich, der bei dem Verständnis des Verhältnisses zwischen Theorie und Praxis in einem anderen Feld nützlich war. Der Gedanke besteht darin, „Leitformeln" – so könnte man die tragenden Grundbegriffe in einem bestimmten Feld bezeichnen – in Hinblick auf vier logische Dimensionen zu untersuchen:

Abbildung 20: Die semiotische Struktur von Leitformeln

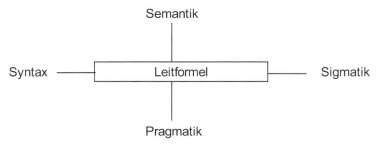

Zur Erläuterung der Graphik:

Die *Pragmatik* einer Leitformel ist ihre Verwendungsweise. Wird die Leitformel anerkannt, also häufig in Diskursen über ein Feld verwendet, gewinnt sie eine gewisse Legitimität.

Semantik meint den Sinngehalt, die Bedeutung. Zu erinnern ist an das große Lexikon der politisch-historischen Sprache (Brunner/Kosellek 1992f.), in dem die Bedeutung und vor allem die Bedeutungsverschiebung wichtiger Begriffe in Form einer historischen Semantik verfolgt wird. Wir bewegen uns hier im Bereich des Geistigen. Sigmatik meint den Bezug zu einer wahrnehmbaren Realität, meint die gegenständliche Referenz von Begriffen.

Die Syntax bezieht sich schließlich auf eine theorieimmanente, logisch widerspruchsfreie Begriffsarchitektur, die um die untersuchte Leitformel aufgebaut wird. Ein Beispiel ist etwa das Begriffsgerüst rund um „kulturelle Vielfalt" (vgl. Kap.8), das im ersten Teil der Konvention zur kulturellen Vielfalt entwickelt wird. In jeder dieser Dimensionen gibt es „Gütekriterien", die eingehalten werden (oder auch nicht):

- logische Widerspruchsfreiheit: Syntax,
- empirischer Gehalt: Sigmatik,
- öffentliche Akzeptanz-Legitimität: Pragmatik,
- Einbettung in einen umfassenden geistesgeschichtlichen Kontext: Semantik.

Jeder einzelne Kulturbegriff lässt sich nunmehr in jeder der hier dargestellten disziplinären Verwendungsweisen im Hinblick auf diese vier Dimensionen untersuchen. Man stellt dabei etwa fest, dass Ethnologie und Soziologie bei dem weiten Kulturbegriff (Kultur = Lebensweise) anhand der empirischen Referenz kaum unterschieden werden können: Es handelt sich um dieselben Lebensäußerungen. Auch auf der Ebene der Semantik gibt es eher Gemeinsamkeiten als Unterschiede. Unterschiede gibt es jedoch in der Einordnung des Kulturbegriffs in unterschiedlichen Theoriengebäude und Begriffsnetze. Auch die Pragmatik in beiden Disziplinen unterscheidet sich, da es eine jeweils unterschiedliche Scientific Community ist, die den Begriff verwendet (vgl. Abb. 21).

Das Problem besteht dabei weniger darin, dass unterschiedliche Wissenschaftsfelder ihren eigenen – in der Regel gut definierten – Kulturbegriff verwenden. Eine erste Verwirrung entsteht dort, wo Interdisziplinarität zustande kommt. Aber selbst dann gibt es hinreichend eingeübte Strategien, mit Begriffskonfusionen umzugehen.

Ein wirkliches Problem entsteht erst im öffentlichen Gebrauch: In den Feuilletons, im Alltag, auch: im kulturpolitischen Alltag. Dort hat man nicht die Zeit, erst sorgsam über einen Begriff zu reflektieren, den man verwenden will. Man unterstellt in der Regel vielmehr seine eigene Bedeutungszuweisung und verschwendet keinen weiteren Gedanken darauf, dass diese eigene Verwendungsweise – selbst wenn sie reflektiert ist – nur eine unter vielen möglichen ist. Das Tableau zeigt zudem, dass die unterschiedlichen Kultur-Begriffe durchaus in

10 Zur praktischen Relevanz des Kulturbegriffs

den einzelnen Dimensionen Überschneidungen haben, so dass oft auf den ersten Blick ein Unterschied gar nicht bewusst wird.

Abbildung 21: Semiotischer Vergleich von Kulturbegriffen

	Syntax	Semantik	Pragmatik	Sigmatik
ethnologischer Kulturbegriff Kultur = Lebensweise	gut eingebettet in ethnologische Theorien von Herder bis Geertz	ältester Kulturbegriff seit der Aufklärung (Herder). Bedeutungsveränderung: weg von abgrenzbaren, statischen, homogenen Kulturen	Verwendergruppe: 1. professionelle Ethnologen 2. Begriff als wissenschaftliches Allgemeingut 3. Medien, Alltagskommunikation	alle Lebensäußerungen einer Gruppe
anthropologischer Kulturbegriff	Vielzahl hochreflektierter philosophischer Anthropologien	nach wie vor aktuell; abhängig von Vorstellungen vom Menschen, die auch von wissenschaftlichem Fortschritt abhängen	1. professionelle philosophische Anthropologie 2. Alle Disziplinen, die sich um anthropologische Grundlagen bemühen 3. Alltag	Der Mensch als Gattungswesen; Merkmale des Menschseins
Soziologischer Kulturbegriff 1: Kultur als Subsystem	elaborierte Theorien seit Parsons	umstritten, aber nach wie vor aktuell (Münch)	1. Anhänger der betreffenden soziologischen Schule 2. andere Disziplinen 3. alltägliche Rede von ökonomischen, politischen, sozialen und kulturellen Aspekten	Subsystem „L" Religion Sprache Wissenschaften Künste
Soziologischer Kulturbegriff 2: Kultur als – symbolisch - kommunikative – Werteordnung	elaborierte Theorien seit M. Weber	verbreitet	wie oben; Rede vom kulturellen Wandel als Wertewandel	Wertewandel

enger Kulturbegriff: Kultur = Kunst	hohe alltagspraktische Relevanz	relativ stabil trotz Kritik an Kunstbegriff und Eurozentriertheit	wird im wesentlichen im (kulturpolitischen) Alltag verwendet.	traditionelle europäische Künste
normativer Kulturbegriff: Kultur = humane Lebensweise	eingebettet in westliche normative Systeme, z. B. Philosophie der Menschenrechte	spätestens seit der Aufklärung stabil trotz Fundamentalangriffen (Romantik, Nietzsche, Heidegger, Postmoderne	wie oben	europäisch-westliche „Leitkultur", Werte wie (u.a.) - Freiheit - Menschenwürde - Solidarität

Doch kommen wir zurück zur Bedeutung der unterschiedlichen Kulturbegriffe. In der Kulturpolitik spielt dabei der Paradigmenwechsel vom „engen" zum „weiten Kulturbegriff" eine wichtige Rolle. Dafür, dass dieser überhaupt heimisch werden konnte, gibt es verschiedene Ursachen: Ein wachsendes Unbehagen an der Konservativität der bisherigen Kulturpflege, an der gesellschaftliche Wandlungsprozesse scheinbar spurlos vorübergingen (in den 60er Jahren). Eine nach wie vor große Rolle von Volks- und Völkerkundlern, von Ethnologen und Kulturanthropologen – national und international –, die ihren weiten Kulturbegriff ständig in die Debatten und Gremien „einspeisten". Die wichtigere Rolle ehemaliger Kolonien, die eine Engführung des Kulturbegriffs auf ein europäisches Verständnis von „Kunst" nicht mehr hinnehmen wollten, die vielmehr in „kultureller Identität" eine wichtige begriffliche Waffe bei der Herstellung ihrer Souveränität sahen. Internationale Organisationen wie Europa-Rat und UNESCO und der nationale soziale und politische Wandel („Soziokultur") verstärkten diesen Paradigmenwechsel.

Werfen wir also einen weiteren Blick darauf, wie in der Kulturpolitik „Gesellschaft" und „Kultur" in den letzten Jahrzehnten konzeptionalisiert wurden. Man stellt dabei fest, dass es nicht nur eine Komplexität hinsichtlich des Kulturbegriffs, sondern ebenso eine unübersichtliche Vielfalt an Gesellschaftskonzepten gibt. Man kann sogar feststellen, dass Gesellschaftsanalyse mit der Perspektive einer Zeitdiagnose ein beliebtes Geschäft geworden ist, so dass inzwischen eine zweistellige Anzahl alleine von ausgearbeiteten soziologischen Gesamtanalysen zu bewältigen ist (Volkmann/Schimank 2000 und 2002, Kneer/Nassehi/Schroer 1997 und 2001). So werden im letztgenannten Werk gleich 29 Konzepte von Gesellschaft vorgestellt, die von klassischen Begriffen wie Agrar-, Arbeits- und Industrie- oder bürgerlicher Gesellschaft bis zur individualisierten, der Welt- oder der schamlosen Gesellschaft reichen.

10 Zur praktischen Relevanz des Kulturbegriffs

Was bedeutet diese verwirrende Situation für die Frage nach der Sozialstruktur im Kontext einer kulturpolitischen Debatte? Eine erste Schlussfolgerung wird die sein, die Pluralität sowohl von Kultur- als auch von Gesellschaftskonzepten zur Kenntnis zu nehmen. Dabei hat man es eben nicht mit „der Gesellschaft" zu tun, sondern mit Bildern von dieser Gesellschaft. Und solche Bilder werden in wissenschaftlichen Disziplinen, aber auch wirkungsvoll in der Politik, in den Medien, den Feuilletons und natürlich auch in den Künsten entworfen. Sie hängen von persönlichen und Fachinteressen, von wissenschaftlichen, philosophischen und politischen Gründüberzeugungen ab und man kann sich daher trefflich über die Relevanz und Realitätsnähe der vielen Ansätze streiten (vgl. Fuchs 2005, Bd. 4). Den Wandel solcher Gesellschaftsbilder zu betrachten, führt zudem zu weiteren Problemen: Es stellt sich nämlich nicht nur die klassische Frage nach dem Verhältnis von Realität und ihrer geistigen Verarbeitung, sondern auch die nach Regeln und Antriebskräften für den realen und den geistigen Wandel. In einigen soziologischen Theoriekonzeptionen gibt es durchaus Vorschläge, diesen Wandel zu konzeptionalisieren (Oesterdiekhoff 2000 sowie Kap. 14.2 in Jäger/Rüsen 2004). Allerdings scheint die Frage nach den Ursachen des sozialen, kulturellen, politischen und ökonomischen Wandels alles andere als geklärt zu sein. Ebenso ungeklärt ist die Rolle der „Kultur" und ihr Zusammenhang mit der Sozialstruktur der Gesellschaft.

Man könnte erwarten, dass sich der skizzierte Dschungel durch die Einschränkung ein wenig lichtet, sich nur für Gesellschaftsbegriffe im Kontext der Kulturpolitik zu interessieren. Dies ist jedoch nicht der Fall. Denn das, was „Kulturpolitik" sein könnte, ist durchaus unklar. Sicherlich hat dies zum einen damit zu tun, dass eine wissenschaftliche Kulturpolitik nicht existiert. Ersatzweise mag man sich an die Rede von einem „Kooperativen Kulturföderalismus" erinnern. Dieser gliedert grob Kulturpolitik und ihre Akteure in die drei Ebenen Kommunen, Länder und Bund und unterscheidet jeweils die staatliche bzw. öffentliche Seite von der Seite der (organisierten) Zivilgesellschaft. „Kulturpolitik" wird so verständlich als ein dichtes Geflecht vieler Akteure, die unterschiedliche Konzeptionalisierungen von Gesellschaft bzw. Kultur verwenden.

Ein weiteres Problem stellt sich dadurch, dass Kulturpolitik meist ganz „pragmatisch" betrieben wird. Wird ein inhaltliches Konzept gefordert, so hat man es mit einer eher eklektischen Zusammenstellung gängiger Topoi zu tun: etwa die „Informationsgesellschaft" (die aufgrund ihrer Abstraktheit neue sinnliche Erfahrungen nötig macht) oder die „Dienstleistungsgesellschaft" (die mehr an sozialen Kompetenzen erfordert). Es geht um Individualisierungsprozesse (wo jeder das Auswählen lernen muss) oder die Erlebnisgesellschaft (wo man gute ästhetische Erlebnisqualität von Kunst gegen die dürftigen Angebote der Kulturindustrie ausspielt).

Vermutlich wäre „die Kulturpolitik" auch überfordert, sollte sie die sozialwissenschaftlichen Diskurse rund um die „angemessene" Gesellschaftsanalyse nachvollziehen. Täte sie dies, dann käme man sicherlich zu sehr unterschiedlichen Konzepten von Kulturpolitik. Man wird sich daher damit abfinden müssen, dass die Kulturpolitik weiterhin eklektisch mit sozialwissenschaftlichen Befunden umgehen wird.

Zur Beschreibung des gesellschaftlichen Wandels im Spiegel soziologischer Theorien kann man die Übersichten in Kneer u.a. 1997 und 2001 zu Hilfe nehmen. Unter den „klassischen Gesellschaftsbegriffen" finden sich u.a. die Massen-, die Klassen-, die Arbeits- und Industriegesellschaft. Das Modell einer vertikalen sozialen Strukturierung (in Kategorien arm/reich) liegt sowohl der „Klassengesellschaft" als auch den Schichtenmodellen zugrunde. Dabei wurde der Marxismus durch die Kritische Theorie in den 60er Jahren wieder salonfähig, auch wenn die „wehrhafte Demokratie" sehr bald versuchte, seinen Anhängern das Leben etwas schwerer zu machen. „Reform" war akzeptierter politischer Zielbegriff. Man erprobte Mitbestimmungsmodelle, Vermögensbildung in Arbeitnehmerhand, man versuchte, die bürgerlich-emanzipativen Leitprinzipien einer Bildung, eines Wohlstandes und einer Kultur für alle ernst zu nehmen. Und man förderte Soziokultur und die Kulturen der kleinen Leute – ganz im Sinne des weiten Kulturbegriffs der UNESCO (Kultur ist Kunst plus Lebensweise), der zwar erst bei der Weltkonferenz 1982 in Mexiko-City formell beschlossen wurde, der aber in den siebziger Jahren vor allem im Kontext des Europa-Rates seine Grundlegung erfuhr. Die Bücher von Hilmar Hoffmann mit ihrem eingängigen Titel („Kultur für alle") formulierten zwar das programmatische Motto dieser Zeit. Aber es scheint, dass der zentrale konzeptionelle und theoretische Text von H. Glaser stammte (Glaser/Stahl 1974). Glaser versuchte, verschiedene Diskursstränge zu integrieren: eine soziale Demokratie, eine „gebändigte" Marktwirtschaft mit großen Mitbestimmungsmöglichkeiten, eine Akzeptanz der Lebensweisen der einfachen Menschen, eine Ausweitung des Publikums klassisch-traditioneller Kulturangebote, eine starke Betonung von kultureller Bildung und von Vermittlungsprozessen insgesamt, die Friedenssehnsucht der Flakhelfergeneration, die Rezeption der Kritischen Theorie (vor allem Marcuse, aber auch Adorno und Horkheimer und zunehmend Jürgen Habermas) und dies verbunden mit den bürgerlich-emanzipatorisch gedeuteten Klassikern, allen voran Friedrich Schiller mit seinen Briefen zu ästhetischen Erziehung. Sowohl das liberale Bildungsbürgertum, aber auch die sozialen (und sozial-demokratischen) Eliten aus dem Arbeitermilieu konnten sich in diesem Ansatz wieder finden. Das dahinter stehende Gesellschaftsmodell war durchaus kapitalismuskritisch, allerdings zutiefst davon überzeugt, dass es keine unüberwindlichen „antagonistischen Widersprüche" gab, sondern gesellschaftliche Integration auch und gerade mittels Kul-

10 Zur praktischen Relevanz des Kulturbegriffs

tur und Kulturpolitik erreicht werden kann. Wie wirkungsvoll war dieses Modell, das sich mittels Tagungen, über wichtige Funktionsstellen (etwa im Deutschen Städtetag), über eine positive Medienresonanz in den großen Feuilletons, über Organisationen auch eine strukturelle Verankerung verschaffen konnte? Vermutlich irrt man sich kaum, wenn man die Hauptwirkung auf der Diskursebene sucht. Auf der Realitätsebene hat sich nämlich die Aufteilung der Kuituretats bis heute nur wenig geändert. Es kamen zwar Projekttitel für soziokulturelle Projekte, für Stadtteilarbeit, für soziokulturelle Zentren dazu. Es entstanden zudem Jugendkunstschulen, Medien-, Tanz- und Theaterwerkstätten, es wurde das kulturpädagogische Programm etablierter Kunsteinrichtungen (Theater-, Museums-, Opernpädagogik) ausgebaut. All diese nicht zu unterschätzenden realen Entwicklungen stehen jedoch in keinem Verhältnis zu der Dominanz dieses Ansatzes auf der Diskursebene. Man darf zudem nicht die Grundsatzstreitigkeiten auf der Linken unterschlagen: Ob Reform oder Revolution der richtige Weg der Gesellschaftsveränderung war, spielte dabei ein kleinere Rolle. Wohl aber, inwieweit sich die alternative Kulturbewegung, die autonomen Zentren, viele freie Künstlerinitiativen von einer sozialdemokratischen reformorientierten Kulturpolitik vereinnahmen lassen wollten. Die Debatte um die „Staatsknete" steht für diese Auseinandersetzung. In dieser Debatte zeigten sich dann auch schnell Grenzen einer sozialdemokratischen Politik, zumal die Nachrüstungsdebatte, wie sie energisch von Helmut Schmidt betrieben wurde, diese Grenzen noch verschärfte. Die weitere Geschichte ist bekannt: Die vielleicht wichtigste politische Entwicklung, eine ökologische Partei mit starken Wurzeln in der Friedensbewegung, die in den neunziger Jahren eine Regierungspartei wurde, die den Einsatz deutscher Soldaten in einem völkerrechtlich problematischen Kriegseinsatz mitverantwortete. Mit dieser Bemerkung wird jedoch endgültig das Feld „wertfreier" Darstellungen von Gesellschaftskonzepten überschritten.

Dass die Industriegesellschaft von der Dienstleistungsgesellschaft abgelöst wurde, ist inzwischen Allgemeingut. Dass spätesten durch die Entwicklung der neuen Medien die Rede von der Informations- und Kommunikationsgesellschaft einen wichtigen Realitätsbezug hat, ist ebenfalls unumstritten. Zudem geht der Arbeitsgesellschaft die Arbeit aus. Als eine Ursache gilt die ökonomische Globalisierung, die spätestens seit den frühen 90er Jahren alle Gesellschaftsanalysen beschäftigt. Sinnvoll ist es, dabei Prozesse der ökonomischen, kulturellen, sozialen und politischen Globalisierung als relativ eigenständige zu untersuchen.

Dass wir zudem in einer Marktgesellschaft leben, wird niemand bestreiten. Andere Gesellschaftskonzepte sind eher umstritten bzw. inzwischen wieder aus der Mode gekommen: die Erlebnisgesellschaft, die Risikogesellschaft, die multikulturelle Gesellschaft, die postmoderne Gesellschaft. Dabei kann man davon ausgehen, dass sich all diese Ansätze auf real vorfindliche Erscheinungen beziehen. Doch wird ihnen vorgeworfen, dass sie jeweils bestimmte Entwicklungen (zu Lasten anderer) verallgemeinern und überbetonen. Interessant ist dabei, in welchem Gesellschaftssegment diese Ansätze die Haupttriebkraft der gesellschaftlichen Entwicklung sehen. So sind die Industrie- und Dienstleistungsgesellschaft Kategorien, die sich auf ökonomische Prozesse beziehen. Die Individualisierungsthese thematisiert veränderte Prozesse der individuellen Vergesellschaftung, gehört also zu dem Subsystem Soziales. Die Erlebnisgesellschaft, die schamlose Gesellschaft, auch: die Informations- und Mediengesellschaft sehen die entscheidenden Veränderungsimpulse im Subsystem Kultur. Insgesamt kann man feststellen, dass seit den siebziger Jahren Gesellschaftsanalysen kulturellen Faktoren eine wichtigere Rolle zuzubilligen. Dazu hat sicherlich der Paradigmenwechsel beigetragen, der von dem Bild einer vertikal organisierten Gesellschaft (Klassen, Schichten) hin zu einer Gesellschaft der Lebensstile (als wesentlich kulturell definierter Struktur) geführt hat.

Bei der Konstituierung der Neuen Kulturpolitik trat zudem neben die Gesellschaftsreflexion die Pädagogik: Kulturpolitik wurde stark als kulturelle Bildungspolitik verstanden. Man kann dabei durchaus die Frage stellen, in welchem Verhältnis eine gesellschaftstheoretische zu einer pädagogischen Begründung von Kulturpolitik steh, wobei beide Ansätze in den 90er Jahren durch eine ökonomische Begründung verdrängt werden (Fuchs 1998, Kap. 7: Begründungsweisen von Kulturpolitik).

Die Ökonomisierung der Kulturpolitik geschah in drei Wellen. Zuerst war es die noch freudig begrüßte Entdeckung von der volkswirtschaftlichen Bedeutung von Kultur: Der Kulturbereich als Wertschöpfung und als Arbeitsmarkt. In der zweiten Welle kam das Kulturmanagement mit seiner betriebswirtschaftlichen Sichtweise. Die dritte Welle brachte mit der Verwaltungsreform das Neue Steuerungsmodell. Diese Diskurserweiterung war – im Gegensatz zu den meisten soziologischen oder philosophischen Theorieanleihen – äußerst wirkungsvoll in der Praxis.

Wie ist die aktuelle Lage? Gesellschaftliche Rahmenbedingungen und die Lebensweise des Einzelnen stehen in einem engen Zusammenhang. Gesellschaftlicher Wandel führt daher notwendig zu einer Veränderung von Lebensweisen. Insbesondere kann man von einer „Veralterung von Lebensweisen" sprechen (Barfuss 2002), wenn herkömmliche Daseinskompetenzen den veränderten Bedingungen nicht mehr entsprechen. Man kann den Wandel unterschiedlich formulieren: als Wertewandel, als Durchsetzung eines neuen, weltweit agierenden flexiblen Kapitalismus, als Krise des Nationalstaates. Alle aktuellen Gesellschaftskonzepte haben ein Bewusstsein eines solchen gravierenden Wandels, greifen nur jeweils unterschiedliche Facetten als besonders bedeutsam heraus.

10 Zur praktischen Relevanz des Kulturbegriffs

Eine in der internationalen Diskussion durchaus verbreitete Debatte verwendet in der Weiterentwicklung von theoretischen Konzepten des italienischen Theoretikers Antonio Gramsci den Topos vom Übergang des Fordismus zum Postfordismus. (Fuchs 2005, Bd. 1, Teil 1). Es wird damit zum einen der Übergang von der industriell gestützten Produktionsweise in neue Formen der Produktion erfasst. Es sind damit jedoch auch Veränderung in der politischen Steuerung, in der Rolle des Kulturellen, in der Art des sozialen Zusammenhangs berücksichtigt. Insbesondere werden neue Anforderungen an das Subjekt thematisiert. Richard Sennett (1998, 2005) beschreibt in seinen jüngsten Büchern nicht bloß diesen Neuen Kapitalismus, sondern auch die Individualitätsformen, die er benötigt. Es ist vielleicht nicht nur das Verlustgefühl einer alternden Generation, wenn Sennett und viele andere diese aktuelle Entwicklung kritisieren. Vor diesem Hintergrund wird es wichtig, welche gesellschaftstheoretische Konzeption, welches Bild von unserer Gesellschaft und vor allem welche Bewertung der gesellschaftlichen Entwicklung zu Rate gezogen wird. Das zentrale Stichwort in diesem Kontext ist Neoliberalismus (Schui u.a. 2002, vgl. auch Fuchs u.a. 2005, S. 257ff.).

Nun besteht eine zentrale Aufgabe des Kulturbereichs darin, die Frage nach der Legitimität der sozialen, politischen und ökonomischen Ordnung zu stellen. Aber kann er dies auf der Grundlage einer jeden Gesellschaftskonzeption? Die Konzeption der Zweiten Moderne scheint mir eine solche gesellschaftskritische Aufgabe eher zu verhindern. Man kann nämlich zeigen, dass dieser Ansatz kompatibel mit neoliberalen Aussagen ist (Stork 2002). Eine Kulturpolitik als Gesellschaftspolitik hat geeignetere gesellschaftstheoretische Entwürfe zur Verfügung. Dabei reicht es zunächst aus, anstelle ambitionierter Großtheorien einen Blick auf die Realität zu werfen. Heitmeyer (1997a, S. 10f) listet eine ganze Reihe von Befunden auf, von denen die meisten von den aktuellen soziologischen Großtheorien nur begrenzt erfasst werden: die sich vertiefende Spaltung in zwei deutsche Gesellschaften, eine Verschärfung sozialer Ungleichheit, Ausgrenzung von sozialen Gruppen und Milieus, Rückzug aus den Institutionen, Fragmentierung von Lebenszusammenhängen, Zerstörung sozialer Beziehungen. „Anomie", eine klassische soziologische Kategorie am Ende des 19. Jahrhunderts, erfährt so eine überraschende Aktualisierung (vgl. auch Heitmeyer 2002 ff.). Die Frage nach der Möglichkeit einer kulturellen Integration wird daher aktuell. Allerdings muss man sorgsam kulturelle von sozialen, politischen und ökonomischen Problemlagen und Integrationsmodi unterscheiden. „Kultur" ermöglicht die Akzeptanz von Vielfalt und Ungleichheit, die im Politischen oder Rechtlichen gerade nicht zu akzeptieren wäre (Peters 1993). Doch Forschungsfragen stellen sich hierbei auch: Wie viel Vielfalt hält eine Gesellschaft aus? Braucht man ein Minimum an Gemeinsamkeit – und wie bestimmt man dieses? Sind alle Kulturen gleich wichtig?

Ein weiteres Beispiel, das in seiner Realitätserfassung dem Bielefelder Ansatz verwandt ist, liefert eines der letzten Großprojekte, das Pierre Bourdieu (1997) in Frankreich durchgeführt hat und das inzwischen auch im deutschsprachigen Raum umgesetzt wurde: „Das Elend der Welt" versuchte eine neuartige Verbindung von großer (kritischer) Sozialtheorie und dem Alltagsleben der einfachen Leute. Frank Schultheis und seine Forscher-Kollegen (2005) haben diesen Forschungsansatz auf Deutschland übertragen und die (neoliberal produzierte) „Gesellschaft mit beschränkter Haftung" untersucht. Ein Kapitel befasst sich mit „Sinnstiftung und Kulturproduktion" und zeigt exemplarisch an fünf Einzelschicksalen, was Leben mit Hartz IV für Kulturberufler bedeutet. Eine Neue Kulturpolitik in Zeiten des Neoliberalismus braucht ein solches gesellschaftstheoretisches Instrumentarium, das diesen und seine Folgen zu analysieren im Stande ist, das zumindest die Euphemismen, die geschönten Bilder von der Realität durchbricht.

Ein interessantes Untersuchungsobjekt innerhalb der Kulturpolitik ist die Auswärtige Kultur- und Bildungspolitik (AKP). Die Veränderung des Kulturbegriffs hatte dabei verschiedene Aspekte:

Es fand eine Veränderung der Programmarbeit statt: nicht mehr nur die etablierten Künste (und Künstler), sondern auch Alltagskulturen; nicht mehr nur rein rezeptive, sondern auch interaktive Veranstaltungsformen (Bauer in Maaß 2005, S. 97 ff.). Im Kontext der AKP bedeutete jedoch der Übergang zu einem weiten Kulturbegriff die Einbeziehung von Bildungs- und Entwicklungsfragen. Man spricht zudem davon, dass es mit der „Konzeption 2000" der rot-grünen Bundesregierung zu einer nochmaligen Erweiterung des Kulturbegriffs gekommen sei, so dass nunmehr auch „Friedensentwicklung und Krisenprävention" sowie „Menschenrechte, Demokratie und Gleichberechtigung" mit einbezogen werden (Maaß in Maaß 2005, S. 191 f.).

Politisch ist dies deshalb von Bedeutung, weil nunmehr ein weiteres Aktivitätsspektrum für die Außenpolitik geschaffen wurde, das es bislang bei den „drei Säulen" (Diplomatie, Außenwirtschaftspolitik und Auswärtige Kulturpolitik auf der Basis des traditionellen Kulturbegriffs) nicht gegeben hat. Es ist also durchaus nicht gleichgültig, wie Leitbegriffe inhaltlich bestimmt werden. Vor dem Hintergrund dieser Überlegungen kann man sich also erneut die Frage stellen, welchen Kulturbegriff Kulturpädagogik und Kulturpolitik brauchen.

Ich habe eingangs angemerkt, dass Kulturpolitik – anders vielleicht als Einzelwissenschaften wie Ethnologie oder Soziologie – nicht mit einem einzigen Kulturbegriff auskommen. Ich habe das Beispiel des Kulturamtes angeführt, das ein Konzept für Haushaltsberatungen im Stadtrat vorlegen muss und das sich daher

10 Zur praktischen Relevanz des Kulturbegriffs

- verorten muss in der Gesamtheit der Lebensvollzüge als allgemeinster Referenzfolie für die geplanten Aktivitäten (ethnologischer Kulturbegriff),
- Ziele formuliert (normativer Kulturbegriff),
- einen Spezialbereich identifiziert, über dem man aktiv werden kann (Subsystem Kultur)
- wobei speziell die Künste eine Rolle spielen (enger Kulturbegriff)
- und all dies mit anthropologischen Argumenten über bewusste Lebensführung und die Unverzichtbarkeit von Kunst (philosophisch-anthropologischer Kulturbegriff).

Zusätzlich könnte noch eine Fülle von Stützargumenten über Nebennutzen angeführt werden, da das Ziel hierbei nicht eine konsistente Theorie, sondern die Herstellung einer politischen Überzeugung über die Notwendigkeit der geplanten Kulturausgaben ist.

Eine wichtige Kompetenz der Kulturpraktiker in den beiden hier diskutierten Feldern besteht daher darin, sich von dieser notwendigen Pluralität verschiedener Kulturbegriffe nicht verwirren zu lassen, sondern sie vielmehr bewusst zu nutzen. Kultur macht Sinn – das ist der durchaus tiefgründig zu belegende Arbeitsansatz.

Der Kulturpraktiker kann (und muss) daher Erkenntnisse vieler Disziplinen nutzen, darf aber nicht dem Missverständnis verfallen, die Kulturbegriffe von Kultursoziologie oder Ethnologie wären schon die Arbeitsbegriffe seiner eigenen Praxis: Seine professionellen Praxisformen bewegen sich doch eher auf der Ebene des engen Kulturbegriffs. So gesehen sind die theoretisch unbefriedigenden, additiven Aufzählungen, von denen alles zur „Kultur" in der Kulturpolitik oder in der Kulturpädagogik gehört, unvermeidbar und auch insofern ehrlich, als in diesen praktisch-politischen Feldern vieles durch politische Setzung und nicht durch widerspruchsfreie Ableitung zustande kommt.

Es ist dabei durchaus festzustellen, dass es immer wieder einen Ehrgeiz für solche konzisen Ableitungen gibt. So hätte man durchaus gerne in der Debatte über ein Staatsziel Kultur einen sauber abgeleiteten Kulturbegriff, muss aber zur Kenntnis nehmen, dass eine wesentliche Motivation für ein solches Staatsziel darin besteht, eine Schutzfunktion für den „Kulturbetrieb" und die „Kulturschaffenden" im pragmatischen Verständnis der Kulturpolitik zu haben. Und dieses pragmatische Herangehen ist auch gut, wenn man sieht, wie ideologisch die Debatte wurde, als man Anfang der 20er Jahre ein einheitliches Kulturverständnis durchsetzen wollte.

Entsprechend schillernd ist heute der Umgang mit „Leitkultur". Abschließend soll daher überlegt werden, was man aus der Sicht der Praxis und vor dem Hintergrund des vorliegenden Textes hierzu sagen kann. Die Hauptursache vieler

Befürworter dieses Begriffs ist ein Unbehagen drüber, wie man mit Zuwanderung umgehen soll. Nur läuft man vollständig in die zahlreichen Fallen, die die Kulturbegriffe einem naiven Umgang bereithalten. Daher werden zu diesem Konzept (aus aktuellem Anlass) einige Überlegungen vorgestellt, in denen auf viele der Ausführungen in den vorangegangenen Kapiteln Bezug genommen wird.

Leitkultur, kulturelle Vielfalt und die Politik – Über Containerbegriffe

Über Vielfalt, speziell über kulturelle Vielfalt kann man offenbar leichter sprechen als danach handeln. Zumal nunmehr auch noch eine UNESCO-Konvention die „Vielfalt" schützen soll und zur Ratifizierung ansteht. Akzeptiert man Vielfalt, dann sollte es offenbar keine solche sein, bei der alles gleichwertig ist. Es muss schon ein besonders wichtiges Element gefunden werden, das eine Leitfunktion gegenüber den anderen hat, in irgendeiner Weise also die Richtung vorgibt. Wo Vielfalt ist, findet man auch Unterschiede. Entgegen der alltäglichen Sprache, wo man recht oft und vollmundig von kultureller Integration spricht, von Brücken, die kulturelle Arbeit schlägt, ist gerade Kultur vor jeder Herstellung von Einheit zunächst einmal die Anerkennung von Unterschieden. Dies war bereits bei Herder am Ende des 18. Jahrhunderts so. Herder verdanken wir die bahnbrechende Erkenntnis, dass die Menschen auf recht unterschiedliche Weise menschlich leben können. Bahnbrechend war das damals, weil man mit aller Selbstverständlichkeit davon ausgegangen ist, dass es für den zivilisierten Menschen nur eine einzige angemessene Lebensform geben könne, die europäische nämlich. Oberstes „humanes" Ziel konnte es daher höchstens sein, den Rest der Welt an diese Lebensweise heranzuführen, zu ihrem eigenen besten, versteht sich. Um diese Unterschiede zu benennen, hat Herder den Kulturbegriff in die Sprache der Gebildeten eingeführt. Wer dies bloß für Geschichte hält, sollte sich daran erinnern, wie viele unserer gegenwärtigen Konflikte auch als Kampf um spezifische Lebensweisen verstanden werden können.

„Kultur", so T. Eagleton (2001, S. 182), „ist nicht nur das, wovon wir leben. In erheblichem Maße ist es auch das, wofür wir leben. Liebe, Beziehung, Erinnerung, Verwandtschaft, Heimat, Gemeinschaft, emotionale Erfüllung, geistiges Vergnügen, das Gefühl einer Sinnhaftigkeit …". Es geht also um die wichtigsten Ziele und Inhalte unseres Lebens, zu denen wir eine starke emotionale Bindung haben. Genau dies ist die exakte Definition dessen, was man Werte nennt. Gemeinsame Werte verbinden sicherlich. Aber es hat jeder ganz eigene Vorstellungen davon, wie sein „Projekt des guten Lebens" zu gestalten sei. Spätestens seit den fulminanten Studien von Pierre Bourdieu in den siebziger Jahren des letzten

Jahrhunderts kann man gar nicht mehr ignorieren, wie stark Kultur und speziell ästhetisch-kulturelle Praxisformen und Rezeptionsweisen die Menschen trennen. „Die feinen Unterschiede", so der Titel seines wichtigsten Buches, kommen nicht nur wesentlich durch Kultur zustande, sie sorgen auch dafür, dass letztlich jeder an seinem Platz in der Gesellschaft bleibt und sich diese daher in ihrer Grundstruktur wenig ändert. Den einen freut dies, den sozialistischen Politiker Bourdieu hat diese Erkenntnis des Soziologen Bourdieu am meisten aufgebracht. Natürlich lässt sich in diesem Verständnis von Gesellschaft eine „Leitkultur" identifizieren: Es ist nicht die Kultur der Vielen, also die Mehrheitskultur, es ist vielmehr die Kultur der Leitenden, der Eliten, die den Ton angeben. Eine englische Übersetzung dieses Begriffs zeigt dies klarer als das deutsche Original: command culture.

Kultur ist also immer schon politisch, und eine Leitkultur ist es allemal.

Doch bleiben wir noch ein Stück weit auf der Ebene der Kulturtheorie. Die UNESCO ist zwar auch eine politische Organisation. In ihren kulturpolitischen Aussagen bewegt sie sich jedoch immer auf einem aktuellen Stand der Theoriedebatten. Dies gilt insbesondere für die Kulturpolitik. Sehr präzise beschreibt es die ehemalige stellvertretende Direktorin, die anerkannte Sozialanthropologin Lourdes Arizpe, im Vorwort zum zweiten Weltkulturbericht mit dem für uns hochrelevanten Titel „Cultural diversity, conflict and pluralism": Kulturen, so heißt es da, sind nicht länger die festen, begrenzten, kristallisierten Behälter („Container"), als die man sie früher betrachtet hat. Sie sind vielmehr zum einem ständig im Prozess, zum anderen im ständigen Austausch. Arizpe verwirft daher sogar das Bild von den Kulturen als einem Mosaik, obwohl es doch sehr schön zum Ausdruck bringt, wie aus der Vielzahl von Verschiedenem ein Ganzes entsteht, denn es ist zu statisch. Sie verwendet stattdessen das Bild von einem Fluss. Es ist sicherlich kein Zufall, dass Ulrich Beck ebenfalls immer wieder auf „Container-Begriffe" zu sprechen kommt, wenn er falsche Gesellschaftskonzepte kritisiert: „Staat", „Identität" und eben auch „Kultur" werden immer wieder so verwendet, als ob es sich um feste, abgrenzbare Dinge handele. Gerade für Kultur taugt ein solcher Containerbegriff nicht, da sie – so informiert der Kulturdiskurs in allen relevanten Disziplinen – im Modus des Interkulturellen entsteht. Kultur ist eben immer ein Amalgam von Kulturen und der Mensch somit – so wieder Herder – ein „Lehrling der ganzen Welt".

Falsche Begriffe, so die Einsicht, führen zwangsläufig zu falscher Erkenntnis und zu falscher Politik. Nun ist sie also wieder da, die Leitkulturdebatte. Man mag nun einwenden, dass die Pluralität der Kulturen, ihre Dynamik und das Interkulturelle nicht im Widerspruch dazu steht. Vielleicht gelingt in der Tat eine Schreibtischdefinition, die dies leistet. Nur: Im politischen Alltagsgebrauch wird doch eher der Containerbegriff verwendet. Und dieser ist verbunden mit der

Vorstellung, dass man weiß, was die deutsche Leitkultur ist. Sogar auf einer Tagung der Kulturpolitischen Gesellschaft zur Interkultur wurde diese Vorstellung prominent vorgetragen: Erst wenn die Zuwanderer ihren (unseren!) Bach und Schiller kennen, erst wenn wir sie alle in den Theatern und Konzerthäusern finden, ist ihre Integration abgeschlossen. Ganz so, als ob es nicht (mindestens) 70 – 80% Deutschstämmige gäbe, die weder mit Schiller und Bach noch mit Theatern und Konzerthäusern etwas anfangen können. Schlecht ist die Idee eines allseitig akzeptierten Kultur-Kanons ja nicht. Doch zustande kommen wird er nie, auch wenn ihn einige selbstgewiss zu kennen glauben.

Diesen Kulturausschnitt betrifft jedoch nur ein Teil der Debatte um eine Leitkultur. Zu einem wesentlichen Teil geht es nämlich auch darum, zum einen die alltäglichen notwendigen Kompetenzen – etwa die Landessprache – hervorzuheben. Zum anderen sind es die bereits oben erwähnten Werte, so wie sie sich gerade in der europäischen Tradition zu den Menschenrechten verdichtet haben: quasi als Ertrag der Anstrengungen vieler humanistischer Denker. Dies war es auch, was der Politikwissenschaftler Bassam Tibi, der „Erfinder" der Rede von der Leitkultur, gemeint hat: Die basalen europäischen Werte der Freiheit, der Gerechtigkeit, der autonomen Lebensgestaltung (so aktuell H. Joas/K.Wiegand 2005). Diese Diskussion macht Sinn, allerdings zunächst einmal in kritischer Hinsicht. Denn wie zeigt sich das Selbstverständnis als Wertegemeinschaft bei der Nato, wenn man über Jahrzehnte Diktaturen wie Griechenland, Spanien oder Portugal gut hat dulden können? Wo zeigen sich die Menschnrechte in der EU bei so basalen Dingen wie den Agrarsubventionen, bei denen – wie zuletzt bei den WTO-Verhandlungen in Hongkong – immer wieder darauf aufmerksam gemacht wird, dass sie erhebliche Schuld an der Armut der Länder in Asien, Afrika und Südamerika tragen. Über Werte lässt sich gut reden. Und gerne suggeriert man, dass die „europäischen Werte" bereits eine empirische Beschreibung der Realität seien. Dies sind sie jedoch nicht. Bestenfalls sind sie eine kritische Messlatte, an der man den Alltag gerade der Ausgegrenzten, Vernachlässigten und Marginalisierten messen muss. Eine Leitkultur der Werte wird also leichter beschrieben und behauptet als realisiert. Denn wenn – wie oben gesagt – sich Werte von Normen durch ihre starke emotionale Besetzung unterscheiden, dann lässt sich dies gerade nicht erzwingen. Zwar kann man einige abendländische Bekenntnisse in Fragebogen packen und bei der Einbürgerung abfragen. Doch erhält man so eher eine Leitkultur des Examinierens und Disziplinierens.

Wie weiter also mit dieser Debatte? Wenn es darum geht, kulturelle Grundkompetenzen für Zuwanderer zu formulieren, so sollte man dies tun und die Erwartungen klar benennen. Man muss dann allerdings auch Möglichkeiten bereitstellen, dass diese erworben werden können. Der Begriff der Leitkultur ist hierbei wenig hilfreich, er weckt vermutlich eher falsche Assoziationen. Will man über europäische Werte sprechen, so ist auch dies sinnvoll. Jürgen Habermas (2004, S. 49f.) hat seinerzeit in seinem von vielen wichtigen Intellektuellen mitgetragenen Memorandum zum völkerrechtswidrigen Krieg im Irak sieben solcher identitätsstiftenden Orientierungen genannt: Säkularisierung, die starke Rolle des Staates gegenüber dem Markt (Sozialstaatsprinzip), Solidarität vor Leistung, Technikskepsis, Bewusstsein über die Paradoxien des Fortschrittes, Abkehr vom Recht des Stärkeren, Friedensorientierung aufgrund von Verlusterfahrungen. Dabei geht es gerade nicht darum, diese z. T. provokativen Vorschläge einfach zu oktroyieren, sondern sie kritisch zu diskutieren. Eine solche Debatte über unser Selbstverständnis als Bürger, als Parteien und Organisationen, als Staat oder Staatengemeinschaft ist notwendig und sinnvoll. Aber auch hier: Diese Debatte unter dem irreführenden Begriff der Leitkultur führen zu wollen, befördert sie gerade nicht, sondern lockt sie eher in eine selbstgewisse Sackgasse. „Kultur", so könnte es auch die nationale Politik allmählich lernen, ist wenig geeignet für Debatten, die schon von der Begrifflichkeit her nur einen Weg in den Container zulassen. Eine humane und weltoffene Politik ist damit ebenso wenig zu machen wie die Anregung weiterführender Debatten, wenn die Leitkategorie der Debatte deren Ergebnis schon vorweg zu nehmen scheint.

Was ist also zu tun?
Kulturpolitik kann ihrer Aufgabe, so wie sie hier vertreten wird, gerecht werden, indem sie Diskurse anregt. Einen solchen Vorschlag hat der Vorstand des Deutschen Kulturrates unterbreitet.

„Leitkultur – Kulturkampf – kultureller Dialog
Exposé für ein Diskursprojekt des Deutschen Kulturrates

1. Kulturelle Grundlagen der Gesellschaft – kritische Fragen

Jede Gesellschaft braucht gemeinsame Werte, auf denen die politische und staatliche Ordnung, das Recht, aber auch Wirtschaft und Zusammenleben beruhen. In erster Linie wird diese gemeinsame Basis des Zusammenlebens in der Verfassung, in Deutschland also im Grundgesetz formuliert. Dabei genügt der einmalige Akt der Verabschiedung der Verfassung nicht: Diese erfüllt nur dann ihre integrative Funktion, wenn die dort formulierte Wertebasis auch von den BürgerInnen akzeptiert und gelebt wird. Erst dann entsteht „Legitimität".

Es gibt in diesem Prozess der Festlegung und dauernden Verlebendigung dieser wertemäßigen Grundordnung eine Reihe von Problemen:

- Auf welche Quellen bezieht man sich bei der Formulierung und immer wieder stattfindenden Entwicklung und Veränderung?
- Wie stellt man sicher, dass der Prozess der Akzeptanz, das Hineinentwickeln in die Grundordnung funktioniert?
- Wie berücksichtigt man, dass Werte als Basis der „Kultur" des Landes nicht statisch sind, sondern sich ebenfalls verändern?
- Dies gilt vor allem dann, wenn in einer offenen demokratischen Gesellschaft bestimmte Gruppen heranwachsen (etwa Jugendliche), die für sich ihre bewusste Wertentscheidung treffen wollen, allerdings durchaus unterschiedliche Generationserfahrungen einbringen. Wie geht man daher mit dem kulturellen Wandel um?

Zudem funktioniert „Kultur" immer schon im Modus des Interkulturellen. „Kultur" lässt sich deshalb kaum ein für alle Mal festzurren. Es bedarf also eines ständigen Aushandlungsprozesses, wie die grundgesetzlich festgelegten Werte jeweils gedeutet, gegebenenfalls vielleicht sogar verändert werden (man erinnere sich etwa an den kulturellen Paradigmenwechsel, der notwendig war, um zur Anerkennung gleichgeschlechtlicher Lebensformen zu gelangen).

2. Probleme und Herausforderungen – Fragen zur deutschen „Leitkultur"

Wäre der Prozess der Einigung auf kulturelle Gemeinsamkeiten („kulturelle Identität") auch bei einer nach außen abgeschlossenen Gesellschaft – schon alleine aufgrund der kommunikativen Globalisierung – bereits verbunden mit der Aufgabe einer fortlaufend zu debattierenden Einigung, so wird dieses Problem angesichts ständiger Migrationsbewegungen noch größer. Es ist kein Zufall, dass die Debatte über eine „deutsche Leitkultur" zu einer Zeit auf die Tagesordnung gesetzt wurde, als man sich nach der letztendlichen gesetzlichen Regelung der Zuwanderung nunmehr damit auseinandersetzen muss, dass neue kulturelle, z. B. religiöse Einflüsse nicht bloß einer „ausländischen" Minderheit zuzuordnen sind, sondern Teil einer eingebürgerten Bevölkerungsgruppe sind. In dieser Situation stellt sich die Frage der Anerkennung, der Einbeziehung neuer kultureller Einflüsse und die Frage nach einer „deutschen" Kultur umso dringlicher.

Allerdings ist dies nicht der einzige Anlass für diese notwendige Debatte. In wirtschaftspolitischer Hinsicht muss sich Deutschland mit Wirtschaftskulturen auseinandersetzen, die – wie die USA – zwar auf der grundsätzlich gleichen Wertachtung (demokratischer und liberaler Rechtsstaat) basieren, aber trotzdem recht verschiedene Vorstellungen von Staat, Markt und Gemeinschaft haben.

10 Zur praktischen Relevanz des Kulturbegriffs

Dies gilt ebenso für den Streit über die Notwendigkeit militärischer Interventionen, der durchaus ein Streit unter Freunden ist.

Dabei ist es sinnvoll, sich die Frage zu stellen, welche gemeinsamen Werte universell (im Sinne einer Gültigkeit für alle Länder und Menschen), welche für Europa, die EU und welche nur für Deutschland Gültigkeit beanspruchen. Die Rede von einer „Leitkultur" bezieht sich im Verständnis ihres Begründers Bassam Tibi zwar auf Europa und europäische Grundwerte (Menschenrechte etc.), doch hilft dies nur begrenzt in der nationalen Debatte: Es geht letztlich durchaus um die Frage, was „deutsch" ist. Bei dieser Frage nach der *deutschen* Leitkultur sollte man dabei die kulturellen Höhepunkte und Leistungen der deutschen Geschichte einbeziehen. Es wäre jedoch bloße Ideologie – und politisch letztlich nicht hilfreich –, würde man den Rückfall in die Barbarei als integralen Teil der deutschen Geschichte *und Kultur* vernachlässigen. Es lohnt sich zudem, die Frage nach der jeweiligen Motivation für eine „Leitkultur"-Debatte in den Blick zu nehmen. In jedem Fall ist die Gefahr groß, dass eine solche Debatte nicht bloß zu einer Ab-, sondern zu einer Ausgrenzungsdebatte werden kann. Es stehen also liberale Grundwerte unseres Gemeinwesens zur Diskussion. Eine Hoffnung könnte zudem sein, über gemeinsame Werte ein Stück weit gesellschaftliche Integration befördern zu wollen. Dann müsste man sich jedoch damit auseinandersetzen, ob und wie überhaupt eine wertebasierte soziale Integration funktioniert. In der Soziologie wird dies durchaus skeptisch diskutiert. Ähnliches gilt für ein mögliches Ziel der Identitätsstiftung. Der moderne Identitätsbegriff ist plural und dynamisch und lässt sich kaum mit Vorstellungen eines festen Kanons (von Werten oder Werken) erfassen.

Daher sollte man die häufiger vorgetragene Forderung nach einer Debatte endlich ernst nehmen und sich u. a. folgende Fragen stellen:
a. Welches sind akzeptierte Grundwerte (Menschenrechte, insbesondere Freiheit, Gleichheit, Solidarität, Säkularität etc.) und wie verhält sich das deutsche Verständnis zur Verständnisweise *derselben* Grundwerte in anderen Ländern?
b. Welche Rolle spielen die Herkunftskulturen und Wertorientierungen der Zuwanderungsgruppen?
c. Wie erreicht man für Grundwerte gesellschaftliche Akzeptanz?
d. Wie löst man die Spannung zwischen kultureller Vielfalt und Differenz und notwendigem Konsens – und wo liegt letzterer?
e. Wie viel Gemeinsamkeit ist nötig, wie viel Differenz ist auszuhalten?
f. Wie stellt man in einer pluralen und offenen Gesellschaft Konsens – und zudem zwischen wem – her?

All diese Fragen führen bestenfalls zu der notwendigen Debatte hin und sind keineswegs vollständig. Denn bereits die Aufstellung von Fragekatalogen – was ja heißt, Probleme für relevant bzw. irrelevant zu erklären – ist Teil der Debatte.

3. Politische Relevanz der Debatte

Die Tatsache, dass inzwischen zwei Mal der Versuch unternommen wurde, mit dem Begriff der „Leitkultur" eine öffentliche Debatte anzuregen, scheint hinreichend die Relevanz zu belegen. Es gibt jedoch einige weitere Aspekte, die deren Notwendigkeit unterstreichen:

a. Ein Ansatz, Kulturpolitik theoretisch zu fundieren, ist das Verständnis einer Kulturpolitik als Politik der Anerkennung. Dies bedeutet, dass Teil- und Minderheitskulturen in der Gesellschaft – auch durch entsprechende Förderung – öffentlich Akzeptanz erfahren: Sie sind präsent, können sich darstellen, ihre Anhänger haben die Möglichkeit, sich zu treffen. In dieser Situation ist es hilfreich, das schwierige Verhältnis von Anderssein und Konformität durch eine präzisere Benennung, worin denn das „Andere" besteht, zu verhandeln.

b. In naher Zukunft wird die Konvention zur kulturellen Vielfalt ratifiziert und wenig später vermutlich geltendes Recht werden. Dies bedeutet u. a., dass Förderinstrumente in Hinblick auf ihre Respektierung von Vielfalt überprüft werden. Doch was bedeutet hier Vielfalt, wie ist sie zu beschreiben und ggf. sogar quantitativ zu erfassen?

c. Im Rahmen der Auswärtigen Kultur- und Bildungspolitik wird „Kultur aus Deutschland" im Ausland präsentiert. Doch muss man sich in diesem Kontext auch immer wieder der Frage stellen, was zur „kulturellen Visitenkarte" Deutschlands im Ausland gehört.

d. Innenpolitisch gewinnt die Problematik an Relevanz, in welcher Weise Grundkenntnisse oder Bekenntnisse zum deutschen Staat und zur nationalen Kultur von einbürgerungswilligen Menschen erwartet und sogar überprüft werden können. Hierbei wäre es hilfreich, wenn ein gesellschaftlich getragener Konsens die Grundlage der entsprechenden Prozedur wäre.

4. Organisation der Debatte

Der Deutsche Kulturrat initiiert eine Debatte über die kulturellen Grundlagen unserer Gesellschaft, lädt zur expliziten Formulierung von Positionen und deren Kritik ein. Mittel und Medien der Debatte sind verschiedene Formen eines kontinuierlichen Diskurses und seiner Veröffentlichung: In der Zeitung „Politik und Kultur", bei Fachveranstaltungen und in Buchpublikationen. Ziel ist, über die

ständige Behauptung der Notwendigkeit einer Debatte zur Debatte selbst zu gelangen.
Der Deutsche Kulturrat lädt interessierte Personen und Organisationen ein, sich an dem Diskurs zu beteiligen."
Soweit ein seinerzeit (Mai 2006) relevantes politisches Papier.
Kulturpolitik und Kulturpädagogik brauchen also alle Kulturbegriffe – soweit das vielleicht unbefriedigende, aber realistische Resümee dieses Textes.
Sowohl die Kulturpolitik als auch die Kulturpädagogik, dies ist eine zweite Feststellung, müssen jedoch letztlich genau wissen, welches Kulturkonzept konkret als Mittel der Gestaltung fungieren kann. In der Kulturpädagogik klingt dies so: Kulturelle Bildung (als Kernbegriff der Kulturpädagogik) ist Allgemeinbildung, die mit kulturpädagogischen Arbeitsformen vermittelt wird. Und bei diesen „kulturpädagogischen Arbeitsformen" ist die (unbefriedigende) additive Auflistung ebenso unvermeidbar wie bei dem oben angeführten Katalog kulturpolitischer Arbeitsfelder. Es geht letztlich um die Künste plus.
Und dieses Plus ist ein offener Prozess. Unvermeidbar in der Kulturpädagogik ist dies u.a. auch deshalb, weil die Qualität der Vermittlungsarbeit eine Professionalität in einem konkreten, abgrenzbaren Feld braucht. Auch dies befriedigt sicherlich nicht den Kultursoziologen oder Ethnologen, der forschend in der prallen Fülle alltäglicher Lebensbewältigung schwelgen kann. Doch man überlege: Je weiter der Bereich ist, für den man gestaltend professionelle Kompetenz beanspruchen will, umso unglaubwürdiger wird man. Kulturelle Praxis ist also etwa anderes als begriffstheoretische Grundlagenforschung (vgl. Abb. 22).
Werfen wir abschließend einen Blick auf kulturpolitische Konzepte, so wie sie in den letzten Jahren in der Diskussion waren.
„Kulturpolitik als Politik der Anerkennung" respektiert die Vielfalt der Kulturen, respektiert die Pluralität möglicher (kultureller) Identitäten und versucht, durch öffentliche Unterstützung eine Anerkennung der jeweiligen Ausdrucksformen im öffentlichen Raum symbolisch zu artikulieren. „Kulturpolitik als Mentalitätspolitik" bezieht sich darauf, dass innerhalb des Kultursystems Grundfragen systematisch zur Debatte gestellt werden. Einfluss hat Kulturpolitik unmittelbar auf die Gestaltung des materiellen und personellen Kultursystems. Wäre nur diese Wirkung – quasi als selbstreferentieller Selbstbedienungsladen – wäre es schwer, hierfür ein öffentliches Engagement zu legitimieren. Man braucht hierzu eine Wirkung in der Gesellschaft. „In der Gesellschaft" muss dabei nicht heißen – und kann es auch nicht –, dass unmittelbar alle Gesellschaftsmitglieder an jedem Angebot partizipieren können. Allerdings ist die Sicherstellung zum einen eines pluralen Angebotes, zum anderen einer größtmöglichen kulturellen Teilhabe eine Grundaufgabe der Kulturpolitik. Wirksam werden Kulturangebote in Hinblick auf die Mentalitäten, in Hinblick auf Wahrneh-

mungsweisen, Bewertungsformen, Deutungsmuster, in Hinblick auf die Vergrößerung der Kenntnis ihrer *möglichen* Lebensformen. „Kultur" kann in diesem Sinne Handlungsfreiheiten erweitern. Dies geschieht direkt bei den unmittelbar Anwesenden, es geschieht aber auch indirekt darüber, dass viele der Anwesenden auf ihre Weise die vorgestellten Handlungsmöglichkeiten und Zugangsweisen verbreitern („kulturelle Öffentlichkeit").

Kulturpolitik, so meine These in Fuchs (1998), wird so zur Politik des Kulturellen mit den Mitteln des Ästhetischen. Dies ist ein enges Konzept, insofern es nicht davon ausgeht, dass Kulturpolitik nunmehr *unmittelbar* andere Politikfelder anleitet oder belehrt, es ist jedoch ein weites Konzept, insofern als „Anwendungsfeld" der angestrebten Wirkungen durchaus „die Gesellschaft" und das Leben in all seinen Facetten anvisiert wird.

10 Zur praktischen Relevanz des Kulturbegriffs 211

Abbildung 22: Der Mensch und seine Kultur

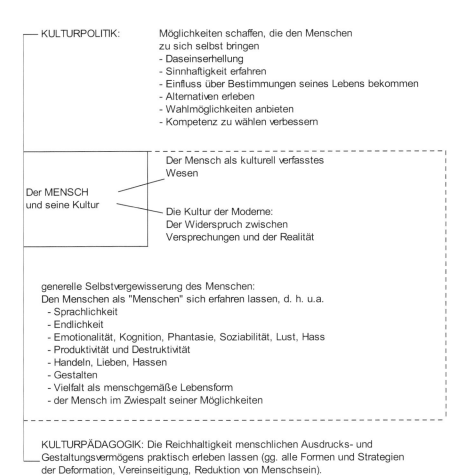

Literaturverzeichnis

Abelshauser, W.: Kulturkampf. Berlin: Kadmos 2003.
Adorno, Th. W.: Ästhetische Theorie. Frankfurt/M.: Suhrkamp 1974.
Appelsmeyer, H./Billmann-Mahecha, E. (Hg.): Kulturwissenschaft. Felder einer prozessorientierten wissenschaftlichen Praxis. Weilerswist: Velbrück Wissenschaft 2001.
Arendt, H.: Vita Activa – oder vom tätigen Leben. Stuttgart: Kohlhammer 1960.
Bachmann-Medick, D.: Cultural Turns. Neuorientierungen in den Kulturwissenschaften. Reinbek: Rowohlt 2006.
Baecker, D.: Wozu Kultur? Berlin: Kadmos 2000.
Barfuss, Th.: Konformität und bizarres Bewusstsein. Zur Verallgemeinerung und Veraltung von Lebensweisen in der Kultur des 20. Jahrhunderts. Hamburg: Argument 2002.
Bayertz, K. (Hg.): Die menschliche Natur. Paderborn: Mentig 2005.
Beck, U.: Risikogesellschaft. Auf dem Weg in eine andere Moderne. Frankfurt/M.: Suhrkamp 1986.
Beck, U./Giddens, A./Lash, S.: Reflexive Modernisierung. Eine Kontroverse. Frankfurt/M.: Suhrkamp 1996.
Benjamin, W.: Das Kunstwerk im Zeitalter seiner technischen Reproduzierbarkeit. Frankfurt/M.: Suhrkamp 1963.
Benner, D./Oelkers, J. (Hg.): Historisches Wörterbuch der Pädagogik. Weinheim/Basel: Beltz 2004.
Beyme, K. v.: Die Kunst der Macht und die Gegenmacht der Kunst – Studien zum Spannungsverhältnis von Kunst und Politik. Frankfurt/M.: Suhrkamp 1998.
Böhme, H./Matussek, P./Müller, L.: Orientierung Kulturwissenschaft. Was sie kann, was sie will. Reinbek: Rowohlt 2000.
Bollenbeck, G.: Bildung und Kultur. Glanz und Elend eines deutschen Deutungsmusters. München: Insel 1994.
Bourdieu, P./Passeron, J.-G.: Grundlagen einer Theorie der symbolischen Gewalt. Frankfurt/M.: Suhrkamp 1973.
Bourdieu, P.: Die feinen Unterschiede. Kritik der gesellschaftlichen Urteilskraft. Frankfurt/M.: Suhrkamp 1987.
Bourdieu, P.: Was heißt sprechen? Die Ökonomie des sprachlichen Tausches. Wien: Branmüller 1990.
Bourdieu, P.: Sozialer Sinn. Kritik der theoretischen Vernunft. Frankfurt/M. Suhrkamp 1987/1994.
Bourdieu, P.: Zur Soziologie der symbolischen Formen. Frankfurt/M.: Suhrkamp 1994 (1974).
Bourdieu, P./Wacquant, Loie J. D.: Reflexive Anthropologie. Frankfurt/M.: Suhrkamp 1996.

Bourdieu, P. u.a.: Das Elend der Welt. Zeugnisse und Diagnosen alltäglichen Leidens an der Gesellschaft. Konstanz: UVK 1997.

Brackert, H./Wefelmeyer, F. (Hg.): Naturplan und Verfallskritik. Zu Begriff und Geschichte der Kultur. Frankfurt/M.: Suhrkamp 1984.

Brackert, H./Wefelmeyer, F. (Hg.): Kultur. Bestimmungen im 20. Jahrhundert. Frankfurt/M.: Fischer 1990.

Brecht, B.: Schriften zur Literatur und zur Kunst. 3 Bände. Frankfurt/M.: Suhrkamp 1967.

Breidenbach, J./Zukrigl, I.: Tanz der Kulturen. Kulturelle Identität in einer globalisierten Welt. Reinbek: Rowohlt 2000.

Bruch, R. v./Graf, F. W./Hübinger, G. (Hg.): Kultur und Kulturwissenschaften um 1900. Krise der Moderne und Glaube an die Wissenschaft. Wiesbaden: Steiner 1989.

Bundesvereinigung Kulturelle Jugendbildung (BKJ): Kultur, Jugend, Bildung. Kulturpädagogische Schlüsseltexte 1970- 2000. Remscheid 2001.

Bundeszentrale für politische Bildung: Menschenrechte – Dokumente und Deklarationen. Bonn 2004.

Burkard, F.-P. (Hg.): Kulturphilosophie. Freiburg/München: Alber 2000.

Busch, W. (Hg.): Funkkolleg Kunst. Eine Geschichte der Kunst im Wandel ihrer Funktionen. 2 Bände. München: Piper 1987.

Cassirer, E.: Substanzbegriff und Funktionsbegriff. Berlin 1923 (zuerst 1910).

Cassirer, E.: Vom Mythus des Staates. Zürich: Artemis 1949.

Cassirer, E.: Philosophie der symbolischen Formen. Erster Teil: Die Sprache. Zweiter Teil: Das mythische Denken. Dritter Teil: Phänomenologie der Erkenntnis. Darmstadt: WBG 1953 (1923) / 1953 (1924) / 1954 (1929). (PSF)

Cassirer, E.: Wesen und Wirkung des Symbolbegriffs. Darmstadt: WBG 1956.

Cassirer, E.: Freiheit und Form. Studien zur deutschen Geistesgeschichte. Darmstadt: WBG 1961.

Cassirer, E.: Zur Logik der Kulturwissenschaften. Fünf Studien. Darmstadt: WBG 1961. (LK)

Cassirer, E.: Versuch über den Menschen. Einführung in eine Philosophie der Kultur. Frankfurt/M.: Fischer 1990 (Original: 1944).

Cassirer, E.: Erkenntnis, Begriff, Kultur (Hg.: R.A. Bast). Hamburg: Meiner 1993.

Cassirer, E.: Geist und Leben. Schriften (Hg.: E. W. Orth). Leipzig: Reclam 1993.

Certeau, M. de: Kunst des Handelns. Berlin: Merve 1988.

Cohn, J.: Der Sinn der gegenwärtigen Kultur. Leipzig 1914.

Cohn, J.: Vom Sinn der Erziehung. Ausgewählte Texte (Hg.: D. J. Löwisch). Paderborn: Schöningh 1970.

Daniel, U. (Hg.): Kompendium Kulturgeschichte. Theorien, Praxis, Schüsselwörter. Frankfurt/M.: Suhrkamp 2002.

Deutsche UNESCO-Kommission (Hg.): Weltkonferenz über Kulturpolitik. Mexiko 1982. München: Saur 1983.

Deutsche UNESCO-Kommission: Unsere kreative Vielfalt. Bericht der Weltkommission „Kultur und Entwicklung". Bonn: Deutsche UNESCO-Kommission 1996.

Deutsche Unesco-Kommission (Hg.): Kultur und Entwicklung. Zur Umsetzung des Stockholmer Aktionsplans. Bonn: DUK 1999.

Literaturverzeichnis 215

Deutsche UNESCO-Kommission: Übereinkommen über Schutz und Förderung der Vielfalt kultureller Ausdrucksformen. Bonn 2006.

Deutscher Bundestag: Bericht der Gemeinsamen Verfassungskommission. Drucksache 12/6000 vom 5. 11. 1993.

Dijksterhuis, E. J.: Die Mechanisierung des Weltbildes. Berlin usw. 1956.

Dölling, I.: Individuum und Kultur. Ein Beitrag zur Diskussion. Berlin: Dietz 1986.

Dülmen, R. v./Schindler, N. (Hg.): Volkskultur. Zur Wiederentdeckung des vergessenen Alltags (16. - 20. Jahrhundert). Frankfurt/M.: Fischer 1984.

Dunk, H. W. von der: Kulturgeschichte des 20. Jahrhunderts. 2 Bde. München DVA 2004.

Dux, G.: Historisch-genetische Theorie der Kultur. Weilerswist: Velbrück 2000.

Eagleton, T.: Ästhetik. Die Geschichte ihrer Ideologie. Stuttgart/Weimar: Metzler 1994.

Eagleton, T.: Was ist Kultur? München: Beck 2001.

Ebert, R./Gnad, F./Kunzmann (Hg.): Partnerschaften für die Kultur: Chancen und Gefahren für die Stadt. Dortmunder Beiträge zur Raumplanung 57. Dortmund 1992.

Fabio, U. di: Die Kultur der Freiheit. München: Beck 2005.

Faulstich, W.: Medien und Öffentlichkeiten im Mittelalter. 800 - 1400.Geschichte der Medien Bd. 2. Göttingen: V & R 1996.

Faulstich, W.: Das Medium als Kult. Geschichte der Medien, Bd. 1; Von den Anfängen bis zur Spätantike (8. Jahrhundert). Göttingen: V & R 1997.

Faulstich, W.: Medien zwischen Herrschaft und Revolte. Die Medienkultur der frühen Neuzeit (1400 - 1700). Geschichte der Medien Bd. 3. Göttingen: V & R 1998.

Faulstich, W.: Die bürgerliche Mediengesellschaft (1700 - 1830). Geschichte der Medien. Bd. 4. Göttingen: Vandenhoek & Ruprecht 2002.

Fisch, J.: Zivilisation/Kultur. In: Brunner, O. u. a. (Hg.): Historisches Lexikon zur politisch-sozialen Sprache. Bd. 7. Stuttgart: Klett-Cotta 1992.

Flach, K.-H./Maihofer, W./ Scheel, W.: Die Freiburger Thesen der Liberalen. Reinbek: Rowohlt 1972.

Fleischer, M.: Kulturtheorie. Systemtheoretische und evolutionäre Grundlagen. Oberhausen: Athena 2001.

Forst, R.: Kontexte der Gerechtigkeit. Politische Philosophie jenseits von Liberalismus und Kommunitarismus. Frankfurt/M.: Suhrkamp 1994.

Fröhlich, S. (Hg.): Kultur – ein interdisziplinäres Kolloquium zur Begrifflichkeit. Halle: Landesamt für Archäologie 2000.

Fuchs, M.: Das Scheitern des Philanthropen Ernst Christian Trapp. Eine Untersuchung zur sozialen Genese der Erziehungswissenschaft im 18. Jh. Weinheim/Basel: Beltz 1984.

Fuchs, M.: Kultur lernen. Eine Einführung in die Allgemeine Kulturpädagogik. Schriftenreihe der Bundesvereinigung Kulturelle Jugendbildung (BKJ). Remscheid: BKJ 1994.

Fuchs, M./Liebald, Chr. (Hg.): Wozu Kulturarbeit? Wirkungen von Kunst und Kulturpolitik und ihre Evaluierung. Schriftenreihe der Bundesvereinigung Kulturelle Jugendbildung. Remscheid: BKJ 1995.

Fuchs, M.: Kulturpolitik als gesellschaftliche Aufgabe. Eine Einführung in Theorie, Geschichte, Praxis. Opladen/Wiesbaden: Westdeutscher Verlag 1998.

Fuchs, M.: Kultur Macht Politik. Studien zur Bildung und Kultur der Moderne. Remscheid: BKJ 1998.
Fuchs, M.: Mensch und Kultur. Anthropologische Grundlagen von Kulturarbeit und Kulturpolitik. Wiesbaden: Westdeutscher Verlag 1999.
Fuchs, M.: Bildung, Kunst, Gesellschaft. Beiträge zur Theorie der kulturellen Bildung. Remscheid: BKJ 2000.
Fuchs, M.: Persönlichkeit und Subjektivität. Historische und systematische Studien zu ihrer Genese. Leverkusen: Leske + Budrich 2001.
Fuchs, M./Schulz, G./Zimmermann, O.: Kulturelle Bildung in der Bildungsreformdiskussion – Konzeption Kulturelle Bildung III. Berlin: DKR 2005.
Fuchs, M.: Die Macht der Symbole. Ein Versuch über Kultur, Medien und Subjektivität. Ms. Remscheid 2000/2005. Als download unter www.akademieremscheid.de
Fuchs, M.: Kulturpädagogik und Schule im gesellschaftlichen Wandel. Remscheid 2005. Als Download unter www.akademieremscheid.de Publikationen Remscheider Arbeitshilfen und Texte digital.
Fuchs, M: Aufbaukurs Kulturpädagogik. Vier Bände: Band 1: Kultur, Kulturpolitik und kulturelle Bildung – global. Band 2: Kunsttheorie und Ästhetik für die Praxis. Band 3: Kulturelle Bildung und die Bildungsreform. Band 4: Zeitdiagnose als kulturelle Aufgabe. Remscheid: RAT digital 2005.
Fuchs, M.: Kulturpolitik. Wiesbaden: VS 2007.
Gebhardt, W. (Hg.): Events. Opladen: Leske und Budrich 2000.
Geertz, C.: Dichte Beschreibung. Beiträge zum Verstehen kultureller Systeme. Frankfurt/M.: Suhrkamp 1987.
Geis, M.-E.: Kulturstaat und kulturelle Freiheit. Eine Untersuchung des Kulturstaatskonzepts von Ernst Rudolf Huber aus verfassungsrechtlicher Sicht. Baden-Baden: Nomos 1990.
Gerhardt, V.: Der Mensch wird geboren. Kleine Apologie der Humanität. München: Beck 2002.
Geyer, C.-F.: Einführung in die Philosophie der Kultur. Darmstadt: WBG 1994.
Gil, Th.: Kulturtheorie. Ein Grundmodell praktischer Philosophie. Frankfurt/M.: Fischer 1992.
Glaser, H./Stahl, K.-H.: Bürgerrecht Kultur. Frankfurt/M. usw.: Ullstein 1983. Neuausgabe unter „Die Wiedergewinnung des Ästhetischen". 1974.
Göschel, A.: Die Ungleichzeitigkeit in der Kultur. Wandel des Kulturbegriffs in vier Generationen, Stuttgart usw.: Kohlhammer 1991.
Graf, F. W. (Hg.): Profile des neuzeitlichen Protestantismus. Bd. 1: Aufklärung, Idealismus, Vormärz. Gütersloh: Mohn 1990/1992.
Graf, F. W./Tanner, K.(Hg.): Protestantische Identität heute. Gütersloh: Mohn 1992.
Greverus, I.-M.: Kultur und Alltagswelt. Eine Einführung in die Kulturanthropologie. Frankfurt/M.: Institut für Kulturanthropologie 1987 (zuerst 1978).
Groethuysen, B.: Die Entstehung der bürgerlichen Welt- und Lebensanschauung in Frankreich. 2 Bde. Frankfurt/M.: Suhrkamp 1978 (zuerst 1927).
GTZ/DEZA (Hg.): M. Schönhuth: Glossar Kultur und Entwicklung. Trier 2005.
Häberle, P: Verfassungslehre als Kulturwissenschaft. Berlin: Duncker + Humblot 1998.
Häberle, P.: Europäische Verfassungslehre. Baden-Baden: Nomos 2001/2002.

Habermas, J.: Theorie der gesellschaftlichen Kommunikation. 2 Bde. Frankfurt/M.: Suhrkamp 1981.
Habermas, J.: Faktizität und Geltung. Beiträge zur Diskurstheorie des Rechts und des demokratischen Rechtsstaats. Frankfurt: Suhrkamp 1993.
Habermas, J.: Vom sinnlichen Eindruck zum symbolischen Ausdruck. Frankfurt/M.: Suhrkamp 1997.
Habermas, J.: Kleine politische Schriften: Der gespaltene Westen. Frankfurt/M.: Suhrkamp 2004.
Haferkamp, H. (Hg.): Sozialstruktur und Kultur. Frankfurt/M.: Suhrkamp 1990.
Hansen, K. P.: Kultur und Kulturwissenschaft. Tübingen/Basel: Francke/UTB 2000.
Hauck, G.: Kultur. Zur Karriere eines sozialwissenschaftlichen Begriffs. Münster: Westfälisches Dampfboot 2006.
Haug, W. F./Projekt Ideologietheorie/PIT (Hg.): Faschismus und Ideologie 1 und 2. Argument-Sonderbände 60/61 1980.
Haug, W. F.: Warenästhetik und kapitalistische Massenkultur (I): „Werbung" und „Konsum". Systematische Einführung. Berlin: Argument-Verlag 1980.
Heidegger, M: Sein und Zeit. Tübingen: Niemeyer 1928.
Heidegger, M.: Kant und das Problem der Metaphysik. Frankfurt/M.: 1951.
Heidegger, M.: Der Ursprung des Kunstwerks. In: ders.: Holzwege. Frankfurt/M.: Klostermann 1957 (1950).
Heitmeyer, W. (Hg.): Bundesrepublik Deutschland: Auf dem Weg von der Konsens- zur Konfliktgesellschaft. Bd. 1: Was treibt die Gesellschaft auseinander? Bd. 2: Was hält die Gesellschaft zusammen? Frankfurt/M.: Suhrkamp 1997.
Heitmeyer, W. (Hg.): Deutsche Zustände, Folgen 1 bis 4. Frankfurt/M.: Suhrkamp 2002 bis 2006.
Heller, A.: Das Alltagsleben. Versuch einer Erklärung der individuellen Reproduktion. Frankfurt/M.: Suhrkamp 1978.
Heller, A.: Der Mensch der Renaissance. Köln: Maschke 1982.
Heller, A.: A Theory of Modernity. Oxford. Blackwell 1999.
Helmer, K.: Kultur. In: Benner/Oelkers 2004.
Herders Werke in fünf Bänden (Hg.: W. Dobbek). Berlin/Weimar: Aufbau 1964.
Höffe, O.: Demokratie im Zeitalter der Globalisierung. München: Beck 1999.
Höffe, O.: Moral als Preis der Moderne. Frankfurt/M.: 2000.
Höffe, O. (Hg.): Lexikon der Ethik. München: Beck 2002.
Höffe, O.: Wirtschaftsbürger, Staatsbürger, Weltbürger. München: Beck 2004.
Holzkamp, K.: Grundlegung der Psychologie. Frankfurt: Campus 1983.
Horkheimer, M./Adorno, Th.: Dialektik der Aufklärung. Frankfurt/M.: Fischer 1971 (zuerst 1944).
Hörning, K.-H./Winter, R. (Hg.): Widerspenstige Kulturen. Cultural Studies als Herausforderungen. Frankfurt/M.: Suhrkamp 1999.
Huber, E. R.: Deutsche Verfassungsgeschichte seit 1789, Bd. IV: Struktur und Krisen des Kaiserreichs. Stuttgart usw.: Kohlhammer 1969, hier: Teil D: Kulturstaat, Kulturkampf und Kulturverfassung (S. 637-970).
Hügel, H.-O.: Handbuch Populare Kultur. Stuttgart/Weimar 2003.

Jaeger, F./Liebsch, B. (Hg.): Handbuch der Kulturwissenschaften, Bd. 1: Grundlagen und Schlüsselbegriffe. Stuttgart/Weimar: Metzler 2004.
Jaeger, F./Straub, J. (Hg.): Handbuch der Kulturwissenschaften, Bd. 2: Paradigmen und Disziplinen. Stuttgart/Weimar: Metzler 2004.
Jaeger, F./Rüsen, J. (Hg.): Handbuch der Kulturwissenschaften, Bd. 3: Themen und Tendenzen. Stuttgart/Weimar: Metzler 2004.
Joas, H.: Die Kreativität des Handelns. Frankfurt/M.: Suhrkamp 1992.
Joas, H.: Pragmatismus und Gesellschaftstheorie. Frankfurt/M.: Suhrkamp 1992.
Joas, H./Wiegand, K. (Hg.): Die kulturellen Werte Europas. Frankfurt/M.: Fischer 2005.
Jung, O.: Zum Kulturstaatsbegriff. Meisenheim a. Glan: Hain 1976.
Jung, Th.: Geschichte der modernen Kulturtheorie. Darmstadt: Wissenschaftliche Buchgesellschaft 1999.
Kant, I.: Theorie – Werkausgabe. Frankfurt/M.: Suhrkamp 1974.
Kather, R.: Was ist Leben? Darmstadt: Wissenschaftliche Buchgesellschaft 2003.
Kerber, H./Schmieder, A. (Hg.): Spezielle Soziologien. Reinbek: Rowohlt 1994.
Keuchel, S./Wiesand, A. (Hg.): Das 1. Jugendkulturbarometer „Zwischen Eminem und Picasso". Bonn: ARCult 2006.
Kittler, F.: Eine Kulturgeschichte der Kulturwissenschaft. München: Fink 2001.
Kneer, G./Nassehi, A./Schroer, M. (Hg.): Soziologische Gesellschaftsbegriffe I. Konzepte moderner Zeitdiagnosen. München: Fink/UTB 1997.
Kneer, G./Nassehi, A./Schroer, M. (Hg.): Soziologische Gesellschaftsbegriffe II. Konzepte moderner Zeitdiagnosen. München: Fink/UTB 2001.
Knöbl, W.: Spielräume der Modernisierung. Weilerswist: Velbrück 2001.
Konersmann, R. (Hg.): Kulturphilosophie. Leipzig: Reclam 1996.
Konersmann, R. (Hg.): Kulturkritik. Reflexionen in der veränderten Welt. Leipzig: Reclam 2001.
Konersmann, R.: Kulturphilosophie zur Einführung. Hamburg: Junius 2003.
Köpping, K.-P. (Hg.): Die autonome Person – eine europäische Erfindung? München: Fink 2002.
Kramer, D.: Handlungsfeld Kultur. Zwanzig Jahre Nachdenken über Kulturpolitik. Essen: Klartext 1996.
Kroeber, A. L./Kluckhohn, C. (eds.): Culture: A Critical Review of Concepts and Definitions. New York: Harvard University Press 1952.
Kuczynski, J.: Geschichte des Alltags des deutschen Volkes. 5 Bände. Köln: PRV 1980 f.
Kuhlmann, A. (Hg.): Philosophische Ansichten der Kultur der Moderne. Frankfurt/M.: Fischer 1994.
Langewiesche, D./Tenorth, H.-E. (Hg.): Handbuch der deutschen Bildungsgeschichte, Bd. V: 1918 - 1945. München: Beck 1989.
Lichtblau, K.: Kulturkrise und Soziologie um die Jahrhundertwende. Frankfurt/M.: Suhrkamp 1996.
List, E/Fida, E. (Hg.): Grundlagen der Kulturwissenschaften. Interdisziplinäre Kulturstudien. Tübingen: Francke 2004.
Litt, Th.: Individuum und Gemeinschaft. Grundlegung der Kulturphilosophie. Leipzig/Berlin: Teubner 1926.

Literaturverzeichnis 219

Litt, Th.: Pädagogik und Kultur. Kleine pädagogische Schriften 1918 - 1926. Bad Heilbrunn/Obb.: Klinkhardt 1965.
Loo, v.d., H./Reijen, v., W.: Modernisierung. Projekt und Paradox. München: dtv 1992.
Lukacs, G.: Die Zerstörung der Vernunft. Drei Bände. Neuwied: Luchterhand 1983/1984.
Maase, K.: BRAVO Amerika. Erkundungen zur Jugendkultur der Bundesrepublik in den fünfziger Jahren. Hamburg: Junius 1992.
Maaß, K.-J. (Hg.): Kultur und Außenpolitik. Baden-Baden: Nomos 2005.
Maihofer, W.: Die Würde des Menschen. Hannover: LPB 1969.
Marcuse, H.: Kultur und Gesellschaft. 2 Bände. Frankfurt/M.: Suhrkamp 1965.
Margalit, A.: Politik der Würde. Über Achtung und Verachtung, Berlin: Fest 1997.
Merten, K./Schmidt, S.J./Weischenberg, S. (Hg.): Die Wirklichkeit der Medien. Eine Einführung in die Kommunikationswissenschaft. Opladen: Westdeutscher Verlag 1994.
Meyer-Drawe, K.: Kulturwissenschaftliche Pädagogik. In Jaeger, F./Straub, J. (Hg.): Handbuch der Kulturwissenschaften, Bd. 2: Paradigmen und Disziplinen. Stuttgart/ Weimar: Metzler 2004.
Miller, M./Soeffner, H.-G. (Hg.): Modernität und Barbarei. Soziologische Zeitdiagnose am Ende des 20. Jahrhunderts. Frankfurt/M.: Suhrkamp 1996.
Moebius, St./Quadflieg, D. (Hg.):Kultur. Theorien der Gegenwart. Wiesbaden: VS 2006
Müller, F.: Freiheit der Kunst als Problem der Grundrechtsdogmatik. Berlin: Duncker & Humblot 1969.
Müller, K. E. (Hg.): Phänomen Kultur. Perspektiven und Aufgaben der Kulturwissenschaften. Münster: transcript 2003.
Müller-Rolli, S. (Hg.): Kulturpädagogik und Kulturarbeit. Grundlagen, Praxisfelder, Ausbildung. Weinheim/München: Juventa 1988.
Münch, R.: Die Kultur der Moderne. 2 Bde. Frankfurt/M.: Suhrkamp 1986.
Münch, R.: Dialektik der Kommunikationsgesellschaft. Frankfurt/M.: Suhrkamp 1991.
Musner, L. u.a. (Hg.): Cultural Turn. Zur Geschichte der Kulturwissenschaften. Wien: Turia + Kent 2001.
Musner, l./Wunberg, G./Lutter, Chr. (Hg.): Cultural turn. Zur Geschichte der Kulturwissenschaften. Wien: Turia & Kant 2001.
Nünning, A./Nünning, V. (Hg.): Konzepte der Kulturwissenschaften. Stuttgart/Weimar: Metzler 2003.
Nussbaum, M. C.: Gerechtigkeit oder das Gute Leben. Gender Studies. Frankfurt/M.: Suhrkamp 1999.
Oelkers, J.: Erziehung als Paradoxie der Moderne. Aufsätze zur Kulturpädagogik. Weinheim: DSV 1991.
Oesterdiekhoff, G.: Traditionelles Denken und Modernisierung. Opladen: Westdeutscher Verlag 1992.
Oesterdiekhoff, G. W.: Zivilisation und Strukturgenese. Frankfurt/M.: Suhrkamp 2000.
Opielka, M: Gemeinschaft in Gesellschaft. Soziologie nach Hegel und Marx. Wiesbaden: VS 2004.
Pappermann, E./Mombaur, P.M./Blank, J.-Th.(Hg.): Kulturarbeit in der kommunalen Praxis. Köln: Kohlhammer 1984.
Perpeet, W.: Kulturphilosophie. Anfänge und Probleme. Bonn: Bouvier 1997.

Peters, B.: Die Integration moderner Gesellschaften. Frankfurt/M.: Suhrkamp 1993.
Plessner, H.: Zwischen Philosophie und Gesellschaft. Bern: Francke 1953.
Plessner, H.: Die Stufen des Organischen und der Mensch. Einleitung in die philosophische Anthropologie. Berlin: de Gruyter 1965.
Plessner, H.: Die Frage nach der Conditio humana. Frankfurt/M.: Suhrkamp 1976.
Plessner, H.: Gesammelte Schriften, Bd. VII: Ausdruck und menschliche Natur. Frankfurt/M.: Suhrkamp 1982.
Radkau, J. (Hg.): Das Zeitalter der Nervosität. München: Hanser 1998.
Recki, B.: Philosophie VI: Kulturphilosophie/Kultur. In: Sandkühler, H.-J. (Hg.): Enzyklopädie Philosophie. Hamburg: Meiner 1999.
Reckwitz, A.: Die Transformation der Kulturtheorien. Zur Entwicklung eines Theorieprogramms. Weilerswist: Velbrück 2000.
Redecker, H.: Helmuth Plessner oder die verkörperte Philosophie. Berlin: Duncker & Humblot 1993.
Reinhard, W.: Geschichte der Staatsgewalt. München: Beck 1999.
Reinhard, W.: Lebensformen Europas. Eine historische Kulturanthropologie. München: Beck 2004.
Renz, H./Graf, F. W. (Hg.): Troeltsch-Studien, Bd. 3: Protestantismus und Neuzeit. Gütersloh: Mohn 1984.
Röbke, Th. (Hg.): Zwanzig Jahre Neue Kulturpolitik. Erklärungen und Dokumente 1972 – 1992. Essen: Klartext 1993.
Rosa, H.: Identität und kulturelle Praxis. Politische Philosophie nach Charles Taylor. Frankfurt/New York.
Rousseau, J.-J.: Schriften in zwei Bänden. (Hg.: H. Ritter). München: Hanser 1978.
Said, E. W.: Orientalism. Frankfurt/M.: Fischer 1978.
Said, E. W.: Kultur und Imperialismus. Einbildungskraft und Politik im Zeitalter der Macht. Frankfurt/M.: S. Fischer 1993.
Sandkühler, H. J. (Hg.): Europäische Enzyklopädie zu Philosphie und Wissenschaften. Fünf Bände. Hamburg 1990.
Sandkühler, H.J./Pätzold, D. (Hg.): Kultur und Symbol. Ein Handbuch der Philosophie Ernst Cassirers. Stuttgart: Metzler 2003.
Scharfe, M.: Menschenwerk. Erkundungen zur Kultur. Köln/Weimar/Wien: Böhlau 2002
Scheler, M.: Die Stellung des Menschen im Kosmos. Bern/München 1962.
Schiller, F.: Sämtliche Werke, Bd. V: Erzählungen, theoretische Schriften. München: Hanser 1959.
Schimank, U./Volkmann, U. (Hg.): Soziologische Gegenwartsdiagnose I. Leverkusen: Leske + Budrich 2000.
Schimank, U./Volkmann, U. (Hg.): Soziologische Gegenwartsdiagnosen II. Opladen: Leske + Budrich/UTB 2002.
Schmitz, C. A. (Hg.): Kultur. Frankfurt/M.: Akademische Verlagsgesellschaft 1963
Schröder, G./Breuninger, H. (Hg.): Kulturtheorien der Gegenwart. Ansätze und Positionen. Frankfurt/M.: Campus 2001.
Schui, H./Blankenburg, St.: Neoliberalismus: Theorie – Gegner – Praxis. Hamburg: VSA 2002.

Literaturverzeichnis 221

Schultheis, F./Schulz, K. (Hg.): Gesllschaft mit begrenzter Haftung. Zumutungen und Leiden im deutschen Alltag. UVK 2005.
Schulz, W. K.: Untersuchungen zur Kulturtheorie Theodor Litts. Neue Zugänge zu seinem Werk. Weinheim: DSV 1990.
Schulze, G.: Die Erlebnisgesellschaft. Kultursoziologie der Gegenwart. Frankfurt/M.: Campus 1992.
Schulze, G.: Die beste aller Welten. Wohin bewegt sich die Gesellschaft im 21. Jahrhundert? München/Wien: Hanser 2003.
Schwemmer, O.: Die kulturelle Existenz des Menschen. Berlin: Akademie 1997.
Schwemmer, O.: Ernst Cassirer. Ein Philosoph der europäischen Moderne. Berlin: Akademie Verlag 1997.
Schwemmer, O.: Kulturphilosophie. Eine medientheoretische Grundlegung. München: Fink 2005.
Schwencke, O. (Hg.): Das Europa der Kulturen – Kulturpolitik in Europa. Essen: Klartext 2001.
Seibt, F.: Die Begründung Europas. Frankfurt/M.: Fischer 2002/2005.
Selle, G./Boehe, J.: Umgang mit den schönen Dingen. Reinbek: Rowohlt 1986.
Sennett, R.: Der flexible Mensch. Die Kultur des neuen Kapitalismus. New/York/Berlin: Berlin-Verlag 1998.
Sennett, R.: Die Kultur des Neuen Kapitalismus. Berlin: Berlin Verlag 2005.
Shusterman, R.: Kunst leben. Die Ästhetik des Pragmatismus. Frankfurt/M.: Fischer 1994
Siegrist, H. (Hg.): Europäische Konsumgeschichte. Frankfurt/M.: Campus 1997.
Simmel, G.: Philosophische Kultur. Über das Abenteuer, die Geschlechter und die Krise der Moderne. Berlin: Wagenbach 1983 (1923).
Simmel, G.: Das Individuum und die Freiheit. Essais. Berlin: Wagenbach 1984.
Simmel, G.: Vom Wesen der Moderne. (Hg. W. Jung). Hamburg: Junius 1990.
Simmel, G.: Soziologie. Untersuchungen über die Formen der Vergesellschaftung. Gesamtausgabe Band 11. Frankfurt/M.: Suhrkamp 1992.
Simmel, G.: Philosophie des Geldes. Gesamtausgabe Band 6. Frankfurt/M.: Suhrkamp 1994.
Simmel, G.: Philosophie der Mode. Die Religion. Kant und Goethe. Schopenhauer und Nietzsche. Bd. 10 der Gesamtausgabe. Frankfurt/M.:Suhrkamp 1995.
Spranger, E.: Lebensformen. Geisteswissenschaftliche Psychologie und Ethik der Persönlichkeit. Tübingen: Neomarins Verlag 1950.
Spranger, E.: Gesammelte Schriften Bd. 5: Kulturphilosophie und Kulturkritik. Tübingen: Niemeyer 1969.
Steenblock, V.: Theorie der kulturellen Bildung. Zur Philosophie und Didaktik der Geisteswissenschaften. München: Fink 1999.
Steenblock, V.: Kultur oder die Abenteuer der Vernunft im Zeitalter des Pop. Leipzig: Reclam 2004.
Steger, F. (Hg.): Kultur. Ein Netz von Bedeutungen. Würzburg: Königshausen & Neumann 2002.
Steiner, U./Grimm, D.: Kulturauftrag im Staatlichen Gemeinwesen. VVDSfRL 42. Berlin – New York: de Gruyter 1984.

Stern, F.: Kulturpessimismus als politische Gefahr. Eine Analyse nationaler Ideologie in Deutschland. Bern/Stuttgart/Wien: Scherz 1963.

Stiersdorfer, K./Volkmann, L. (Hg.): Kulturwissenschaft interdisziplinär. Tübingen: Narr 2005.

Stork, V.: Ulrich Becks „Zweite Moderne" und der Neoliberalismus. In: Das Argument 246, Heft 3. 2002.

Taylor, Chr.: Quellen des Selbst. Die Entstehung der neuzeitlichen Identität. Frankfurt/M.: Suhrkamp 1994.

Tenbruck, F. H.: Die kulturellen Grundlagen der Gesellschaft. Der Fall der Moderne. Opladen: Westdeutscher Verlag 1989.

Tenbruck, F. H.: Perspektiven der Kultursoziologie. Gesammelte Aufsätze. Opladen: Westdeutscher Verlag 1996.

Thurn, H. P.: Kulturbegründer und Weltzerstörer. Der Mensch im Zwiespalt seiner Möglichkeiten. Stuttgart: Metzler 1990.

Ullmaier, J.: Kulturwissenschaft im Zeichen der Moderne. Tübingen: Niemeyer 2001.

Varela, M. do Mar Casto/Dhaman, N. (Hg.): Postkoloniale Theorie. Eine kritische Einführung. Münster: transcript 2005.

Veblen, Th.: Theorie der feinen Leute. Eine ökonomische Untersuchung der Institutionen. München: dtv 1971 (zuerst 1899).

Vico, G.B.: Prinzipien einer neuen Wissenschaft über die gemeinsame Natur der Völker. Mit einer Einleitung „Vico und die Idee der Kulturwissenschaft" von Vittorio Hösle. Hamburg: Meiner 1990.

Wahl, K.: Die Modernisierungsfalle. Gesellschaft, Selbstbewußtsein und Gewalt. Frankfurt/M.: Suhrkamp 1989.

Walzer, M.: Sphären der Gerechtigkeit. Ein Plädoyer für Pluralität und Gleichheit. Frankfurt/M.: Campus 1992.

Weber, M.: Wirtschaft und Gesellschaft. Grundriß der verstehenden Soziologie. Tübingen: Mohr 1972.

Weber, M.: Gesammelte Aufsätze. 7 Bände. Tübingen: Mohr (UTB) 1988ff.

Weber, M.: Die protestantische Ethik und der „Geist" des Kapitalismus. Textanalyse von 1904/05 mit Zusätzen der zweiten Fassung von 1920. Bodenstein: Athenäum etc. 1993.

Wegel, U.: Geschichte des Rechts. Tübingen: Beck 1997.

Wehling, P.: Die Moderne als Sozialmythos. Zur Kritik sozialwissenschaftlicher Modernisierungstheorien. Frankfurt/M./New York: Campus 1992.

Welsch, W.: Vernunft. Die zeitgenössische Vernunftkritik und das Konzept der transversalen Vernunft. Frankfurt/M.: Suhrkamp 1996.

Wenzel, H. (hg.): Typus und Individualität im Mittelalter. München: Fink 1983.

Wesel, U.: Geschichte des Rechts. München: Beck 1997.

Wetz, F. J.: Die Würde des Menschen ist antastbar. Eine Provokation. Stuttgart: KLett-Cotta 1998.

Weymann, A.: Sozialer Wandel. Weinheim: Juventa 1998.

Willis, P.: Jugend-Stile. Zur Ästhetik der gemeinsamen Kultur. Berlin: Argument 1991.

Winckler, L.: Kulturwarenproduktion. Aufsätze zur Literatur – und Sprachsoziologie. Frankfurt/M.:Suhrkamp 1973.

Literaturverzeichnis

Winkler, M: Sozialpädagogik. In Benner/Oelkers 2004.
Wulf, Chr. (Hg.): Vom Menschen. Handbuch Historische Anthropologie. Weinheim/ Basel: Beltz 1997.
Wyrwoll, R.: Kunstmanagement. Fernuniversität Hagen 1992.
Zacharias, W.: Kulturpädagogik. Kulturelle Jugendbildung. Eine Einführung. Leverkusen: Leske und Budrich 2001.
Zima, P.: Moderne – Postmoderne. Tübingen: Francke/UTB 1997.
Zima, P.: Theorie des Subjekts. Subjektivität und Identität zwischen Moderne und Postmoderne. Tübingen/Basel: Francke/UTB 2000.

Verzeichnis der Abbildungen

Abbildung 1:	Kultur als Tätigkeit	13
Abbildung 2:	Das Bedeutungsspektrum von Kultur	19
Abbildung 3:	Typen von Kulturtheorien	21
Abbildung 4:	Kulturtheorien – Überblick –	23
Abbildung 5:	Fragen an „Kultur"	24
Abbildung 6:	Die feinen Unterschiede	67
Abbildung 7:	Die Gesellschaft: AGIL	69
Abbildung 8:	Die Interpenetration der gesellschaftlichen Subsysteme	70
Abbildung 9:	Moderne Gesellschaft und Subjektivität im historischen Prozess	82
Abbildung 10:	Kulturelle Grundlagen der (europäischen) Moderne	90
Abbildung 11:	Kultur in der Stadt	96
Abbildung 12:	Bildung 1900	130
Abbildung 13:	Sozialer Wandel – kultureller Wandel	145
Abbildung 14:	Gesellschaftliche Funktionen von Bildung und Erziehung	166
Abbildung 15:	Grundlegung der Kulturpädagogik	169
Abbildung 16:	Von den Geistes- zu den Kulturwissenschaften	175
Abbildung 17:	Lebensweisen im Kontext	186
Abbildung 18:	Konstitution von Lebensweisen	187
Abbildung 19:	Der Einzelne und sein Projekt des guten Lebens	188
Abbildung 20:	Die semiotische Struktur von Leitformeln	191
Abbildung 21:	Semiotischer Vergleich von Kulturbegriffen	193
Abbildung 22:	Der Mensch und seine Kultur	211

Bibliographische Hinweise

Ein solch breit angelegter Text wie das vorliegende Buch entsteht selten in einer zusammenhängenden Arbeitsphase, und dies insbesondere dann nicht, wenn sich der Verfasser hauptberuflich auch mit anderen Dingen als dem Schreiben von Büchern befassen muss. Daher sind in das Buch verschiedene Arbeiten aus den letzten Jahren eingeflossen, die z. T. (oft in gekürzter Form) etwa in der Zeitung „Politik und Kultur" des Deutschen Kulturrates erschienen sind. Einige Abschnitte stützen sich zudem auf entsprechende Texte aus dem (inzwischen vergriffenen) Buch „Kulturpolitik als gesellschaftliche Aufgabe". Der Text in der vorliegenden Form entstand zum Teil als Selbstvergewisserung in den aktuellen politischen Debatten rund um die Föderalismusreform, die Diskussionen über Leitkultur und die Aufnahme eines Staatszieles Kultur in das Grundgesetz, an dem der Verfasser in seiner Mitarbeit im Deutschen Kulturrat, dem Dachverband aller Bundeskulturverbände, aktiv – u. a. als Experte bei den entsprechenden Anhörungen im Deutschen Bundestag zur Grundgesetzänderung – beteiligt war.

Printed in Germany
by Amazon Distribution
GmbH, Leipzig